Economics & Management

教育部经济管理类核心课程教材

陈共《财政学》

（第十版）

学习指导书

Study Guide to Public Finance

王玉帅 等 主编

中国人民大学出版社
· 北京 ·

图书在版编目（CIP）数据

陈共《财政学》（第十版）学习指导书/王玉帅等主编．-- 北京：中国人民大学出版社，2020.10
教育部经济管理类核心课程教材
ISBN 978-7-300-28576-4

Ⅰ.①陈… Ⅱ.①王… Ⅲ.①财政学-高等学校-教学参考资料 Ⅳ.①F810

中国版本图书馆 CIP 数据核字（2020）第 178867 号

教育部经济管理类核心课程教材
陈共《财政学》（第十版）学习指导书
王玉帅 等 主编
Chengong Caizhengxue（Di-shi Ban）Xuexi Zhidaoshu

出版发行	中国人民大学出版社		
社　　址	北京中关村大街 31 号	**邮政编码**	100080
电　　话	010－62511242（总编室）		010－62511770（质管部）
	010－82501766（邮购部）		010－62514148（门市部）
	010－62515195（发行公司）		010－62515275（盗版举报）
网　　址	http://www.crup.com.cn		
经　　销	新华书店		
印　　刷	固安县铭成印刷有限公司		
开　　本	787 mm×1092 mm　1/16	**版　　次**	2020 年 10 月第 1 版
印　　张	16 插页 1	**印　　次**	2023 年 12 月第 3 次印刷
字　　数	348 000	**定　　价**	39.00 元

出版说明

改革开放以来，中国的经济走上了高速发展的通道，获得了前所未有的发展。顺应这一形势，我国大部分高校也开始重视经济管理类人才的培养，开设了经济管理类专业。但是，与西方发达国家相比，我们的现代经济管理理论与实践落后几十年甚至上百年，最初很多理论和实践都是从西方直接“拿来”的。但是，西方的经济管理著作毕竟是站在西方的国情和经济基础上进行研究的，对于中国的很多现实问题很不适用。因此，要真正培养中国自己的经济管理类人才，必须有一套适合中国学生阅读和学习的教材。

基于以上认识，中国人民大学出版社按照教育部规定的经济管理类核心课程，组织编写了这套教材，供经济管理类学生作为专业基础课程进行学习。本套教材在组织编写上遵循了以下原则：

第一，教材实行本土化。我国与发达国家相比，国情不同，文化背景不同，思维方式不同，语言的表述方式也不同，因此，要真正培养中国的经济管理人才，教材还是本土化为宜。因此，本套教材在吸收西方经济管理理论精髓的基础上，充分结合中国的国情和实践，把中国的背景知识与国际合理接轨。

第二，精选作者，保证教材质量。本套教材的作者均为各自领域的权威或佼佼者，并且都在教学一线工作多年，有丰富的教学经验。而且，作者能够不断结合当前教学的需要和现实环境的变化，及时进行修订，推陈出新，始终保持教材的“精”与“新”。

第三，配套丰富，方便读者学习。本套教材大部分都配备了内容丰富的学习指导书，并且免费为一线教学提供网络教学资源，力求为使用本套教材的教师和学生提供周到的服务。

我们秉承中国人民大学出版社“出教材学术精品，育人文社科英才”的宗旨，紧跟时代脉搏，不断推出精品，提升教材的质量，为中国经济管理教育和实践水平的提升作出贡献。我们希望广大读者的建议和鞭策，能够促使我们不断对本套丛书进行改进和完善，以更好地服务读者。

中国人民大学出版社

前　言

本书是配合陈共教授编著的《财政学》（第十版）教材使用的辅导用书，是在上一版的基础上，按照教材各章的内容顺序编写的。本版在上一版的基础上进行了较大改动，除了对应新版教材而作出顺序的改变外，主要变动体现在：(1) 按照新版教材的内容编排，重新整理了每一章的重点和难点；(2) 修改和精简了第九版的习题库，尤其是删除了表述较为陈旧的习题，补充了相关的富有时代感的习题；(3) 全面更新了延伸阅读部分和案例分析的内容。

本版指导书每章共分六个模块：第一个模块是本章回顾，简明扼要地点出本章需要掌握的内容要点；第二个模块是术语小读，对本章的关键术语进行梳理和解释；第三个模块是难点精析，主要针对本章需要掌握的重要内容和疑难知识点进行深度分析；第四个模块是牛刀初试，包括名词解释、判断题、单项选择题、不定项选择题、简答题、计算题、论述题、案例分析题和画图分析题等练习题；第五个模块是习题解答，给出了第四个模块练习题的参考答案；第六个模块是延伸阅读，整理了一些与本章内容相关的资料，供读者进一步理解和掌握相关知识。

本书是王玉帅博士、杨伊博士、李俭峰教授在多年使用陈共教授的《财政学》教材的经验基础上组织编写的，经陈共教授审阅，同意出版。本版修订由王玉帅博士执笔，周荣昌、刘聪、花艺杰、彭成、高飞、颜捷负责基础材料的搜集和文字校对等工作。

本书的写作目的在于明确重点、理清思路，并帮助读者进行自我检验。本书既可作为学生学习的自主辅导用书，也可作为教师的辅助教学参考用书。

编者

目　　录

序言

构建新时代中国特色社会主义财政学

一、本章回顾

本章强调了构建新时代中国特色社会主义财政学必须坚持习近平新时代中国特色社会主义思想，全面贯彻党的十八大以来的新理念、新战略及重大方针和举措，明确财政的地位和作用，同时有鉴别地吸收西方对我国有用的某些理论观点和制度设计，提倡百花齐放、百家争鸣，弘扬优良学风。

本章要点：

(1) 习近平新时代中国特色社会主义思想。

(2) 党的十八大以来的新理念、新战略及重大方针和举措。

(3) 财政的地位和作用，现代财政制度。

二、术语小读

1. 习近平新时代中国特色社会主义思想

(1) 党的十八大以来，国内外形势的变化和我国各项事业的发展都给我们提出了一个重大时代课题，围绕这个重大时代课题，我们党坚持解放思想、实事求是、与时俱进、求真务实，坚持辩证唯物主义和历史唯物主义，紧密结合新的时代条件和实践要求，以全新的视野深化对共产党执政规律、社会主义建设规律、人类社会发展规律的认识，进行艰辛理论探索，取得了重大理论创新成果，形成了习近平新时代中国特色社会主义思想。

（2）习近平新时代中国特色社会主义思想，是对马克思列宁主义、毛泽东思想、邓小平理论、“三个代表”重要思想、科学发展观的继承和发展，是马克思主义中国化的最新成果，是党和人民实践经验和集体智慧的结晶，是中国特色社会主义理论体系的重要组成部分。

2. 财政学的基本特征

经济与政治历来是不可分的，财政的基本特征是政治与经济的结合，所以马克思主义经济学被称为政治经济学。政治经济学是一门研究社会经济利益关系的学问，财政学则是研究财政领域利益关系的学问，就学科的性质而言，财政学是一门名副其实的政治经济学，是政治经济学的一个分支。而作为应用经济学的财政学的特殊性在于它包含理论指导和财政治理的操作两个方面，它的主题是在政治经济理论的指导下改革和完善财政的专业治理。

3. 财政的地位和作用

党的十八届三中全会通过的《中共中央关于全面深化改革若干重大问题的决定》中被列为专项的“五、深化财税体制改革”明确提出：“财政是国家治理的基础和重要支柱，科学的财税体制是优化资源配置、维护市场统一、促进社会公平、实现国家长治久安的制度保障。”这是在新的历史起点上全面深化改革的背景下，从更高层次和更广阔视野上，对财政地位和作用作出的新的论断，将财政提升为“基础、支柱、保障”。

三、延伸阅读

建立现代财政制度，打造国家治理现代化的基础和重要支柱

2014 年 6 月，中共中央政治局召开会议审议通过《深化财税体制改革总体方案》，为新一轮财税体制改革确立了时间表和路线图。党的十九大进一步提出加快建立现代财政制度，重点推进三大重点改革，打造国家治理现代化的基础和重要支柱。

一、以“营改增”为重点完善税收制度

为实现增值税全覆盖、抵扣链条完整及减轻税负，我国从 2012 年 1 月 1 日起开始推行“营改增”，先是在上海市交通运输业和部分现代服务业领域开展试点，2013 年 8 月后扩大到全国。2016 年 5 月 1 日，营业税走下历史舞台。“营改增”进一步减轻企业税负，促进服务业尤其是科技等高端服务业的发展，促进产业和消费升级、培育新动能、深化供给侧结构性改革，是我国税制走向完善的关键一步。

消费税方面，调整征收范围、环节、税率，将高耗能、高污染产品及部分高档消费品纳入征收范围。个人所得税方面，第十三届全国人大常委会第五次会议表决通过了关于修改《中华人民共和国个人所得税法》的决定，朝着综合与分类相结合的改革方向迈出了关键一步。资源税方面，由从量征收改为从价征收，从定额征收改为比例征收，进一步扩大征收范围和改革税收收入归属。环保税方面，已于 2018 年 1 月 1 日起开始征收。地方税

方面，调整税制结构，培育地方税源，加强地方税权，理顺税费关系。税收征管方面，出台《深化国税、地税征管体制改革方案》，提出6大类31项具体举措，以期到2020年建成与国家治理现代化相匹配的现代税收征管体制。

二、修订《中华人民共和国预算法》，现代预算制度改革起步

预算始终是财政收支管理的核心。我国首部《中华人民共和国预算法》（简称《预算法》）于1994年3月22日在第八届全国人民代表大会第二次会议上通过，1995年1月1日正式实施。尽管在加强预算制度建设方面取得了长足进展，但离现代预算制度还有一定差距。在实施两年后，1997年全国人大即动议修改。但直到2004年修法才正式启动。2006年，全国人大预算工委牵头起草《预算法》修正案第一稿。2012年6月，迎来二审。2013年8月，原定三审的《预算法》修正案草案“缺席”第十二届全国人大常委会第四次会议。党的十八届三中全会后，四审稿于2014年8月经第十二届全国人大常委会第十次会议顺利审议并表决通过。历经三届人大、四易其稿、征求30余万条意见后，跨越十年的修法终于尘埃落定。

新《预算法》为我国现代预算制度改革起步奠定了法律基础。新《预算法》将一般公共预算、政府性基金预算、国有资本经营预算、社会保险基金预算均纳入预算范畴，完善了政府预算体系。同时扩大预算公开的内容，除涉及国防安全的事项外，所有政府预算都要向社会公开。建立跨年度预算平衡机制，厘清对赤字的性质和规模的认识。推行三年财政规划，对收入实施预期管理，规范结转结余资金管理，允许地方政府发行政府债务，建立起跨年度弥补超预算赤字的机制，确保财政的可持续性，促进经济和社会的健康持续发展。建立科学、规范的地方政府债务管理体系，是现代预算制度改革的一项重要内容。2014年10月，国务院出台《国务院关于加强地方政府性债务管理的意见》，在解决了“怎么借”“怎么管”“怎么还”问题的同时，明确提出妥善处理存量债务的一系列举措，加强地方债务管理，清理规范融资平台，逐步建立规范的举债制度和置换债制度。

实施预算绩效管理是现代预算制度改革的根本目标。在过去十多年开展财政资金绩效评价的基础上，各级财政部门加快建立健全预算绩效管理机制，全面推进预算绩效管理工作，强化支出责任和绩效意识，加强绩效评价结果应用，将评价结果作为编制年度预算草案、调整支出结构、完善财政政策和科学安排预算的重要依据。2018年9月，《中共中央 国务院关于全面实施预算绩效管理的意见》颁布，预算绩效管理改革进入新的更高的发展阶段。

三、启动事权与支出责任划分改革

事权与支出责任划分改革早在1993年已被提出，但受当时条件限制，最终未能推行。对于事权与支出责任划分改革的思考却并没有停止。从“事权和财权相一致”，到“事权和财力相一致”，再到“事权和支出责任相匹配”，事权与支出责任划分改革正式启动。

财政事权实际上反映了中央、地方政府职能，具有高阶属性，不是纯粹的财政问题，而是复杂的政治问题。2016年，国务院发布《国务院关于推进中央与地方财政事权和支出责任划分改革的指导意见》，提出划分中央与地方事权和支出责任的原则和主要内容。2018年，国务院发布《基本公共服务领域中央与地方共同财政事权和支出责任划分改革方案》，对基本公共服务领域中央与地方共同财政事权和支出责任划分改革进行了部署，中央财政事权由中央承担支出责任，地方财政事权由地方承担支出责任，中央与地方共同财政事权分情况划分支出责任。这项改革是一项基础性、系统性工程，涉及各个部门、领域，有大量的具体事务需要协调处理，未来仍需要进一步攻坚克难，以实体化、法制化、高阶化为重点着力推进改革。

【知识链接】加快建立现代财政制度

【资料来源】楼继伟.40年重大财税改革的回顾.财政研究，2019 (02)：3-29.

第一章
财政学对象与财政职能

一、本章回顾

本章介绍了财政的基本概念，论述了财政学对象与财政职能两方面的内容，具体而言，阐述了财政的本义，根据时代背景对财政学研究对象进行了重新思考和进一步说明，重点介绍了四大财政职能，并介绍了财政履行与实现各职能的机制和手段。

本章要点：

（1）财政的基本含义和财政运行的主要特征。

（2）财政职能的内容。

二、术语小读

1. 财政

（1）从实际意义上来讲，财政是指国家（或政府）的一个经济部门，即财政部门，同时是国家（或政府）的一个综合性部门，通过其收支活动筹集和供给经费与资金，保证实现国家（或政府）的职能。

（2）从经济学意义上来理解，财政是一个经济范畴，是一种以国家为主体的经济行为，是政府集中一部分国民收入用于满足公共需要，以达到优化资源配置、公平分配及经济稳定和发展的目标的收支活动。

2. 实证分析

实证分析是指对事实进行描述，不做任何的价值判断。它描述的事实可能是正面的，也可能是反面的，但都可以被事实证明。

3. 规范分析

规范分析是指对分析的对象要作出价值判断，也就是应该是什么和应该怎么做，凡事要作出一个判断，对或错，好或坏，要或不要，是分析问题的目的。

4. 财政的阶级性与公共性

财政是以国家为主体的一种经济行为，而国家是阶级矛盾的产物，故财政具有鲜明的阶级性。但阶级性不等于阶级斗争，它的核心是经济利益关系。从马克思主义国家观来看，国家不仅是阶级统治工具，而且是一种“公共权力”。综上，财政具有公共性，财政的阶级性与公共性是财政运行的一种基本特征。

5. 优化资源配置

优化资源配置是指在市场在资源配置中起决定性作用的前提下更好发挥政府作用，对现有的人力、物力、财力等社会经济资源合理调配，实现资源结构的合理化，使其得到最有效的使用，获得最大的经济和社会效益。

三、难点精析

对财政职能的解释目前有两种：一种是把财政职能解释为财政作为一个分配范畴所固有的功能；另一种是把财政职能解释为财政应该承担的职责和任务。西方经济理论和目前我们所说的“转换财政职能”，都是从第二种意义上来理解财政职能的。除此之外，财政职能与政府职能也是存在一定联系的：首先，财政是为实现政府职能服务的，财政职能取决于政府职能，是政府职能的经济体现；其次，政府和财政的职能范畴同其所处的经济体制环境直接相关。财政职能主要包括优化资源配置职能、维护市场统一职能、促进社会公平职能以及实现国家长治久安职能四种职能。

(1) 优化资源配置职能：在社会主义市场经济体制下，市场和政府是资源配置的两条渠道，优化资源配置的核心问题是处理好政府和市场的关系，就是使市场在资源配置中起决定性作用和更好发挥政府作用。财政政策是进行宏观调控和优化资源配置的主要手段。

(2) 维护市场统一职能：建设统一开放、竞争有序的市场体系，是使市场在资源配置中起决定性作用的基础。财政是国家治理的基础和重要支柱，科学的财税体制具有并发挥维护市场统一的功能，是市场统一的保障。

(3) 促进社会公平职能：社会公平包含多重含义，主要是权利公平、机会公平、规则公平、分配公平。促进社会公平实际上就是财政在执行其本来应具有的社会职能。财政是国家治理的基础和重要支柱，也是促进社会公平的主要杠杆和保障。

(4) 实现国家长治久安职能：财政是国家治理的基础和重要支柱，财政体制在治国安邦中始终发挥基础性、制度性和保障性作用。

四、牛刀初试

1. 名词解释

(1) 财政　　(2) 实证分析

(3) 规范分析　　(4) 财政的阶级性与公共性

(5) 优化资源配置

2. 判断题

(1) 财政是在资本主义国家才出现的。

(2) 我国现行的财政体制是分税制财政体制。

(3) 财政学是研究政府收支活动及其对社会影响的一门学科。

(4) 财政学只研究中央政府的相关收支行为，县、乡政府的收支行为不属于财政学的研究范围。

3. 单项选择题

(1) 财政是一种以（　　）为主体的经济行为。

A. 企业　　B. 个人　　C. 国家或政府　　D. 市场

(2) 下列哪项不是财政履行优化资源配置职能的表现？（　　）

A. 提供公共物品　　B. 对高收入人群征税以调节收入差距

C. 矫正外部性　　D. 维护市场有效竞争

(3) 提高折旧率对财政的影响是（　　）。

A. 增加财政收入　　B. 减少财政收入

C. 增加财政支出　　D. 减少财政支出

(4) 运用财政的某些制度性安排发挥经济自动稳定作用，从收入制度角度看，其中的制度性安排主要是指（　　）。

A. 失业救济金制度　　B. 政府采购制度

C. 税收制度　　D. 公债制度

(5) 财政的基本职能不包括（　　）。

A. 优化资源配置职能　　B. 维护市场统一职能

C. 组织生产和销售职能　　D. 促进社会公平职能

(6) 下列哪项不属于财政的职能？（　　）

A. 优化资源配置　　B. 实现国家长治久安

C. 维护市场统一　　D. 财政监督

(7) 下列各项中属于经济学所讲的不利于资源有效配置的外部性的是（　　）。

A. 郊区居民进城引起地价上升而使地产主的境况得到改善

B. 生产同一商品的甲企业因增加产量而给乙企业的销售带来影响

C. 大企业从事研发，小企业无成本地利用了这项研发所带来的好处

D. 谷贱伤农

（8）以下哪项不属于斯密所认为的政府该干的事情？（　　）

A. 保护社会不受外国侵略

B. 保护每一个社会成员都不受其他社会成员的不公正对待

C. 提供某些公共机构和公共工程

D. 调节社会收入分配的差距

（9）下列分析属于实证分析的是（　　）。

A. 2020 年我国财政赤字率拟按 3.6%以上安排，赤字水平不高

B. 我国实行积极财政政策效果显著，要继续实施并适当加大力度

C. 我国宏观税负合理，不存在税负过重问题

D. 我国 2019 年一般公共预算收入为 190 382 亿元，同比增长 3.8%

（10）收入分配的含义通常指对（　　）的分配。

A. 国民生产总值　　B. 国内生产总值

C. 国民收入　　D. 社会个人收入

4. 不定项选择题

（1）下列不属于财政现象的是（　　）。

A. 企业引进外资　　B. 企业发行股票

C. 企业购买公债　　D. 企业购买金融债券

（2）财政如何调节收入分配？（　　）

A. 维护市场有效竞争

B. 矫正外部性

C. 通过超额累进所得税，对高收入人群征收高额税收

D. 对低收入人群提供最低生活保障

（3）国际公认的宏观经济政策目标是（　　）。

A. 充分就业　　B. 物价稳定　　C. 经济增长　　D. 国际收支平衡

（4）财政的研究范围包括（　　）。

A. 中央政府　　B. 省级政府　　C. 市级政府　　D. 县级政府

（5）下列属于财政现象的是（　　）。

A. 2019 年减税降费 2.36 万亿元，超过原定的近 2 万亿元规模

B. 2020 年发行 1 万亿元抗疫特别国债

C. 2020 年中央本级支出安排负增长，其中非急需非刚性支出压减 50%以上

D. 2018 年关税总水平由 9.8%降至 7.5%

（6）社会公平包含多重含义，主要是（　　）。

A. 权利公平　　B. 机会公平　　C. 规则公平　　D. 分配公平

(7) 财政的目标是（　　）。

A. 效率　　B. 稳定　　C 公平　　D. 安全

5. 简答题

(1) 财政学科的本质是什么？

(2) 什么是财政学？财政的重要性是什么？

(3) 什么是财政职能？其包括哪些内容？

6. 论述题

(1) 试论财政的四个职能。

(2) 我国财政如何实现公平与效率的目标？

五、习题解答

1. 名词解释

(1) 略　(2) 略　(3) 略　(4) 略　(5) 略

2. 判断题

(1) 错，财政是伴随着国家的产生而产生的。随着生产力的不断提高，人类社会出现了私有财产，社会分裂为阶级，才产生了国家。国家一旦产生，就必须从社会分配中占有一部分国民收入来维持国家机构的存在并保证实现其职能，于是伴生了财政这种特殊的经济行为和经济现象。

(2) 对。

(3) 对。

(4) 错，财政是以国家为主体的一种经济行为，财政学的研究对象包括中央政府和县、乡政府的收支行为。

3. 单项选择题

(1) C　(2) B　(3) B　(4) C　(5) C

(6) D　(7) C　(8) D　(9) D　(10) C

4. 不定项选择题

(1) ABD　(2) CD　(3) ABCD　(4) ABCD　(5) ABC

(6) ABCD　(7) AC

5. 简答题

(1) 答：财政是一种国家或政府的经济行为。“财政是政府的经济行为”和“财政是国家的经济行为”两种说法的含义是一致的，说“财政是政府的经济行为”并不意味着忽视财政法制化和立法监督。特别是在市场经济体制下，政府和企业、居民共同构成市场的经济实体。在分析政府与市场关系时，说“财政是政府的经济行为”或“公共经济行为”，对表示“财政”的含义则更为明确、准确。财政是一种经济行为或经济现象，这种经济行为或经济现象的主体是国家或政府。从起源上考察，财政是伴随国家的产生而产生的。人类社会随着生产力的不断提高，出现了私有财产，社会分裂为阶级才产生了国家。国家一旦产生，就必须从社会分配中占有一部分国民收入来维持国家机构的存在并保证实现其职能，于是才产生了财政这种特殊的经济行为和经济现象。马克思、恩格斯对财政与国家的关系都有明确的论证："为了维持这种公共权力，就需要公民缴纳费用——捐税……随着文明时代的向前进展，甚至捐税也不够了；国家就发行期票，借债，即发行公债。"① "赋税是政府机器的经济基础"②。被恩格斯誉为创建了财政学的亚当·斯密所著的《国民财富的性质和原因的研究》一书，其中专门论述财政问题的第五篇被冠以"论君主或国家的收入"的标题，另一本被誉为具有里程碑意义的约翰·穆勒所著的《政治经济学原理》一书，其中专门论述财政问题的第五篇则被冠以"政府的影响"的标题。

财政首先是作为经济范畴被加以研究的，所以财政学是一门经济学科，是经济学的一个分支。但是，经济与政治本来就是不可分的，而财政这种经济行为或经济现象的一个重要特点是它与政治的关系更为紧密，其主要原因就在于财政是一种国家（或政府）的经济行为，财政学则是一门名副其实的政治经济学。

综观当今西方国家的财政学，也都十分重视财政与国家或政府的关系，甚至将财政学等同于"政府经济学"或"公共部门经济学"。自 20 世纪 60 年代以来，政府经济活动被视为是与市场经济相对应的一个特殊的经济领域而加强研究力度，特别是从政治学角度研究政府经济活动的特殊规律性，从而协调政府与市场的关系，促进经济的稳定增长。

（2）答：财政学也称公共部门经济学或公共财政学，是以政府的收支活动及其对资源配置与收入分配的影响为主要研究对象的一门学科。财政的重要性：由于市场失灵，市场运行会偏离资源配置和收入分配的理想状态，财政为政府财政的存在提供了必要性，也确定了政府活动的范围。

（3）参照"难点精析"。

6. 论述题

（1）答：社会主义市场经济条件下财政的职能可以概括为四个方面，即优化资源配置职能、维护市场统一职能、促进社会公平职能、实现国家长治久安职能。

优化资源配置职能：

在社会主义市场经济体制下，市场是资源配置的一条渠道，政府也是资源配置的一条渠道，因而优化资源配置的核心问题是处理好政府和市场的关系，就是使市场在资源配置中起决定性作用和更好发挥政府作用。

维护市场统一职能：

建设统一开放、竞争有序的市场体系，是使市场在资源配置中起决定性作用的基础。必须加快形成企业自主经营、公平竞争，消费者自由选择、自主消费，商品和要素自由流

---

① 马克思，恩格斯．马克思恩格斯全集：第 21 卷．北京：人民出版社，1965：195.

② 马克思，恩格斯．马克思恩格斯全集：第 19 卷．北京：人民出版社，1963：32.

动、平等交换的现代市场体系，着力清除市场壁垒，提高资源配置效率和公平性。

促进社会公平职能：

社会公平包含多重含义，主要是权利公平、机会公平、规则公平、分配公平。促进社会公平，就是不断消除人民参与经济发展、分享经济发展成果方面的障碍，坚持以人民为中心，着力保障和改善民生，建立覆盖全民的社会保障体系，注重解决教育、医疗卫生、劳动就业、养老等民生问题，努力做到发展为了人民、发展依靠人民、发展成果由人民共享的战略方针。

实现国家长治久安职能：

任何一个国家，只有建立健全财政，国家才能百事兴旺，政府才能顺畅运行，否则，国家将陷入困境，政府将寸步难行。

(2) 答：财政是国家治理的基础和重要支柱，也是促进社会公平的主要杠杆和保障。我国财政通过以下方式实现公平与效率的目标：

在收入分配方面，要通过税收的再分配功能调节市场经济必然带来的收入分配差距。按我国现行的经济核算体系，商品流转税作为商品价格的附加，直接构成要素分配的一个项目，而以所得税为主的直接税则是要素分配的再分配，因此财政既参与价格形成起始阶段的要素分配，又参与要素分配基础上的再分配。通过间接税可以调节各类商品的相对价格，从而调节各经济主体的要素分配，通过企业所得税可以调节公司的利润水平，通过个人所得税可以调节个人的劳动收入和非劳动收入，使个人的劳动收入和非劳动收入差距维持在一个合理的范围内，通过资源税可以调节由于资源条件和地理条件不同而形成的级差收入，通过遗产税、赠与税可以调节个人财产分布，等等。

要优化财政支出结构，保证和加快教育和卫生保健等社会事业的发展，实现公共服务的均等化。优先发展教育事业，建设教育强国是中华民族伟大复兴的基础工程。应推进教育公平，推动城乡义务教育一体化发展，高度重视农村义务教育；办好学前教育、特殊教育和网络教育，普及高中阶段教育，努力让每个孩子都能享有公平而有质量的教育；对少数民族和贫困地区学生的高等教育实行优惠政策。财政保障和加大医疗卫生事业的投入，在社会保障体系中要完善统一的城乡居民基本医疗保险制度和大病保险制度。就业是最大的民生，财政要支持就业优先战略和积极就业政策，完善失业、工伤保险制度，实现更高质量和更充分就业。

财政要大力投入精准扶贫攻坚战，确保财政专项扶贫资金及其增长机制，并加强监督检查，发挥实效，重点攻克深度贫困地区的脱贫任务，确保到 2020 年我国现行标准下全部农村贫困人口实现脱贫，贫困县全部摘帽，解决区域性整体贫困，做到脱真贫、真脱贫，实现让贫困人口和贫困地区同全国一道进入全面小康社会的庄严承诺。

要加强加快社会保障体系建设。按照兜底线、织密网、建机制的要求，全面建成覆盖全民、城乡统筹、权责清晰、保障适度、可持续的多层次社会保障体系。全面实施全民参保计划。完善城镇职工基本养老保险和城乡居民基本养老保险制度，尽快实现养老保险全国统筹。完善统一的城乡居民基本医疗保险制度和大病保险制度。完善失业、工伤保险制度。建立全国统一的社会保险公共服务平台。统筹城乡社会救助体系，完善最低生活保障制度。坚持男女平等的基本国策，保障妇女儿童合法权益。完善社会救助、社会福利、慈善事业、优抚安置等制度，健全农村留守儿童和妇女、老年人关爱服务体系。发展残疾人事业，加强残疾康复服务。

六、延伸阅读

推进个人所得税改革，促进社会公平正义

站在新的历史方位，2018 年 10 月 1 日和 2019 年 1 月 1 日，新中国分两步实施了历史上覆盖面最广、力度最大、以减税为主题的个人所得税改革。这次改革坚持以人民为中心的发展思想，紧扣我国社会主要矛盾变化，着眼解决原来个人所得税制中存在的突出问题，在促进社会公平方面实现了很多突破性进展。

在改革的切入点上顺应人民呼声，着力解决影响社会公平的突出问题。个税改革从解决人民群众最期盼的问题入手，实现人民有所呼，改革有所应。一是首次建立了综合与分类相结合的个人所得税制，将工资薪金、劳务报酬、稿酬和特许权使用费等 4 项主要劳动性所得纳入综合所得征税范围，实行统一的 7 级超额累进税率并按年计税，促进了相同收入劳动者的横向公平。二是大幅度提高基本减除费用标准，由原来的 3 500 元/月提高到 5 000 元/月。三是增加子女教育、赡养老人、住房贷款、住房租金、继续教育、大病医疗等 6 个与人民群众生活密切相关的专项附加扣除，一些项目允许夫妻或兄弟姐妹进行共同扣除，满足了不同人群的个性化扣除需求。

在改革的价值导向上注重公平、兼顾效率，使个人所得税的调节作用更为有效。此次个税改革中，一方面注重统筹横向公平与纵向公平，坚持让中低收入劳动者获益更多的导向，大幅拉大了综合所得 20%以下各档次税率级距和生产经营所得税率级距，进一步降低中低收入劳动者的税负，同时保持对高收入者的调节力度，维持 45%的最高边际税率不变，符合我国“调高、扩中、提低”的收入分配基本方针。另一方面，兼顾增长效率的需要，统筹劳动所得与资本所得、境内所得与境外所得的税负平衡，保持我国税制的国际竞争力。参考多数国家对资本所得采用比例税率的惯例，保持对股息红利、财产转让等资本所得 20%的比例税率不变，使我国对资本所得的征税水平与世界各主要国家基本相当，释放稳定投资预期的积极信号。

在改革的全过程中尊重民意，切实让人民群众感受到制度正义。此次个税改革真正体现了改革依靠人民。一是广泛公开征求意见让人民群众真切感受到改革诚意。全国人大常委会将《中华人民共和国个人所得税法修正案（草案）》向社会公开征求意见，历时一个月，收集到意见、建议 13 万多条。根据全国人大常委会的授权，国务院为制定首次实施的专项附加扣除政策，委托财政部、国家税务总局面向专家学者、不同人群、社会组织和

相关部门首次采取无方案方式征求意见，而后再根据民意集中程度提出具体改革方案向社会公开征求意见，收集社会公众意见建议1.6万余条，让人民群众在参与改革的过程中增强对改革的认同感。二是及时有效回应关切体现对人民群众意愿的切实尊重。法案征求意见期间，人民群众对于增加赡养老人专项扣除的呼声很高，虽然实践中赡养关系很难确认，但操作困难让位于群众意愿，最终将赡养老人纳入专项附加扣除项目。在国务院公开征求《个人所得税专项附加扣除暂行办法》意见后，大病医疗扣除限额由6万元提高至8万元，扣除范围也从纳税人本人扩大到其配偶和未成年子女；住房租金扣除，直辖市、计划单列市、省会城市的扣除标准从1 200元提高至1 500元，等等。每一项内容调整的背后，彰显的都是对民意的尊重和为民减税降负的诚意。三是便捷高效实施方式让人民群众应享尽享税改红利。对首次实施的6项专项附加扣除政策，税务部门以诚信推定为原则，实行“申报就能扣除、预缴就能享受、未扣可以退税”。为便利纳税人填报信息，开发应用自然人税收管理系统（ITS），最大限度地“让信息多跑网路，让纳税人少跑马路”，让人民群众便捷地享受改革红利。

在改革的实效中体现全民共享，增强人民群众的改革获得感。2018年10月1日至2019年5月底，个税改革实施8个月已累计新增减税3 841.09亿元。一是调节收入分配作用明显。在所有工薪所得纳税人税负普遍降低的情况下，月均收入在2万元以下的纳税人新增减税幅度超过65%，而月均收入在10万元以上的纳税人新增减税幅度为5%，中低收入群体成为个税改革的最大受益者。二是精准调节作用开始发挥。从享受专项附加扣除政策的人群分布情况看，30～45岁的中青年人群是主体，政策覆盖面达76.9%，人均享受2项专项附加扣除，主要集中在赡养老人、子女教育和住房，对于生活负担较重、支出较多的中年群体可谓“雪中送炭”。三是政策外溢效应积极有效。商务部流通产品促进中心研究数据显示，我国城镇居民长期边际消费倾向介于0.71到0.75之间，相对而言中低收入人群边际消费倾向更高，带动消费的作用更为明显。自2018年11月以来，社会消费品零售总额摆脱了增速下滑趋势，与个税改革的实施时间高度契合，改革产生了积极的外溢效应。

【知识链接】财政职能中的促进社会公平职能

【资料来源】罗天舒．推进个人所得税改革，促进社会公平正义．学习时报，2019（02）：1-2.

第二章

财政学的基本理论问题

一、本章回顾

政府与市场的关系是市场经济体制下财政的核心问题，本章主要从政府与市场的关系角度来理解财政概念和财政职能，接着对财政学的两个基础性概念——公共物品与公共需要进行区分，最后对我国财政的民主化和法治化进行了探讨。

本章要点：

（1）市场在资源配置中起决定性作用。

（2）加快完善现代市场体系和加快政府职能转变。

（3）公共物品、混合物品的定义以及公共物品与私人物品的区别。

（4）公共物品与公共需要的关系以及公共需要的特征。

（5）《中华人民共和国预算法》修订的重点内容和重大意义。

（6）我国财政的民主化和法治化。

二、术语小读

1. 宏观调控

宏观调控是政府运用政策、法规、计划等手段对经济运行状态和经济关系进行调节和干预，以保证国民经济的持续、快速、协调、健康发展，宏观调控的政策目标一般包括充分就业、物价稳定、经济增长和国际收支平衡四项。

2. 公共物品

公共物品是与私人物品相对应的一个概念，具有非竞争性和非排他性，一般不能有效地通过市场机制由企业和个人来提供，主要由政府来提供。

3. 非排他性

非排他性是指一些人享用公共物品带来的利益并不能排除其他人同时从公共物品中获得利益。

4. 非竞争性

非竞争性是指消费者的增加不引起生产成本的增加，即多一个消费者引起的社会边际成本为零。

5. 公共需要

公共需要是满足社会公共利益的需要，这种需要不是个别需要的总和，而是共同利益，具有不可分割性。（公共物品和公共需要是一个事物的两个方面，公共物品是从供给方面表达的，公共需要则是从需求方面表达的。）

6. 政治投票

公共物品满足全体公民的一种集合性需要，因为每个人对公共物品的需要有不同的偏好，并且对承担公共物品的成本存在漠不关心或“免费搭车”（也称“搭便车”）的心理，所以政府提供公共物品不能通过居民的买卖来作出决定，而必须通过一定的政治程序作出决策，即所谓“政治投票”。

三、难点精析

1. 公共物品的特征

包括效用的不可分割性、受益的非排他性、取得方式的非竞争性、提供目的的非营利性。核心特征是受益的非排他性与取得方式的非竞争性。

2. 关于公共物品的定义的注意事项

（1）虽然每个人的公共物品数量相同，但不一定所有人对这种消费的评价都一致。由于公共物品的非竞争性和非排他性，每个人消费的公共物品数量必然相同，尽管他们的偏好不一致。

（2）公共物品的分类不是绝对的，它取决于市场条件和技术状况。比如一些公共物品在拥挤使用的条件下，将不再满足非竞争性；技术的进步可以使原来不能排他的物品具有排他性。因此公共物品的公共性是一个程度问题，完全满足这两个特征的公共物品被称为纯公共物品，不完全满足这两个特征的公共物品被称为准公共物品。

（3）一种物品可以满足公共物品定义的一部分而不能满足另一部分。也就是说，非排他性和非竞争性不一定总是同时出现。

（4）一些在传统上不被认为是商品的东西具有公共物品的特征。比如收入分配就具有公共物品的特征。如果收入分配是“公平的”，每个人都因生活在一个良好的社会中而得到满足，没有人被排除在享有这种满足之外，那么收入分配就既具有非排他性，又具有非竞争性。

（5）一种物品的公共提供并不一定意味着也由公共部门生产。生产和提供是两个不同的概念。某些公共物品可以是政府向私人部门购买，再向公众提供。

3. 公共物品与私人物品

区分或辨别公共物品和私人物品通常应用两个基本标准：一是排他性和非排他性；二是竞争性和非竞争性。私人物品具有排他性和竞争性，公共物品具有非排他性和非竞争性。

- 纯私人物品：

$$X_j = \sum_{i=1}^{n} X_j^i$$

式中，X_j为商品或服务的总量；X_j^i 为第 i 个消费者对这种商品或服务的消费（拥有）量。

此公式表明：（1）商品或服务的总量 X_j 等于每一个消费者 i 对这种商品或服务的消费（拥有）数量之和；（2）私人物品在个人之间是可分的。

- 纯公共物品：

$$X_{n+j} = X_{n+j}^i$$

此公式表明：（1）任何一个消费者 i 都可以支配的公共物品的总量为 X_{n+j}；（2）公共物品在个人之间是不可分的。

四、牛刀初试

1. 名词解释

（1）公共物品　　（2）混合物品　　（3）公共需要

（4）外部效应　　（5）非排他性　　（6）非竞争性

（7）预算法

2. 判断题

（1）完整的市场体系是由家庭、企业和政府三个相对独立的主体组成的，政府可以通过法律、行政和经济等手段“凌驾”于市场之上，介入和干预市场。

（2）如果出现外部效应，竞争市场的结果可能是帕累托有效的。

（3）在市场经济条件下，几乎不可避免地会产生由于滥用权力而发生的寻租行为。

（4）国防作为公共物品主要体现在它的非竞争性上。

（5）公共需要是普通意义上个人需要的数学加总。

（6）如果公共物品按某个固定数量提供或者根本不提供，公共物品提供量帕累托有效的充分必要条件是支付意愿（保留价格）之和超过公共物品的成本。

(7) 政府干预失效的原因包括政府决策失误、寻租行为、政府提供信息不及时甚至失真、政府职能的“越位”和“缺位”等。

(8) 当今中国政府不断加大对教育的投入和支出，而教育产品既具有私人物品的性质，又具有公共物品的性质。

(9) 从严格意义上说，只有利益外溢的产品才可被称为准公共物品。

3. 单项选择题

(1) 政府进行市场干预的理由在于（　　）。

A. 过度竞争　　B. 反托拉斯法　　C. 外部性　　D. 宏观经济波动性

(2) 用来满足社会共同需要的产品和服务被称为（　　）。

A. 公共商品　　B. 公共物品　　C. 公共服务　　D. 社会产品

(3) 若资源配置达到了这样的状态，即没有一种状态的改变能使一些人的境况变好而不同时使另一些人的境况变坏，则这种状态被称为（　　）。

A. “免费搭车”现象　　B. 分配不公问题

C. 市场失灵　　D. 帕累托最优

(4) 当存在负的外部效应时，该物品或服务的个体边际成本（　　）其社会边际成本。

A. 大于　　B. 等于　　C. 小于　　D. 没有固定关系

(5) 以下不符合纯公共物品特征表述的有（　　）。

A. 增加一个消费者就会引起生产成本的增加

B. 增加一个消费者不会引起生产成本的增加

C. 提供公共物品的边际成本为零

D. 公共物品带来的好处不可分割

(6) 为了使负外部性内在化，适当的公共政策反应将是（　　）。

A. 政府控制引起外部性的物品的生产

B. 禁止所有引起负外部性的物品的生产

C. 补贴这种物品

D. 对这种物品征税

(7) 准公共物品的提供形式不包括（　　）。

A. 政府授权经营　　B. 政府参股

C. 政府补助　　D. 市场自由流通

(8) 政府干预经济的手段不包括（　　）。

A. 立法和行政手段　　B. 组织公共生产和提供公共物品

C. 财政手段　　D. 强制手段

(9)（　　）有效率的供给通常需要政府行动，而私人物品则可以通过市场有效率地加以分配。

A. 公共物品　B. 私人物品　C. 社会产品　D. 公共商品

（10）信息不对称产生的问题不包括（　　）。

A. 代理人问题　B. 逆向选择　C. 道德风险　D. 帕累托改进

4. 不定项选择题

（1）下列哪种物品增加一个消费者的边际成本等于零？（　　）

A. 国防　B. 城市公共汽车　C. 收费公路　D. 治安

（2）市场的资源配置功能不是万能的，市场失灵主要表现在（　　）方面。

A. 完全竞争市场　B. 信息不充分或不对称

C. 收入分配不公　D. 经济波动

（3）当出现外部效应时，政府可采取的纠正措施有（　　）。

A. 重新分配产权　B. 对负外部性进行限制

C. 对正外部性进行补偿　D. 对潜在外部性采取预防措施

（4）公共物品的基本特征包括（　　）。

A. 历史性　B. 非排他性　C. 非竞争性　D. 广泛性

（5）政府干预失效的原因和表现可能发生在以下哪些方面？（　　）

A. 政府决策失误　B. 政府提供信息不及时甚至失真

C. 政府职能的“越位”和“缺位”　D. 寻租行为

（6）下列属于准公共物品的有（　　）。

A. 港口　B. 国防　C. 基本医疗卫生服务　D. 公路

（7）区分或辨别公共物品和私人物品通常应用两个基本标准：（　　）。

A. 排他性和非排他性　B. 竞争性和非竞争性

C. 私人性和非私人性　D. 垄断性和非垄断性

5. 简答题

（1）简述政府干预的手段。

（2）简述区分公共物品与私人物品的基本标准。

（3）为什么会出现政府干预失效？

（4）财政的资源配置职能的目标及实现这一目标的机制和手段是什么？

（5）简述公共物品的类型及其特征。

6. 论述题

（1）试述公共需要的特征。

（2）一般来说，纯公共物品只能由政府来提供，请解释其理由。

（3）试述《中华人民共和国预算法》修订的重点内容和重大意义。

7. 案例分析题

2020 年《政府工作报告》强调：“推动教育公平发展和质量提升。坚持立德树人。有序组织中小学教育教学和中高考工作。加强乡镇寄宿制学校、乡村小规模学校和县城学校建设。完善随迁子女义务教育入学政策。办好特殊教育、继续教育，支持和规范民办教育。发展普惠性学前教育，帮助民办幼儿园纾困。推动高等教育内涵式发展，推进一流大学和一流学科建设，支持中西部高校发展。扩大高校面向农村和贫困地区招生规模。发展职业教育。加强教师队伍建设。推进教育信息化。要稳定教育投入，优化投入结构，缩小城乡、区域、校际差距，让教育资源惠及所有家庭和孩子，让他们有更光明未来。”

一个国家的教育事业和科学研究事业为什么主要由政府来主导，从社会公共需要和外部效应等方面来分析。

五、习题解答

1. 名词解释

（1）略

（2）混合物品是指兼具公共物品与私人物品特征的物品。

（3）略　（4）略　（5）略　（6）略

（7）预算法是有关国家的预算收入和预算支出，以及进行预算管理的法律规范的总称。它是财政法中的基本大法，被称为“经济宪法”。

2. 判断题

（1）对。

（2）错，只要出现外部效应，竞争市场的结果就不可能是帕累托有效率的。

（3）对。

（4）错，国防作为公共物品主要体现在它的非排他性上。

（5）错，公共需要并不是普通意义上个人需要的数学加总，而是就整个社会而言，为了维持社会经济生活，为了维持社会再生产的正常运行，为了维护市场经济的正常秩序，必须由政府集中执行和组织的社会职能的需要。

（6）对。（7）对。（8）对。（9）对。

3. 单项选择题

（1）C　（2）B　（3）D　（4）C　（5）A

（6）D　（7）D　（8）D　（9）A　（10）D

4. 不定项选择题

（1）AD　（2）BCD　（3）ABCD　（4）BC　（5）ABCD　（6）ACD　（7）AB

5. 简答题

（1）答：政府干预的手段可以概括为四个方面。1）政府的宏观调控。宏观调控即为政策调控，主要手段是财政政策和货币政策以及二者的相互配合。我国强调建立以国家发展战略和规划为导向、以财政政策和货币政策为主要手段的宏观调控体系，推进宏观调控目标制定和政策手段运用机制化，加强财政政策、货币政策与产业政策、价格政策等政策的协调配合，提高相机抉择水平，增强宏观调控的前瞻性、针对性、协调性，同时形成参与国际宏观经济政策协调的机制，推动国际经济治理结构的完善。2）立法和行政手段。立法和行政手段主要是指制定市场法规、规范市场行为、制定发展战略和中长期规划、制定经济政策、实行公共管制、规定垄断产品和公共物品的价格等。3）组织公共生产和提供公共物品。公共生产是指由政府出资兴办的所有权归政府所有的工商企业和事业单位，主要是生产由政府提供的公共物品，也可以在垄断部门建立公共生产，并从效率或社会福利角度规定价格。政府组织公共生产，不仅是出于提供公共物品的目的，而且是出于有效调节市场供求和稳定经济的目的。4）财政手段。应当指出，财政手段既不直接生产也不直接提供公共物品，而是通过征税和收费为政府各部门组织公共生产和提供公共物品筹集经费与资金。财政的目标是通过为政府各部门组织公共生产和提供公共物品筹集经费与资金，最终满足社会公共需要，同时又通过税收优惠、财政补贴和财政政策等手段调控市场经济的运行。

（2）答：区分或辨别公共物品和私人物品通常应用两个基本标准：一是排他性和非排他性；二是竞争性和非竞争性。私人物品具有排他性和竞争性；公共物品具有非排他性和非竞争性。排他性是指个人可以被排除在消费某种商品和服务的利益之外，在消费者付钱购买私人物品之后，他人就不能享用此种商品或服务所带来的利益，排他性是私人物品的第一个特征。竞争性是指消费者的增加将引起生产成本的增加，每多提供一件或一种私人物品，都要增加生产成本，因而竞争性是私人物品的第二个特征。非排他性则是公共物品的第一个特征，即一些人享用公共物品带来的利益并不能排除其他一些人同时从公共物品中获得利益。例如，每个公民都可以无差别地受益于国防所提供的安全保障，每个适龄儿童都有权利和义务接受政府提供的义务教育，等等。有些公共物品虽然经过技术处理可以具有排他性，但有时排除成本太高，因而在经济上不可行。公共物品的非排他性意味着可能形成“免费搭车”现象，即免费享用公共物品的利益。非竞争性是公共物品的第二个特征，即消费者的增加不引起生产成本的增加，或者说，提供公共物品的边际成本为零。此外，外部效应和效用的不可分割性，也是区分公共物品与私人物品的重要标准。

（3）答：政府干预失效的原因和表现可能发生在诸多方面：1）政府决策失误。大的方面包括发展战略和经济政策失误，小的方面包括一个投资项目选择不当或准公共物品提供方式选择不当等，而政府决策失误会造成难以挽回的巨大损失。2）寻租行为。在市场经济体制下，几乎不可避免地会产生由于滥用权力而发生的寻租行为，也就是公务员特别是领导人员凭借人民赋予的政治权力，谋取私利，进行权钱交易，化公为私，受贿索贿，为“小集体”谋福利，纵容亲属从事非法商业活动，等等。3）政府提供信息不及时甚至失真，也可视为政府干预失误。这里且不说政府提供的经济信息有可能失真或不及时，仅就政府应提供的信息是多方面的而言，一旦失误，都会带来不可估量的损失。4）政府职能的“越位”和“缺位”。财政职能的“越位”是指应当而且可能通过市场机制办好的事情而政府却通过财政手段人为地参与，如政府热衷于竞争性生产领域的投资。财政职能的

“缺位”是指该由政府通过财政手段办的事情而财政没有办或者没有办好，如公共设施、义务教育等投入不足。这种政府干预失效主要可能发生于经济体制转轨国家。经济体制转轨的一个核心是明确政府与市场的关系，规范政府的经济行为，转变政府的经济职能，其中包括转变财政职能。

（4）答：资源配置从广义上理解可以是指社会总产品的配置，从狭义上理解可以是指生产要素的配置。资源配置的核心是效率问题。在市场经济体制下，市场在资源配置中起决定性作用，在具备充分竞争条件下的市场，会通过价格与产量的均衡自发地形成一种资源配置最佳状态。西方经济学中的帕累托最优就是资源配置的最佳状态。但由于存在市场失灵，市场自发形成的配置不可能实现效率的最优状态，因而需要政府介入和干预。财政的资源配置职能是由政府介入或干预所产生的，它的特点和作用是通过本身的收支活动为政府提供公共物品提供经费，引导资源的流向，弥补市场的失灵和缺陷，最终使全社会的资源配置效率达到最优状态。因此，关于财政的资源配置职能要研究的问题主要是资源配置效率用什么指标来表示、如何通过政府与市场的有效结合提高资源配置的总效率以及财政在资源配置中的特殊机制和手段。

财政配置资源的机制和手段主要有：1）在明确社会主义市场经济中政府经济职能的前提下，确定社会公共需要的基本范围，确定财政收支占 GDP 的合理比例，从而优化资源配置总体效率。2）优化财政支出结构，保证重点支出，压缩一般支出，提升资源配置的结构和效率。3）合理安排政府投资的规模和结构，保证国家的重点建设。政府投资规模主要是指预算内投资在社会总投资中所占的比重，表明政府集中的投资对社会总投资的调节起着重要作用，这种作用对发展中国家有着至关重要的意义。4）通过政府投资、税收和补贴等手段，带动和促进民间投资和对外贸易，吸引外资，提高经济增长率。5）提高财政资源本身的配置效率。对每项生产性投资的确定和考核都要进行成本-效益分析。对于公用建筑和国防工程之类的不能回收的投资项目，财政拨款应被视为这种工程的成本，应力求以最少的耗费实现高质量的工程。甚至作为财政收入主要形式的税收，也存在税收收入与税收成本的对比问题。

（5）答：1）公共物品是和私人物品相对应的。由市场供给的用来满足个人需要的商品和服务被称为私人物品，由国家机关和政府部门——公共部门提供的用来满足社会公共需要的商品和服务被称为公共物品。

公共物品的两个基本特征是非排他性和非竞争性。非排他性即一些人享用公共物品带来的利益并不能排除其他一些人同时从公共物品中受益。非竞争性即消费者的增加不引起生产成本的增加，或者说，提供公共物品的边际成本为零。此外，具有外部效应和效用的不可分割性也是公共物品的重要特征。

2）公共物品的类型有以下两种：

① 纯公共物品。同时具有非排他性和非竞争性的公共物品属于纯公共物品，一般完全由政府提供。

② 混合物品或准公共物品。有些物品兼备公共物品和私人物品的特征，因而被称为混合物品或准公共物品。混合物品包括两种情况：

a. 具有非竞争性而不具有非排他性。例如，一座桥梁，在不过分拥挤的条件下，多一辆车通行，并不影响其他车辆的正常通行，也就是增加一辆车不增加边际成本，具有非竞争性；但是要阻止车辆通行也是有可能的，只要设置一个岗亭即可做到，所以它又具有排他性。

b. 只具有不充分的非竞争性和非排他性，这种特征往往是由过分拥挤和外部效应两种不同的情况引起的。第一种情况还以桥梁为例，当桥梁上通行的车辆已经接近或超过桥梁的负荷能力时，若再增加通行车辆，则必须增加执勤人员来缓解通行的车流量；第二种情况则以一个花园为例，一个花园即使设置围墙，也不可能排除路人闻到花香并享受净化空气的好处。

6. 论述题

(1) 答：1) 社会的公共需要是相对于私人的个别需要而言的，它是社会公众在生产、生活和工作中的共同需要，不是普通意义上的人人有份的个人需要或个别需要的数学加总。

2) 公共需要是每一个社会成员可以无差别地共同享用的需要，一个或一些社会成员享用并不排斥其他社会成员享用。

3) 社会成员享用社会公共需要也要付出代价（如交税或付费）。

4) 满足公共需要是政府的职责，所以，满足公共需要的公共物品主要通过政府征税和收费支撑，由国家机关和公共部门提供，公共物品主要来自社会产品的剩余部分。

(2) 答：纯公共物品只能由政府来提供而不能由市场来提供，这是由市场运行机制和政府运行机制的不同所决定的。

其一，市场是通过买卖提供产品和服务的。在市场上，谁有钱，谁就可以购买商品或享用服务，钱多多买，钱少少买，无钱就不能买。总之，市场买卖要求利益边界的精确性。而公共物品的效用一般是不可分割的。

其二，公共物品的非竞争性和非排他性决定了竞争性的市场机制不适于提供纯公共物品。一方面，从公共物品提供的角度看，非竞争性意味着如果公共物品按边际成本定价，那么公共物品由私人部门提供就会使私人投资者得不到他所期望的最大利润，所以私人投资者不会自愿提供纯公共物品；另一方面，从公共物品消费的角度看，非排他性意味着一个人使用公共物品并不排除其他人同时使用，即使从技术上可以排他，花费成本也太大。因此，消费者不会自愿花钱消费这种物品，而是期望他人购买，自己从中受益。

其三，政府的性质和运行机制决定了它可能解决市场提供公共物品所存在的难题。一方面，政府具有社会职能，因而满足全体社会成员的公共需要、追求社会目标是政府本来应当承担的职责；另一方面，政府是一个公共权力机构，政府拥有向社会成员征税的权力，征税是保证纯公共物品供给成本得到补偿的最好途径。

由以上分析可知，市场适于提供私人物品，对提供纯公共物品是失效的，而提供纯公共物品恰恰是政府配置资源的领域，是政府的首要职责。财政学关心的问题是政府提供公共物品与市场提供私人物品之间的恰当组合、政府提供公共物品所花费的成本和代价，以及合理地确定政府提供公共物品的范围和财政支出的规模。为此，我们需要规范政府和市场的关系以及提供公共物品的政治决策程序，加强财政管理，提高财政支出效率，尽可能减少效率损失。

(3) 答：1）预算法是财政的基本大法，被称为“经济宪法”。由于原《中华人民共和国预算法》（简称《预算法》）已施行 20 余年，而国内外形势发生了重大变化，党和国家的重大决策日益成熟和完善，政治经济体制改革取得了重大进展，因此原《预算法》已经严重滞后于当前的现实要求。第十二届全国人民代表大会常务委员会第十次会议通过了《全国人民代表大会常务委员会关于修改〈中华人民共和国预算法〉的决定》，并决议自 2015 年 1 月 1 日起施行修正后的《预算法》。2018 年 12 月，根据第十三届全国人民代表大会常务委员会第七次会议《关于修改〈中华人民共和国产品质量法〉第五部法律的决定》，《预算法》得到了再次修正。据统计，2015 年版《预算法》条文已经由过去《预算法》的 79 条增加至 100 条，其中新增了 28 个条文和 3 款内容，删去了 5 个条文和 1 款内容。相对原《预算法》总计有 82 处改动，包括原条文顺序的调整、文字表述的更改和条文的增删。2018 年 12 月修正版在 2015 年版《预算法》基础上对部分条文再次作出了修改。

2）新《预算法》取得了重大突破。在财政功能上，政府应处理好其与市场的关系，不“越位”、不“缺位”。在预算管理上，政府应力争做到预算完整，公开透明，科学有序，执行有效，纪律严明。新《预算法》反映了现代预算管理的基本要素。①完善政府预算体系，健全透明预算制度。新《预算法》删除了有关预算外资金的内容，并明确规定政府的全部收入和支出都应当纳入预算。②改进预算控制方式，建立跨年度预算平衡机制。根据党的十八届三中全会关于“审核预算的重点由平衡状态、赤字规模向支出预算和政策拓展”的要求，新《预算法》增加规定：“（一）上一年预算执行情况是否符合本级人民代表大会预算决议的要求；（二）预算安排是否符合本法的规定；（三）预算安排是否贯彻国民经济和社会发展的方针政策，收支政策是否切实可行；（四）重点支出和重大投资项目的预算安排是否适当；（五）预算的编制是否完整，是否符合本法第四十六条的规定；（六）对下级政府的转移性支出预算是否规范、适当；（七）预算安排举借的债务是否合法、合理，是否有偿还计划和稳定的偿还资金来源；（八）与预算有关重要事项的说明是否清晰。”③规范地方政府债务管理，严控债务风险。新《预算法》规定：“地方各级预算按照量入为出、收支平衡的原则编制，除本法另有规定外，不列赤字。”④完善转移支付制度，推进基本公共服务均等化。为进一步规范和完善转移支付制度，新《预算法》规定：“财政转移支付应当规范、公平、公开，以推进地区间基本公共服务均等化为主要目标。财政转移支付包括中央对地方的转移支付和地方上级政府对下级政府的转移支付，以为均衡地区间基本财力、由下级政府统筹安排使用的一般性转移支付为主体。按照法律、行政法规和国务院的规定可以设立专项转移支付，用于办理特定事项。建立健全专项转移支付定期评估和退出机制。市场竞争机制能够有效调节的事项不得设立专项转移支付。”⑤坚持厉行节约，硬化预算支出约束。针对现实中存在的奢侈浪费问题，新《预算法》确定了统筹兼顾、勤俭节约、量力而行、讲求绩效和收支平衡的原则。同时强调，各级预算支出的编制应当贯彻勤俭节约的原则，严格控制各部门、各单位的机关运行经费和楼堂馆所等基本建设支出。

3）新《预算法》全面贯彻了全面深化改革的发展理念和全面推动依法治国的法治精神，体现了现代预算管理的基本要素，构成现代财政管理制度的基本立法，是推进国家治理体系现代化的重大步骤和突破口。

7. 案例分析题

答：(1) 教育是一种公共需要，是集消费的排他性、竞争性、拥挤性和正外部性等特征于一身的准公共产品。作为一种公共需要，市场是不能有效供给的，若将教育全部推给市场去运作，在市场失灵的情况下，必然会给教育带来灾难性的损失，直接影响国家和社会的稳定发展。

(2) 科学研究事业也是一种社会公共需要，科研的成本与运用科研成果所获得的利益不易通过市场交换对称起来，那些外部效应较强的科学研究活动必须由政府承担。

(3) 教育和科学研究事业都是全社会人们的共同需要，不是个人和个别需要的数字总和。

(4)（义务）教育和科学研究的结果都是由全体社会成员（甚至是全人类）无差别享用的，任何人都不能受到排斥。由市场主导的话，必然存在排他性，所以要由政府主导。

(5) 社会成员享受教育和科研成果，也要付出代价（如交税或付费），但不遵照等价交换原则。正是由于教育和科研的购买不是通过等价交换进行的，所以不符合市场规则，它们只能由政府来提供了。

(6) 教育和科研都具有正外部性。正外部性是指一个经济单位对其他经济单位带来有利的影响，但不能由此得到补偿，其私人利益小于社会利益。由于企业不能获得由正外部性带来的所有利益，因此一般企业都不会提供具有正外部性的公共物品，所以教育和科研都是由政府来主导的。

六、延伸阅读

政府不当干预与战略性新兴产业产能过剩

一、“政府不当干预论”与战略性新兴产业产能过剩的理论诠释

战略性新兴产业正处于发展的萌芽期或成长期，一般不会出现大范围、长时间的产能过剩，即使出现，也是一种周期性的短时间供大于求的现象。然而，中国战略性新兴产业

的产能过剩属于大范围、长时间的非周期性产能过剩，这种非周期性的产能过剩很难用“市场失灵论”和“体制扭曲论”进行解释。中国战略性新兴产业产能过剩的形成原因和机制需要从政府不当干预行为入手进行分析。

由于市场不完备性、公共物品供给、信息不对称、外部性溢出等因素存在，市场经济总会出现市场失灵现象。市场失灵是政府干预的逻辑起点，为政府干预提供了理论依据。同时，为了实现缓和社会分配不公、缩小收入差距、缓解有效需求不足、抵消不完全竞争的消极影响、实现充分就业、保护和促进新兴产业发展等目的，也需要政府发挥相应职能，对经济进行干预，以弥补市场在资源配置中的不足。

中国战略性新兴产业产能过剩出现的主要原因在于中央政府干预失效和地方政府干预过度的相互叠加。为了应对全球金融危机的消极影响和新工业革命带来的挑战，中央政府先后推出了一揽子刺激计划和产业政策，对战略性新兴产业的培育和发展进行干预。中央政府实施干预的初衷是，通过培育和发展战略性新兴产业，推进产业结构升级、加快经济发展方式转变，构建现代产业体系、提升产业国际竞争力，增强产业自主创新能力、实现可持续发展。然而，由于中央政府干预措施、政策实施手段和监督考核机制的局限性，战略性新兴产业的发展战略和规划在具体实施中出现变形，导致中央政府干预失效。中央政府支持战略性新兴产业发展的政策意图，对地方政府而言，意味着发展战略性新兴产业本身将是重要的政绩，对这些产业提供廉价土地、金融支持和财政补贴具有了合法性，所承担的政治成本和风险很小。于是，各级地方政府为了追求自身的短期经济利益，纷纷出台不同版本的超常规优惠政策，甚至与本地企业一起合谋套取中央政府的优惠政策，不顾本地实际情况，争上新兴产业项目，盲目扩大产能，造成了过度投资、重复建设、产业趋同以及产能过剩现象。地方政府对战略性新兴产业的过度干预，扭曲了中央政府的政策意图，加剧了中央政府干预失效。

二、政府补贴与产能过剩

补贴是政府干预企业最直接的方式，对刚起步的战略性新兴产业而言，补贴显得尤为重要。政府补贴资金主要来自中央政府，但地方政府也以配套资金、税收减免等形式实施补贴。在战略性新兴产业发展之初，政府补贴确实在一定程度上起到了鼓励和导向作用。然而，一方面，这种事前补贴方式并没有随着新兴产业进入不同阶段和不同地区而有所改变，导致企业发展严重依赖于政府补贴资金；另一方面，地方政府过度干预企业补贴资金投向，扭曲了资金使用效率，致使大部分政府补贴资金流向了产能投资领域，甚至出现地方政府与企业合谋弄虚作假骗取中央政府补贴的现象。政府补贴之所以没有按照预想的效果发生作用，是因为“一刀切”的补贴方式并没有将资金落到实处，或者说用在“刀刃”上。地方政府和企业为了快速回本盈利，获取更多补贴资金，热衷于发展高能耗、低技术的简单初级项目。同时，产品质量标准的缺失、创新环境的破坏以及国内需求市场的阻滞，使得这种低水平的规模扩张不仅与战略性新兴产业的高端发展目标背道而驰，也造成了资源配置混乱、产业同构和产能过剩现象。地方政府的不当干预降低了中央政府补贴的使用效率。大部分企业一旦获得政府补贴资金，就会将其用于其他与研发无关的短平快项目，政府补贴对促进科研投入是无效的，没有带来企业投资效率的提升。

从光伏产业的发展来看，一方面，政府补贴采用事前补贴、“一刀切”等方式，扭曲了企业的投资行为，诱使企业为获取补贴而投资亏损项目或低技术门槛项目，形成过剩产能；另一方面，由于缺乏对企业的创新激励和事后监督，政府补贴等优惠政策破坏了创新环境，使得企业偏好于成本低、风险小、收益快的低附加值产品，并带来企业的盲目扩张，造成企业间无序竞争和产能过剩。在光伏产业内部，下游产业对投资额要求相对较高、生产周期相对较长，最需要政府补贴予以扶持。然而，在地方政府与企业的合谋下，进入门槛较低、技术水平相对落后、见效较快的上游环节和中游环节获得的政府补贴更多。在上游环节中，多晶硅生产技术较为复杂，研发周期相对较长，需要政府补贴支持其开展技术创新和研发设计。然而，流向上游的政府补贴大多投向技术水平相对落后、研发周期相对较短、进入门槛相对较低的单晶硅企业，造成多晶硅依赖进口、单晶硅大量过剩的现象。从以上分析可以看出，政府补贴主要流向了技术门槛较低的产能投资领域，打破了行业发展规律，加快了战略性新兴产业的低端盲目扩张速度，扭曲了市场选择机制，加重了产业发展初期的过度进入现象。

【知识链接】政府干预与政府干预失效

【资料来源】余东华，吕逸楠．政府不当干预与战略性新兴产业产能过剩——以中国光伏产业为例．中国工业经济，2015（10）：54－58.

第三章

国家预算和预算管理

一、本章回顾

本章主要介绍了国家预算的基本问题，着重分析了我国预算管理制度的改革。

本章要点：

(1) 国家预算的含义、类别与编制原则。

(2) 公共预算收支的分类。

(3) 政府性基金的管理。

(4) 国有资本经营预算和社会保险基金预算收支科目。

(5) 编制部门预算、政府采购制度、国库集中支付制度及“收支两条线”管理的基本内容。

(6) 我国预算管理制度的改革。

二、术语小读

1. 增量预算

增量预算是指计划财政年度的预算分项支出数是以上年度各该项支出数作为基数，考虑新的财政年度的财政收入增减情况和经济发展情况加以调整之后确定的。

2. 零基预算

零基预算是指计划财政年度预算分项支出指标的确定，只以对社会经济发展的预测和对当年各部门新增任务的审核为依据，不考虑以前财政年度各项支出的基数。

3. 购买性支出（消耗性支出）

购买性支出（消耗性支出）是指与商品和服务的市场交换相关联的财政支出，直接表现为政府购买商品和服务的活动，包括购买日常政务活动所需要的或用于国家投资的商品和服务。这类支出的目的和用途虽然有所不同，但具有一个共同点：财政一手付出了资金，另一手相应地购得了商品和服务，并运用这些商品和服务实现国家的职能，它所体现的是政府的资源配置作用，对生产和就业产生直接影响。财政支出中的行政支出、国防支出、教育支出、医疗卫生支出等经常性支出和政府投资支出都属于这类支出。

4. 转移性支出

转移性支出是指政府在公民之间再分配购买力的支出制度。政府的这种支出表现为资金无偿的、单方面的转移，主要有社会保障支出、财政补贴支出、捐赠支出和债务利息支出。

5. 经常性支出

经常性支出是指维持公共部门正常运转或保障人们基本生活所必需的支出，主要包括人员经费、公用经费以及社会保障支出。

6. 资本性支出

资本性支出是指用于购买或生产使用年限在一年以上的耐用品所需的支出，其中有用于建筑厂房、购买机械设备、修建铁路和公路等的生产性支出，也有用于建筑办公楼和购买汽车、复印机等办公用品等的非生产性支出。

7. 土地出让金

土地出让金是指各级政府管理部门将土地使用权出让给土地使用者，按规定向受让人收取的土地出让的全部价款，或土地使用期满，土地使用者需要续期而向土地管理部门缴纳的续期土地出让价款，或通过行政划拨的土地使用权的土地使用者将土地使用权有偿转让、出租、抵押、作价入股和投资，按规定补交的土地出让价款。

8. 政府采购制度

政府采购制度是以公开招标、投标为主要方式选择供货商（厂商），从国内外市场为政府部门或所属团体购买商品或劳务的一种制度。

9. 国库集中支付制度

国库集中支付制度是对预算资金分配、资金使用、银行清算及资金到达商品和劳务供应者账户的全过程集中进行全面监控的制度。

三、难点精析

1. 国家预算

国家预算是政府的基本财政收支计划，形式上是一种收支计划表，政治上是具有法律效力的文件，手段上是政府调节国民经济的工具。它的职能包括：（1）国家预算履行法律、行政管理的职能；（2）国家预算履行财政政策的职能；（3）国家预算履行财政监督的职能。

2. 我国的国家预算管理原则

（1）公开性：需由全国人民代表大会讨论批准并向社会公布。

（2）可靠性（权威性）：符合《预算法》的规定。

（3）完整性：不得在预算外另列预算。

（4）统一性：做到收支按统一的程序、口径编制。

（5）年度性：采用历年制预算年度。

3. 一般公共预算支出的分类

（1）按支出的功能分类：功能分类。

（2）按支出产生效益的时间分类：经济分类。

（3）按财政支出对经济活动的影响分类：购买性支出与转移性支出分类。

4. 编制部门预算的实践意义

第一，编制部门预算，有利于提高国家预算的透明度，全面体现国家预算的公开性、可靠性、完整性和统一性原则，避免预算编制和执行中人为的随意性，防止“暗箱”操作，加强廉政建设。第二，编制部门预算，使预算编制和执行的程序和流程制度化、规范化和科学化，从而提高预算管理水平，有利于财政部门控制预算规模和优化支出结构，有利于使用资金的部门和单位合理使用财政资金，充分发挥财政资金的效益。第三，编制部门预算，使预算细化到部门、项目，有利于各级人大履行立法监督职能，有利于审计部门履行财政审计职能，同时，社会各界也可以清晰地了解预算的编制与执行情况，发挥社会监督作用。第四，编制部门预算，也是贯彻落实依法治国方针和规范政府行为的重要措施，实现依法理财、依法行政。

5. 对“收支两条线”管理的理解

它是针对原预算外资金管理的一项改革，其核心内容是将财政性收支（原预算外收支属于财政性收支）纳入预算管理范围，形成完整统一的各级预算，提高法制化管理和监督水平。

从收入方面看，主要是收缴分离，规范预算外收入并减少各部门和各单位的资金占压。对合理合法的预算外收入，不再自收自缴，实行收缴分离，纳入预算或实行财政专户管理。取消现行各执收单位自行开设和管理的各类预算外资金过渡收入账户，改为由财政部门委托的代理银行开设预算外资金财政汇缴专户，该账户只用于预算外收入的收缴，不得用于执收单位的支出。

从支出方面看，主要是收支脱钩，即执收单位的收费和罚没收入不再与其支出安排挂钩，单独编制支出预算，交由财政部门审批。

因此，“收支两条线”改革的目标就是全面掌握预算外收支的情况，真实反映部门和单位的财务收支全貌，编制完整可靠的部门预算和政府采购计划，为编制综合预算提供基础条件，从而逐步淡化以至取消预算外资金，实行预算内外统一核算和统一管理。

四、牛刀初试

1. 名词解释

（1）国家预算　（2）增量预算　（3）公共预算

（4）政府性基金　（5）国有资本经营预算　（6）社会保险基金预算

（7）政府采购制度　（8）国库集中支付制度　（9）“收支两条线”管理

2. 判断题

（1）以预算分项支出的安排方式的差别为依据，国家预算可分为增量预算和零基预算。

（2）预算管理体制的核心是各级预算主体的独立自主程度以及集权和分权的关系问题。

（3）《预算法》明确规定，国家实行一级政府一级预算，目前，我国实行五级预算。

（4）在一般公共预算支出的分类中，按财政支出对经济活动的影响，可以设置经济分类。

（5）零基预算是指财政收支计划指标的确定只以对社会经济发展的预测为依据，不考虑以前的财政收支情况，是目前各国编制预算采用的普遍方法之一。

（6）根据现行中央政府与地方政府事权的划分，中央财政主要承担国家安全、外交和中央国家机关运转所需经费，调整国民经济结构、协调地区发展、实施宏观调控所必需的支出以及由中央直接管理的事业发展支出。

（7）在现代国家中，一级政府的总预算由本级一般财政收支和下级政府的总预算组成，对于一些特殊项目的收支预算一般单列，从而更具明确性和灵活性。

3. 单项选择题

（1）只以新预算年度的经济发展情况为依据确定公共收支计划指标，而不考虑以前的公共收支状况的预算编制方法是（　　）。

A. 单式预算　B. 增量预算　C. 零基预算　D. 复式预算

（2）按照（　　）分类，政府预算收入可以分为一般预算收入、基金预算收入和债务预算收入。

A. 预算次级　B. 预算收入的形式

C. 预算收入的性质　D. 预算科目

（3）我国一般公共预算收入以（　　）为主体。

A. 基金　B. 税收　C. 收费　D. 国有资产收入

（4）在我国，土地出让金收入属于（　　）的内容。

A. 公共预算　B. 政府性基金预算

C. 国有资本经营预算　D. 社会保险基金预算

（5）中央政府须承担的支出责任是（　　）。

A. 国际贸易　　B. 市政建设　　C. 公共绿地　　D. 地方性公共交通

（6）《预算法》规定，（　　）。

A. 中央政府公共预算不列赤字　　B. 中央预算中的资本预算列赤字

C. 地方各级预算列赤字　　D. 中央预算列赤字

（7）预算赤字是指（　　）。

A. 编制预算时列有赤字

B. 预算执行过程中出现赤字

C. 国家有意识地用赤字来调节经济

D. 年终决算有赤字

（8）按照《预算法》的规定，（　　）拥有国家预算的最终审批权。

A. 国务院　　B. 全国人民代表大会

C. 财政部　　D. 全国人大常委会

4. 不定项选择题

（1）将预算外资金纳入预算管理的意义有（　　）。

A. 利于从源头上预防腐败

B. 利于规范管理，提高依法理财的水平

C. 利于加强财政资金管理，增强财政预算的完整性，充分发挥财政调控职能

D. 利于完善预算分配制度，进一步提高财政管理水平，推动建立有机衔接的政府预算体系

（2）国家预算是国家进行宏观调控的重要手段，其调控功能主要表现在（　　）。

A. 筹集财政收入

B. 调节社会总供给与总需求的平衡

C. 调节国民经济和社会发展中的各种比例关系

D. 公平社会分配

（3）国家预算的编制原则主要包括（　　）。

A. 可靠性　　B. 完整性　　C. 年度性　　D. 公开性

E. 统一性

（4）按照预算科目，政府预算收入可以分为（　　）。

A. 一般预算收入　　B. 基金预算收入

C. 债务预算收入　　D. 经常性收入

E. 资本性或建设性收入

（5）目前，我国的预算外资金主要包括（　　）。

A. 地方财政部门管理的预算外资金

B. 行政事业单位管理的预算外资金

C. 国有企业管理的预算外资金

D. 国有企业主管部门管理的预算外资金

E. 未列入预算的企业收入

（6）政府预算支出按与市场交换的关系分类可分为（　　）。

A. 债务支出　　B. 经济建设支出

C. 购买性支出　　D. 转移性支出

（7）预算的局部调整有下列哪些情况？（　　）

A. 科目之间的经费流动　　B. 动用预备费

C. 预算的追加与追减　　D. 动用预算外资金

E. 预算的划转

（8）预算外资金的特点是（　　）。

A. 自主性　　B. 法定性　　C. 不确定性　　D. 能动性

E. 刚性

（9）政府间收入划分应遵循的原则是（　　）。

A. 效率原则　　B. 经济原则　　C. 技术原则　　D. 恰当原则

（10）地方政府预算编制的基本要求有（　　）。

A. 服从中央政府的统一领导

B. 坚持地方预算的收支平衡

C. 根据需要可自行增加收入

D. 执行国家统一的财政方针和财政制度

5. 简答题

（1）何谓国家预算？国家预算有哪些类别？

（2）何谓政府采购制度？

（3）部门预算有哪些特点？

6. 论述题

（1）试述国家预算编制原则。

（2）试述政府预算执行的组织体系。

（3）试述预算的功能。

7. 案例分析题

国库集中支付制度改革

自20世纪70年代以来，世界各国公共预算管理制度日益完善，国库单一账户制度得到快速发展，成为市场经济国家的普遍做法。我国在2001年加入世界贸易组织后，社会主义市场经济体制及公共财政框架的许多方面都要按照国际准则和市场经济国家的通行做法进行调整，其中，改革预算管理体制和国库管理体制，实现政府财政资金管理模式的国际接轨是重要而紧迫的一个方面。党中央、国务院对改革国库管理制度十分重视，2001

年，党的十五届六中全会通过的《中共中央关于加强和改进党风建设的决定》明确要求推行和完善国库集中收付制度；九届人大四次会议通过的“十五”计划纲要明确提出改革国库制度，建立以国库单一账户体系为基础的现代国库集中收付制度。2002 年中纪委十五届七次全会也要求把建立国库集中收付制度作为反腐倡廉的治本性措施来抓。因此，在中国人民银行的发起和推动下，开启了国库集中收付制度改革的新征程。

早在 1995 年，中国人民银行就与国际货币基金组织、联合国开发计划署建立联系，确立了中国国库单一账户改革技术援助项目，分别考察了澳大利亚、巴西、加拿大、意大利等国家的国库管理体制、国库单一账户设立、政府支付系统运行等情况，初步奠定了我国国库单一账户改革的基础。1999 年 4 月 7—9 日，财政部和中国人民银行在厦门市联合召开了“国库单一账户国际研讨会”，世界银行、国际货币基金组织和澳大利亚财政部的专家、高级经济学家，围绕我国开展国库单一账户制度改革提出了建议，并表态愿意提供技术援助。

从 2000 年开始，我国财政管理体制改革重点转向公共支出领域，包括改革预算编制、细化预算编制内容、实行零基预算和部门预算、逐步进行政府采购制度改革等，加快了国库单一账户制度改革，同时为推进国库单一账户制度改革创造了良好的条件。根据我国社会主义市场经济体制下公共财政的要求，传统的分级分散国库收付制度的弊端逐渐暴露，如重复和分散设置账户，导致财政资金活动透明度不高，不利于对其实施有效管理和全面监督；财政收支信息反馈迟缓，难以及时为预算编制、执行分析和宏观经济调控提供准确依据；财政资金入库时间延滞，收入退库不规范，大量资金经常滞留在预算单位，降低了使用效率等。因此，必须对传统的财政资金运行模式进行改革，逐步建立和完善以国库单一账户为基础、资金缴拨以国库集中收付为主要形式的现代国库管理制度。

2001 年 2 月 28 日，第 95 次总理办公会议原则通过了财政部和中国人民银行上报的《财政国库管理制度改革试点方案》。3 月 15 日，国务院办公厅下发了《国务院办公厅关于财政国库管理制度改革方案有关问题的通知》，3 月 16 日，《财政国库管理制度改革试点方案》正式颁布。3 月 28 日，财政部和中国人民银行召开了 6 个首批中央试点部委动员大会，并于 7 月和 8 月分别出台了财政部和中国人民银行联合拟定的《中央单位财政国库管理制度改革试点资金支付管理办法》《中央单位财政国库管理制度改革试点资金银行支付清算办法》。8 月 30 日，办理了第一笔国库单一账户业务，掀开了国库单一账户制度改革的第一页。

请结合此案例，谈谈国库集中支付制度改革的重大意义。

五、习题解答

1. 名词解释

（1）略　（2）略

（3）公共预算是指经立法程序批准的政府年度财政收支计划及相关的一系列制度等，是存在于市场经济中并且与公共财政相适应的国家预算类型。

（4）政府性基金是指依照法律、行政法规的规定在一定期限内向特定对象征收、收取或者以其他方式筹集的资金，专项用于特定公共事业发展。

（5）国有资本经营预算是对国有资本收益作出支出安排的收支预算。

（6）社会保险基金预算是对社会保险缴款、一般公共预算安排和通过其他方式筹集的资金，专项用于社会保险的收支预算。

（7）略　（8）略　（9）略

2. 判断题

（1）对。

（2）对。

（3）对。

（4）错，在一般公共预算支出的分类中，按财政支出对经济活动的影响，可以设置购买性支出与转移性支出分类。

（5）错，零基预算是指财政收支计划指标的确定只以对社会经济发展的预测为依据，不考虑以前年度的财政收支状况。但事实上，在大多数国家零基预算还没有成为确定的编制预算的一种方法，通常只适用于具体的收支项目。

（6）对。

（7）对。

3. 单项选择题

（1）C　（2）D　（3）B　（4）B　（5）A　（6）A　（7）A　（8）B

4. 不定项选择题

（1）ABCD　（2）BCD　（3）ABCDE　（4）ABC　（5）AB

（6）CD　（7）ABCE　（8）ABC　（9）ABCD　（10）ACD

5. 简答题

（1）答：国家预算是政府的基本财政收支计划，它的功能首先是反映政府的财政收支状况。从形式上看，国家预算就是按一定标准将财政收入和支出分门别类地列入特定的表格，使人们可以清楚地了解政府的财政活动，是反映财政活动的一面镜子。但从实际经济内容来看，国家预算的编制是对财政收支的计划安排或编制财政收支平衡表，预算的执行是财政收支的筹措和使用过程，预算的年终决算则是国家预算执行的总结。因此，国家预算反映了政府活动的范围、方向和国家政策。同时，由于国家预算要经过国家权力机构的审批方才生效，因而国家预算又是国家的重要立法文件，体现了国家权力机构和全体公民对政府财政活动的监督。

中华人民共和国自成立起就开始编制国家预算。国家预算是政府集中和分配资金、调节社会经济生活的主要财政机制。按照社会主义市场经济的要求，完善和改进我国国家预算制度，加强预算管理，是新时期财政体制改革和财政工作的中心内容之一。

世界上最初的国家预算是十分简单的，政府将财政收支数字按一定程序填入特定的表格，国家预算就形成了。因此，有人曾将国家预算称为政府收支一览表。随着社会经济生活和财政活动逐步复杂化，国家预算逐步形成了包括多种预算形式和预算方法的复杂系统。从预算的名称看，有单式预算、复式预算、零基预算、增量预算、中长期预算、项目预算、行动预算、绩效预算、国民经济预算、充分就业预算等，对这些五花八门的预算进行科学、合理的分类，是进一步认识和研究国家预算的前提。

以预算形式的差别为依据，国家预算可分为单式预算和复式预算。单式预算是指国家财政收支计划通过统一的一个计划表格来反映；复式预算是指国家财政收支计划通过两个以上的计划表格来反映，一般分为经常预算和建设预算（或债务预算）。复式预算虽对预算安排和预算分析有一定的意义，但编制和实施比较复杂。我国曾一度编制复式预算，目前已不再编制复式预算。以预算分项支出安排方式的差别为依据，国家预算可分为增量预算和零基预算。增量预算是指计划财政年度的预算分项支出数是以上年度各该项支出数为基数，考虑新的财政年度的财政收入增减情况和经济发展情况加以调整之后确定的。它的要点是：逐项确定支出预算，以上年度各项支出数为依据，以人员经费的保障为重点。这种预算安排方法的初衷是控制支出规模，但最终结果则可能是平均分配资金，难以保证重点，导致支出规模日益膨胀。零基预算是指计划财政年度预算分项支出指标的确定只以对社会经济发展的预测和对当年各部门新增任务的审核为依据，不考虑以前财政年度各项支出的基数。从理论上看，零基预算是完全重新编制年度预算，如同编制一个新的预算，但也不能简单地理解为一切从头开始，丝毫不考虑上年的基础。零基预算的明显优点是有利于优化支出结构，提高预算效率，控制预算规模，但要求具备科学的预测和评估方法以及统一的标准，否则也可能与成功失之交臂。综观世界各国的预算，无论是单式预算还是复式预算，仍主要采用增量预算法。零基预算事实上还未成为确定的编制预算的一般方法，通常只用于具体收支项目。我国的预算编制长期以来采取分项增量法，近年来有些省、市试行零基预算法，并取得了一定的成效和经验。

应当说明，国家预算的划分在总体上只包括上述两种类别。至于其他各种预算名称，有些是政府预算政策的代名词，有些是某项或某几项财政收支指标的测定方法，有些则是预算执行情况的考核方法。如中长期预算实际上是政府的中长期财政状况预测，项目预算、行动预算和绩效预算是某些建设项目或某些行政支出的安排和核算方法，属于工程预算或行政事业单位预算的范畴；而国民经济预算和充分就业预算事实上是一种预算政策，如充分就业预算就是政府按照凯恩斯主义财政思想设计的以实现充分就业为政策目标的一种财政政策。

（2）答：1）政府采购制度是以公开招标、投标为主要方式选择供货商（厂商），从国内外市场为政府部门或所属团体购买商品或劳务的一种制度。它具有公开性、公正性、竞争性的特征，而公开竞争是政府采购制度的基石。只要政府有效地利用商业竞争机制，就能从市场上买到性能最佳和价格低廉的商品或劳务，就能节省费用，使公民缴纳的税收和财政支出产生更大的效益。

政府采购制度与我国过去实行的“供给制”和“控购制”不同。在供给制下，财政部门是选购商品的主体，商品的使用者只能被动地接受商品。在政府采购制度下，财政部门只是监督商品的采购过程，商品的使用者不仅要参与采购过程，而且是采购商品的主体。

2)《中华人民共和国政府采购法》(简称《政府采购法》) 的基本内容包括：

①《政府采购法》的宗旨和原则。

该法的宗旨是规范政府采购行为，提高政府采购资金的使用效率，维护国家利益和社会公共利益，保护政府采购当事人的合法权益，促进廉政建设。

政府采购应遵循公开透明原则、公平竞争原则、公正原则和诚实信用原则。

② 政府采购当事人。

政府采购当事人是指在政府采购中享有权利和承担义务的各类主体，包括采购人、采购代理机构和供货商。采购人是指依法进行政府采购的国家机关、事业单位和团体组织。采购代理机构是指集中采购机构，是非营利事业法人，根据采购人的委托办理采购事宜。采购人采购纳入集中采购目录的采购项目必须委托集中采购机构代理；未纳入集中采购目录的项目可以自行采购，也可以委托集中采购机构在委托范围内代理采购。供货商是指向采购人提供货物、工程和服务的法人、其他组织或者自然人，供货商参加政府采购活动应当具备《政府采购法》规定的各项条件。

③ 政府采购方式。

《政府采购法》规定有六种采购方式：公开招标、邀请招标、竞争性谈判、单一来源采购、询价、其他采购方式。政府采购按其是否采取招标方式，可分为招标性采购和非招标性采购，六种采购方式中的前两种属于招标性采购，后四种属于非招标性采购。

④ 政府采购程序和政府采购合同。

从各国的经验来看，政府采购程序一般分为三个阶段：确定采购要求；签订采购合同；管理执行采购合同。政府采购制度从三个层次上提高财政支出效益。第一个层次是从财政部门自身的角度来看，政府采购制度有利于政府部门强化支出管理，硬化预算约束，在公开、公正、公平的竞争环境下降低交易费用，提高财政资金的使用效率。第二个层次是从政府部门及其采购代理机构角度来看，通过招标竞价方式，从中优选，采购人将尽可能地节约资金，提高所购货物、工程和服务的质量。第三个层次是从财政部门与采购人及供货商之间的关系角度来看，由于政府采购制度引入了招标、投标的竞争机制，采购人与供货商之间的“合谋”型博弈转化为“囚徒困境”型博弈，大大减少了他们之间的共谋和腐败现象，在很大程度上避免了供货商（厂商）和采购人是最大受益者而财政是最大损失者的问题。

政府采购制度的实行虽然在国外已有百年历史，但在我国才刚刚起步，建立有效的政府采购制度是一个漫长的过程。

我国现行的《政府采购法》作出了如下规定："政府采购应当采购本国货物、工程和服务。但有下列情形之一的除外：（一）需要采购的货物、工程或者服务在中国境内无法获取或者无法以合理的商业条件获取的；（二）为在中国境外使用而进行采购的；（三）其他法律、行政法规另有规定的。"

⑤ 财政部门在政府采购中的职责。

各级财政部门是负责政府采购的监督管理部门，依法履行对政府采购活动的监督管理职责。各级人民政府的其他有关部门依法履行与政府采购活动有关的监督管理职责。政府采购监督管理部门不得设置集中采购机构，不得参与政府采购项目的采购活动。

监督检查的主要内容是：有关政府采购的法律、行政法规和规章的执行情况；采购范围、采购方式和采购程序的执行情况；政府采购人员的职业素质和专业技能。

（3）答：1）完整性。部门预算内容由预算内扩展到预算外，既包括一般预算收支计划，又包括政府基金预算收支计划；既包括正常经费预算，又包括专项支出预算；既包括财政预算内拨款收支计划，又包括财政预算外核拨资金收支计划和部门其他收支计划，使预算面完整地反映政府活动的范围和方向，增强预算的透明度和调控能力。我国现行的部门预算主要包括一般预算和基金预算，这种设计与现在向人代会报送的预算草案一致。

2）细化性。部门预算的内容细化到部门及下属单位。部门预算详细地确定和规范部门及其下属单位的预算支出项目和支出内容，既包括行政单位预算，又包括其下属的事业单位预算，更全面地发挥财政分配资金的职能作用，逐步改变目前把资金切块给部门自行分配使用的状况。部门预算全面反映收支，各部门预算不仅反映本部门的年度财政需求，还反映本部门的全部收入状况，内容更全面，增强了预算的完整性，有利于统筹考虑事业的改革和发展。

3）综合性。部门预算采用综合预算，统筹考虑部门和单位的各类资金。

6. 论述题

（1）答：国家预算编制原则是指国家选择预算形式和体系以及编制国家预算应遵循的指导思想和方针。

1）公开性。国家预算反映国家和政府活动的范围、方向与政策，与全体公民的切身利益息息相关，因此，国家预算及其执行情况必须采取一定的形式公之于众，让民众了解财政收支情况，并置于民众的监督之下。

2）可靠性。每一收支项目的数字指标必须运用科学的计算方法，依据充分，数据确实，不得假定、估算，更不能任意编造。

3）完整性。该列入国家预算的一切财政收支都要反映在预算中，不得打埋伏、造假账，国家允许的预算外收支可以另编预算外收支预算，但也应在国家预算中有所反映。

4）统一性。尽管各级政府都设有相应的财政部门，也有相应的预算，但这些预算都是国家预算的组成部分，所有地方政府预算连同中央预算一起共同组成统一的国家预算。这就要求设立统一的预算科目，每个科目都要严格按统一的口径、程序计算和填列。

5）年度性。任何一个国家的预决算的编制和实现，都要有明确的预算时间的界定，即预算年度。预算年度是指预算收支起讫的有效期限，通常为一年（365 天）。目前世界各国普遍采用的预算年度有两种：一是历年制预算年度，即从每年 1 月 1 日起至同年 12 月 31 日止，我国即实行历年预算年度；二是跨年制预算年度，即从每年的某月某日开始至次年的某月某日止，中间历经 12 个月，但跨越了两个年度，如美国的预算年度是从每年的 10 月 1 日开始，到次年的 9 月 30 日止。所谓预算的年度性原则，是指政府必须按照法定预算年度编制和执行国家预算，这一预算要反映全年的财政收支活动，同时不允许将不属于本年度财政收支的内容列入本年度的国家预算之中。

（2）答：政府预算的执行涉及各地区、部门、单位，国家行政领导机关、职能部门及各类专门机构，按国家政权级次、行政区划和行政管理体制实行“统一领导，分级管理，分工负责”。

1）政府是政府预算执行的组织领导机构：负责政府预算执行的组织领导机构是国务院及地方各级人民政府。

国务院领导政府预算的执行，职责为：一是执行政府预算法律、法令，制定预算管理方针、政策；二是核定政府预算决算草案；三是组织、领导政府预算的执行；四是颁发全国性的、重要的财政预算规章制度；五是审查、批准中央总预备费的动支。

各级地方政府领导地方预算的执行，职责为：一是颁发本级预算执行的规定、法令；二是批准本级预备费、机动财力的动支；三是按规定执行预算调剂权；四是按规定安排使用本级预算结余；五是审查本级预算的执行和决算。

2）财政部门是管理机构：各级政府财政部门是政府预算执行的具体负责和管理机构，是执行预算收支的主管机构。

财政部门在预算收入执行中具有双重身份。

财政部门是预算收入执行的统一负责部门，其任务为：第一，根据政府预算收入执行工作的需要，制订组织收入的各种制度和方法。第二，根据政府预算收入任务和核定的季度收入计划，监督各经管收入的部门、各预算缴款单位努力完成预算收入任务，把一切应缴的预算收入及时地、足额地缴入国库。第三，经常检查预算收入执行情况，分析国家政策、法令和国家政治经济情况的发展变化对预算收入的影响，及时研究和解决执行工作中的问题，提出增加收入、降低消耗、加强管理、改进工作的措施和建议。

财政部门是政府预算收入的主管机关，主要负责其他收入，如行政规费收入、罚没收入、公产收入和杂项收入，以及国有企业缴纳的预算收入，如企业利润、资金占用费等。凡财政部监督缴款的，以财政部门为收入机关。

财政部门负责组织和监督管理预算支出，主管预算资金的分配。

各个支出预算部门和单位具体负责执行预算支出和预算资金的使用。财政部门在政府预算支出中的任务是：一是根据年度预算和季度计划，适时地、正确地把预算资金拨给用款单位，以保证生产建设和事业计划的顺利完成；二是监督用款单位厉行节约，讲求效果，做到少花钱、多办事、事办好；三是制定各项预算支出管理的规章制度，并监督执行；四是对政府预算支出的执行工作，要经常进行调查研究，分析总结，提出改进工作的措施。

3）政府预算执行机构。

① 收入的征收机构。政府预算收入的执行工作，由财政部门统一负责组织，并按各项预算收入的性质和征收方法，分别由财政部门和各主管收入的专职机关负责组织管理和征收，包括税务机关和海关。

税务机关主要负责征收并管理各项工商税收、企业所得税、国家能源交通重点建设基金和国家交办的其他收入任务的执行，如利润监交。从 1994 年起，税务机构因分设国家税务局和地方税务局而使其职能范围有所不同。一是国家税务局，主要负责征收中央固定税和中央地方共享税。二是地方税务局，主要负责征收地方税。税务机构除按规定范围组织征收外，还要研究制定税收政策、法令、规章制度；检查税收计划执行情况；依法审批税收减免。

海关主要负责关税的征收管理，对进口货物代征工商税等有关税款，管理海关罚没收入。

② 政府预算资金的出纳机构。预算资金的收纳、保管和出纳业务是频繁的日常工作，国家金库（简称国库）负责办理。我国由中国人民银行经理国库业务，在不设中国人民银行机构的地方，国库业务委托当地的专业银行办理。

③ 政府预算支出的执行机构。财政部门是政府预算支出的管理机构，此外，还有其他各职能机构，包括政策性银行。按其专业分工，政策性银行分别管理支农资金的拨、贷管理及结算业务，基建投资的拨、贷管理及结算业务，以及工商企业流动资金管理等。

④ 国民经济各部门。预算收入主要来自国民经济各部门，预算支出都要通过各部门、各单位分配和使用。预算收支任务能否完成，同各单位的生产计划、商品流通计划、基本建设计划和其他各项事业计划的完成情况有着直接的关系，同广大人民群众的物质文化生活的逐步提高紧密相关。因此。财政部门必须紧紧依靠所有经管收入和支出的各部门、各单位共同努力，特别需要依靠广大人民群众，才能更好地实现增产增收，节约支出，保证政府预算收支任务的顺利完成。

（3）答：1）政府预算是国家分配资金的主要手段。

财政分配是指财政参与国民收入的分配和再分配，集中必要的资金，用以满足社会的公共需要。财政分配职能需要由财政部门运用政府预算、税收、财政投资、财政补贴、国有企业上缴利润等一系列分配手段来实现，但国家财政参与国民收入的分配和再分配活动主要是通过政府预算进行的。

预算收支活动体现财政分配活动中的集中和分配资金两个方面。政府预算收入来源和支出用途全面反映国家财政的分配活动，体现国家集中性财政资金的来源规模、去向用途，在一定程度上反映国民经济和社会发展规模、比例、速度和效益。

2）政府预算集中我国财政的主要财力。

国家总预算直接集中了相当数量的、以货币表现的社会资源，国家通过税收、上缴利润、公债等手段把分散在各地区、各部门、各企业单位和个人手中的一部分国民收入集中上来，形成政府预算收入，政府预算分配的国民收入份额大，一般约占国民收入的 1/3 左右，占剩余产品的一半以上，是我国国民收入分配的主要形式之一。政府预算收入的来源结构、数量、规模和增长速度反映国民经济的结构、发展状况、经济效益、积累水平和增长速度。政府预算资金是国家的集中性财力，体现财政分配的主体部分。通过政府预算分配的财政资金是国家的主要财力，远远超过预算外资金和银行信贷资金所分配的数额。

3）政府预算是为公共物品配置资源的重要工具。

公共物品具有外部性，市场不能有效地提供，往往需要政府预算对其进行资源的配置，而且政府预算集中资金只是手段，分配资金满足国家各方面的需要才是目的。国家根据社会共同需要，将集中的国民收入——预算收入在全社会范围内进行再分配，合理安排各项支出，保证重点建设、行政、国防和文教科卫等方面的需要，用于维持政府活动，保障国家安全，为公共商品提供必要的财力保证。

4）政府预算是以计划为基础进行宏观调控的重要杠杆。

市场经济运行表现出周期性波动的特点，完全依靠市场调节会造成资源的浪费，也会失去社会公平，国家宏观调控和市场机制的作用都是社会主义市场经济的本质要求，二者是统一的，相辅相成、相互促进、不可或缺。在传统体制下，易混淆政府预算的社会管理职能与国有资产管理职能，对微观经济活动管得过多、过细。在市场经济体制改革过程中，要逐步从微观管理中解脱出来，把微观决策交给企业，由市场自主决定，把更多的精力放在搞好整个收支的预测和发展战略等政策性的大问题上，强化预算的宏观调控职能。

预算具有"稳定器"和"调节器"的作用，政府预算在为国家筹集、分配财力的同时，成为调节和控制社会经济活动过程的重要经济杠杆，保证市场在国家宏观调控下对资源配置起决定性调节作用，促使国民经济持续、稳定、健康、协调发展。

5）政府预算综合反映和监督经济运行状态。

政府预算综合性强、联系面广，政府预算是各项收支的枢纽，是财政收支系统的基本部分，预算的一收一支涉及一系列的财政分配关系，政府预算可通过其收支活动和收支指标，利用价值形式，反映政府活动的范围和方向，以及政府各部门的情况，反映国家经济和社会发展各方面的活动。也就是说，政府预算既综合反映中央与地方、地方各级之间的纵向分配关系，又综合反映国家与国民经济各部门及企事业各单位之间的横向分配关系。

7. 案例分析题

答：（1）实行国库集中支付制度是社会主义市场经济发展的内在要求。与社会主义市场经济发展相适应的公共财政框架改革包括部门预算改革、收支两条线改革、政府采购改革、国库集中支付改革等多项改革。这几项改革必须紧密联系、互为条件、缺一不可。而国库集中支付是整个财政管理的重要组成部分，是预算执行的关键环节。

(2) 实行国库集中支付制度，能够提高资金的使用效率，降低资金的使用成本。实行国库集中支付制度后，预算单位的资金全部集中在国库中，预算支出由财政直接拨付，单位形成的结余体现为用款计划指标结余，而实际结余则在国库中，一改过去一旦财政资金不足就得向银行举债或发行债券的尴尬局面，同时也减少了过去资金层层下拨的中间环节，减少了在途资金，从而降低了资金的运行成本。

(3) 实行国库集中支付制度，可以增强政府对资金的调控能力。近几年，虽然我国的财政收入连年增加，但与支出的矛盾仍很突出，其主要原因就是各预算单位的资金分散管理、分散使用，像一盘散沙。一方面，财政资金紧张、调度困难；另一方面，预算单位的资金又形成闲置，削弱了政府财政部门的宏观调控能力。实行国库集中支付制度后，政府预算支出与预算单位支出是同步形成、同时发生的，有利于政府对经济形势作出及时、准确的判断，增强了政府的宏观调控能力。

(4) 以计算机网络为依托，可以提高资金的到位速度。计算机网络技术把银行、财政部门和预算单位这三个完全独立的部门紧紧地联系在一起，横向联网加快了预算资金的流通速度，确保了数据传输的准确性和及时性。国库批准单位用款计划后，直接通过电子网络传递到国库集中支付中心，中心收到用款计划，单位即可使用资金，较以前可将资金到位时间提前 3～5 天。

(5) 实行国库集中支付制度，有利于防治腐败现象的发生，促进国家廉政建设。实行国库集中支付制度后，所有财政资金不再拨付到预算单位账户，在预算执行前就对其进行审核，使挪用、挤占、截留财政资金的可能性大大降低。集中支付中心将预算单位的财务账目、资金的来龙去脉全部纳入依法治理，规范了管理的轨道，规范了资金使用者的行为，能及时杜绝不合理支出和各种违法违纪支出，从而从源头上防止腐败现象的发生，进一步促进我国的廉政建设。

六、延伸阅读

全口径预算运行中暴露的问题

一、全口径预算内容还不完整

1. 自收自支单位的财务收支仍未纳入各级政府的预算

中国改革开放以来市场组织创新的过程，也是政府参与和干预市场的形式与方法的创新过程，这个过程中形成了数量庞大的自收自支单位群体。这些单位有自己的经常性收入，以收抵支，自求平衡，若有盈余，还向其政府主管部门上缴一些收入。如果把已经纳入预算管理的四本预算称作“四本账”，那么单位自收自支账则是“第五本账”，目前它被纳入财政专户存储，但不在各级人大审查和监督的政府预算范围内。这样的单位按照其资金性质可以分为两个类型：第一个类型是各级政府及其部门直属的事业单位，政府投资建成的公办高校、中学和小学，以及医疗机构等，这些单位的财政供给部分纳入一般公共预算管理，自收自支部分纳入财政专户存储，由各级政府的财政部门监督使用，不接受人大和社会监督；第二个类型是各级政府的相关部门开办的投资公司、培训中心、楼堂馆等经营性质的机构或企业，这些独立经营的机构是由政府及其部门出资，但其经营收入能否纳入财政专户，在理论和实践上都有问题，更不用说将其纳入预算管理。"第五本账"已经成为不少地方政府和政府部门规避法律限制、逃避人大和群众监督的庇护所，很多不合规的收入由其所属单位去收，不方便的支出由其所属单位去开销。如果不把这些单位纳入预算监督范围，将其财务收支在政府的财务报表里面反映出来，失去人大和群众的监督，政府收支的财务漏洞就会越来越大。

2. 政府性基金预算的内容仍有很大的漏洞

从理论上讲，除了税收或可以统筹用于公共支出的政府收费之外，所有依照法律、行政法规的规定在一定期限内向特定对象征收、收取或者以其他方式筹集的资金，专项用于特定公共事业发展的收支的其他政府收费均需要纳入政府性基金的报告范围；新《预算法》第九条关于政府性基金预算的规定在《政府性基金管理暂行办法》的基础上有所突破，包括征收方式上的无偿与有偿并存、征收对象为特定对象以及征收依据仅以法律、行政法规为适用依据。彩票公益金以及土地出让金收入纳入政府性基金预算使其范围已远大于政府性基金财政收入的范围；事实上现存中央政府的政府性基金是根据国务院有关文件征收的，除育林基金、森林植被恢复费等部分基金项目具有相关的法律依据外，其他只是依据部门规章或文件就可以设立征收，地方政府征收的政府性基金随意性要更大一些。尽管中央政府性基金目录从2000年的327项减少到2016年的23项，但大部分基金项目缺乏有效完整法律依据的状况并没有实质性改变，中央和地方政府性基金性质的收费项目的数量目前还很难精确统计，其中有多少游离于政府性基金预算的监督之外更是一个谜。2014年全国政府性基金项目为44项；2015年11项项目并入一般公共预算，政府性基金收支表罗列了22个项目，这很难把现存的政府性基金包含进来，更不用说像城市公共车位收费这样数量众多、具有政府基金性质的杂项收费。此外，各种政府基金负债、盈利和资本增值等该不该纳入政府性基金预算，仍需要从理论和制度层面加以确定。

3. 国有资本经营预算尚未实现内容的全覆盖

从2015年全国和地方国有资本经营预算编报情况看，目前只能做到企业上缴利润部分大概占到国有企业利润的10%，企业国有资本存量和资本增量还没能纳入预算体系。从范围看，国资部门现在管的还不是全部的国有企业，中央政府各部门和地方政府各个部门托管企业目前还游离于国资部门的预算编制之外，国有资本经营预算的缺口还很大。国资部门不能管所有的国有企业，这些企业有十几个托管部门，宣传口、粮食口、公安口作为托管部门和国资部门并无行政隶属关系，国资部门自然无法把真实的数据编入预算。

二、全口径预算监督机制尚不健全

全口径预算的监督是一个系统工程，包括对预算的编制、审批、执行、调整以及决算与审计等完整预算体系的监督，但在现行体制下，人大对全口径预决算的编制、审查批准以及预算执行监督都存在问题。新《预算法》执行以来，各级人大、政府及其部门（包括财政部门）在预算管理中的权限划分不够明确的问题仍然十分突出，如预算编制不够细化，预算调整、变更权限划分不规范，预算调整和变更权限在各级人大和政府及其部门之间未能清晰划分等问题仍然不同程度存在，人大实际上缺乏对预算执行进行有效监督的办法和能力。如何加强人大在全口径预算的编制、审批、调整以及预算执行方面的有效监督，已经成为有效实施全口径预算管理的关键，全口径预算监督的实现有待预算相关法律和制度安排的支撑。

三、全口径预算的绩效考评体系尚未建立

对政府预算执行的绩效进行考评，是现代财政制度建设的应有之义，是完善国家治理，推进国家民主与法制进程的必然要求，建立预算资金绩效考评体系，实行严格的问责制度是全口径预算管理的关键。一般而言，预算的绩效监督包括两个内容：一是预算编制时对预算绩效进行的初步评价；二是对预算执行过程和执行结果的绩效评价。目前，财政部门作为部门预算的初步审查单位，已经对部门申报项目的必要性、可行性、绩效目标、项目内容等进行研究论证和筛选，以提高预算安排的科学合理性，但财政部门与政府各职能部门之间缺乏沟通协调及相互制约的机制，财政信息没有充分共享，影响了财政部门绩效考评的及时性、针对性和有效性；政府的审计部门也已经开始对政府活动的经济效益、社会效益和责任进行监督、评价，但审计部门作为政府内部监督体系的一个组成部分，只是政府系统的内部监督与审计过程，评价更偏重于预算执行的结果而非过程，缺乏独立性和完整性；从国家治理的角度看，建立全口径预算的绩效考评体系的最有效的途径是人民通过其人民代表，在人民代表大会制度框架下，对政府进行预算管理与绩效监督。各级人民代表大会及其常委会主导的对全口径预算的绩效考评，不同于财政部门的内部监督和政府审计机构对政府各部门财政资金使用的合法性与合规性审查，是一个独立的绩效考评体系，是国家治理体系现代化的实现路径和重要标志，人大及其常委会会在预算执行过程中或执行结束后，依法开展绩效评价，并将绩效评价结果作为下年度预算安排的依据。但由于人大预算监督评估机构在预算执行和预算决算监督中存在人员不足的困难，我国的《宪法》《预算法》等法律虽然对人大预算监督作了相关规定，但对于人大预算监督的地位、制度和方式方法的规定都是原则性的，缺乏可操作的制度安排，人大对政府预算的绩效考评在很多方面缺乏相应的法律依据。

四、目前的预算公开透明仍存在很多不足之处

全口径预算信息公开透明是一个系统工程。目前，我国一般公共预算、政府性基金预算、社会保险基金预算、国有资本经营性预算这一政府性收支预算体系已经基本形成，为了推动预算公开透明再上一个新台阶，需要构建和完善包括法律法规制度、预算编制方法、立法机构监督、信息技术运用、社会公众参与等在内的全方位保障机制。总体来看，我国预算公开基本上仍处在起步阶段，未达到公认的“及格”标准，预算公开信息呈现“碎片式”特征，很难利用公开信息进行有价值的判断，与社会公众的期望仍有较大的差距，预算信息公开仍然任重道远。

【知识链接】深化预算管理制度改革

【资料来源】徐全红．我国全口径预算管理的问题与改革路径选择．经济研究参考，2018（28）：19－29.

第四章
财政支出概论

一、本章回顾

本章着重介绍了公共物品的提供、生产和定价的基本内容，分析了预算绩效管理的意义，提出了进一步完善预算绩效管理的思路和措施。

本章要点：

（1）纯公共物品和准公共物品的提供方式。

（2）公共定价的三种方式。

（3）预算绩效管理的重要意义。

二、术语小读

1. 纯公共物品

纯公共物品是指同时具备非竞争性与非排他性的商品，只能由政府提供。

2. 准公共物品

（1）准公共物品是指介于私人物品与公共物品之间兼具私人物品和公共物品性质的商品。

（2）准公共物品有两种不同的类型：一类是具有非竞争性但同时具有排他性的准公共物品；另一类是由外部效应引起的准公共物品。

3. 公共定价

（1）公共定价是指政府主管部门通过一定的程序和规则制定提供公共物品的价格和收

费标准，即公共物品价格和收费标准的确定。

(2) 公共定价分为纯公共定价与管制定价两种，是政府保证公共物品提供和实施公共物品管理的一项重要职责。

4. 预算绩效管理

预算绩效管理是一种创新的以财政支出绩效为中心的现代预算管理模式。

三、难点精析

1. 准公共物品的提供方式

准公共物品有两种不同的类型：一类是具有非竞争性但同时具有排他性的准公共物品；另一类是由外部效应引起的准公共物品。

同时具有非竞争性和排他性的第一类准公共物品的提供方式取决于税收成本和税收的效率损失与收费成本和收费的效率损失的比较（见表 4-1）。

表 4-1 准公共物品的提供方式

提供方式	社会效益	成本	成本弥补	损失
公共提供	满足社会发展需要	生产成本	征税，免费使用	税收成本和税收的效率损失
市场提供			收费，有偿使用	收费成本和收费的效率损失

决定取舍的主要因素有：税收的简单或复杂程度，税收的中性或扭曲程度，收费的难易程度，以及该产品的需求弹性。

具有外部效应的第二类准公共物品的提供方式要依据其外部效应的大小来定。当外部效应很大时，可视其为纯公共物品，采取公共提供方式。其实，多数公共物品都具有较大的外部效应，不过，为了提高公共物品的使用效率，并适当减轻政府负担，对多数准公共物品采取混合提供方式是一种较佳的选择。

2. 私人物品及公共物品的需求曲线和市场均衡

对于私人物品来说，图 4-1 中左边的需求曲线为 D_A，右边的需求曲线为 D_B。对这一产品在不同价格下的市场需求量，可以通过加总各个价格水平下每个人的需求量得到，即社会的总需求等于每个人的需求量之和，也即 $D=D_A+D_B$。

D 曲线之所以会在 G 点出现拐折，是因为当价格上升到 P_1 时，A 的需求将为零，这时只有 B 有需求。在 P_1 以上的价格水平下，$D=D_B$。

如果生产者的边际成本所决定的该产品的供给曲线为 S，则市场均衡点为 D 曲线与 S 曲线的交点 E。在均衡价格下，两个消费者的最终消费量由于收入水平不同而有所差别，但他们的边际效用（收益）相同，都等于市场价格。在私人物品的条件下，由于没有外溢性现象，消费者个人从某一产品消费中获得的边际效用（MB）也就是这一产品带来的社会边际效用（收益）。在 E 点，社会边际成本（MSC）等于社会边际收益（MSB），实现了帕累托最优。

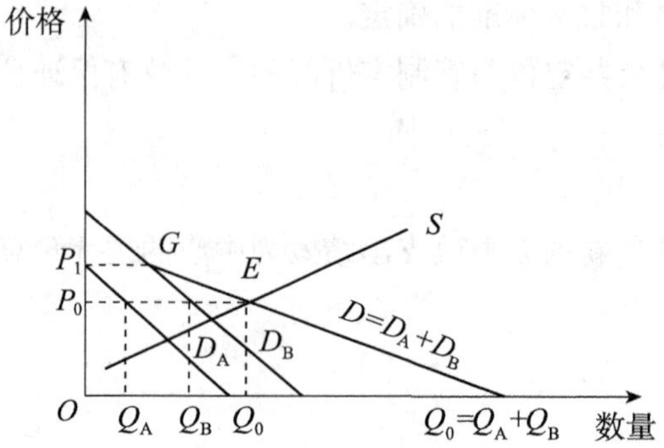

图 4-1　私人物品的市场需求曲线和市场均衡

$$MSB=MB_i=MSC$$

式中，$i=1,2,3,\cdots,n$。对于公共物品来说，公共物品的局部均衡与私人物品的情况有很大区别。在图 4-2 中，d_1、d_2和 d_3分别是个人 1、个人 2 和个人 3 对某公共物品的需求曲线，这与他们消费公共物品所得到的满足（边际效用）是一致的。萨缪尔森称其为“虚假的需求曲线”，因为在实际生活中，人们一般不会明确表示出他们消费一定量的公共物品的边际效用是多少、愿意出多少价格。但此需求曲线对分析公共物品问题是有帮助的。

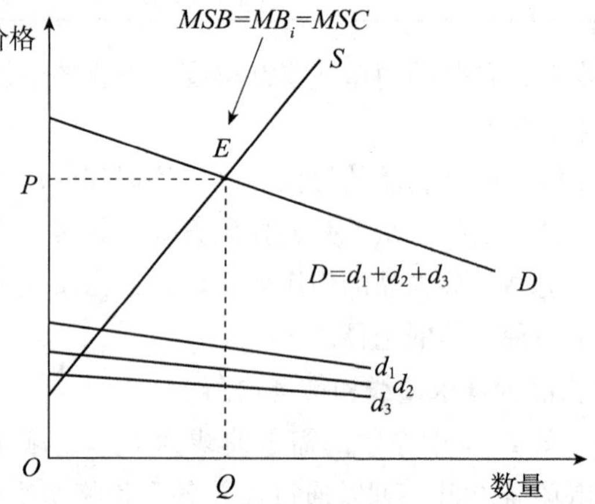

图 4-2　公共物品的市场需求曲线和市场均衡

由于公共物品具有非排他性与非竞争性，因而它一旦被提供出来，任何人就都可以消费它，不管是否出于本人的愿望，每个消费者的消费量都是相同的。从数量上来说，一个人对公共物品的需求量就是整个社会对公共物品的需求量，即 $D=D_1=D_2=\cdots=D_n$。

虽然从个人与社会角度来讲，公共物品的需求量不变，但不同的个人从公共物品中获得的边际效用并不相同，这意味着每个人愿意支付的价格是不同的。一般来说，收入高的人对公共物品会有较高的评价，从而愿意对一定的公共物品支付较高的价格。全社会对一定数量的公共物品愿意支付的价格（税收）应由不同个人愿意支付的价格加总得到。因此所有个人对公共物品愿意支付的价格等于每个人愿意支付的价格的总和。

从局部均衡的角度看，公共物品有效供给的条件为每个社会成员从公共物品中获得的边际收益的总和等于社会边际成本；从一般均衡的角度看，则要求社会成员消费公共物品的边际替代率之和等于该物品生产的边际转换率。

3. 公共生产与公共提供

注意，公共生产不等于公共提供。公共提供无非强调这种产品要通过预算程序来供给，消费者通常可以免费获得。但是产品的生产可由公共部门来承担，也可由私人部门来承担。即两者可以形成多种交错的组合：公共提供、公共生产；公共提供、私人生产；混合提供、公共生产。

四、牛刀初试

1. 名词解释

（1）纯公共物品　　（2）准公共物品　　（3）公共定价

（4）公共提供　　（5）BOT 方式　　（6）预算绩效管理

2. 判断题

（1）若某一产品具有非竞争性和非排他性，则该产品只能由政府来提供和生产。

（2）纯公共定价，即政府直接制定自然垄断行业（如能源、通信和交通等公用事业和煤、石油、原子能等基础产品行业）的价格。

（3）公共定价的对象不仅包括国家机关和公共部门提供的公共物品，而且包括私人部门提供的公共物品。

（4）公共定价主要包括纯公共定价和管制定价。

（5）对于公共物品而言，在理想条件下，将每一个消费者消费某种公共物品的数量加总等于政府应该提供的该种公共物品的数量。

（6）公共物品的最优效率提供水平发生的条件是，每一社会成员对最后一单位公共物品的评价都有相同的水平。

（7）如果一种产品具有非竞争性和排他性，则它绝不会由私人部门来生产，而必须由政府部门负责生产。

3. 单项选择题

（1）私人物品可以通过市场有效率地加以分配，而有效率的供给通常需要政府行动的是（　　）。

A. 公共物品　　B. 私人物品　　C. 消费品　　D. 固定资产

（2）为使某种产品或服务的效益最大化，其产量应达到使其（　　）为零。

A. 社会边际效益　　B. 社会边际成本

C. 净边际效益　　D. 社会总成本

（3）如果学校是政府办的，但办学的成本全部通过向学生收费来补偿，在这种情况下，教育在提供方式和生产方式上采取了下述哪种组合？（　　）

A. 公共提供，公共生产　　B. 公共提供，私人生产
C. 市场提供，公共生产　　D. 市场提供，私人生产

（4）解决自然垄断的有效措施是（　　）。
A. 征税　　B. 采取反垄断措施
C. 公共定价　　D. 收费

（5）政府对产品实行收费，依据的是（　　）。
A. 产品消费中的外部效益　　B. 产品消费中的内部效益
C. 产品消费中的内部成本　　D. A 与 B

（6）下列有关政府收费的表述正确的是（　　）。
A. “拥挤”收费从本质上来说是对外部成本的一种弥补
B. 政府收费具有普遍性与强制性
C. 政府收费所取得的收入主要用于一般性财政支出
D. 政府收费标准是通过市场机制确定的

（7）对公共设施使用者收取使用费时，依据的是使用者的（　　）。
A. 收入状况　　B. 能力状况　　C. 受益状况　　D. 财产状况

（8）在电力、煤气、自来水等行业可采用的公共定价方法是（　　）。
A. 平均成本定价法　　B. 二部定价法
C. 边际成本定价法　　D. 负荷定价法

4. 不定项选择题

（1）公共定价的一般方法包括（　　）。
A. 平均成本定价法　　B. 二部定价法
C. 负荷定价法　　D. 市场定价法

（2）私人提供的公共物品有（　　）。
A. 国防　　B. 慈善事业
C. 城市污水处理　　D. 采取 BOT 方式的公共项目

（3）财政支出效率着重包括以下哪几个方面的内容？（　　）
A. 财政资源配置效率　　B. 纯公共物品的生产效率
C. 准公共物品的生产效率　　D. 收入分配效率

（4）生产效率的实现要求任意两种产品的（　　）相等。
A. 边际转换率　　B. 边际成本
C. 边际替代率　　D. 边际效用

（5）下列行业普遍采用二部定价法计价的有（　　）。
A. 电力　　B. 天然气　　C. 电话　　D. 自来水

5. 简答题

（1）试作图说明公共物品的市场均衡。

（2）什么是外部效应？政府对外部性产品或行为应采取什么措施？请举例说明。

（3）一般来说，纯公共物品只能由政府来提供，请解释其理由。

（4）空中客车公司的大部分资金来自欧洲国家的政府。空中客车公司最近决定建造一种550座级新型超大型喷气式飞机，机上配有免税商店和快餐店。该计划已经出现了生产延期、成本超支现象，而且现在看来买主很少。行业专家一开始就说这种想法是“胡闹”。公共部门生产飞机究竟有没有道理？请解释它为什么可能导致建造超大型喷气式飞机这种显然不明智的决定。

（5）在西班牙，私人公司将完成马德里的环城公路的修筑，该公司通过收取过路费赚钱。这条公路是不是公共物品？私人提供公路是一个好的想法吗？

（6）简述财政支出的配置效率。

6. 计算题

假定某自然垄断产品A的边际成本等于变动成本，并为常数 $MC=1$，固定成本为6 000，该产品的边际效用曲线为 $MU=-Q+1\ 206$。

（1）若对A产品采用边际成本定价，产量会是多少？该企业需要政府给予多少补贴？

（2）若该项补贴通过向B产品征税获得资金，B产品的需求曲线为 $P=-0.1Q+158$，供给曲线为 $S=4$，该产品处在竞争市场中，应向每单位产品征多少税？

（3）向B产品征税所产生的超税负担是多少？

（4）若对A产品采用平均成本定价法，价格、产量各是多少？假定税收成本为零，平均成本定价的效率损失是多少？

（5）根据上述计算，从效率标准考虑，你认为（　　）。

A. 边际成本定价优于平均成本定价

B. 平均成本定价优于边际成本定价

C. 二者无差异

D. 无法判断

7. 论述题

试述公共定价的方法及其实用性。

五、习题解答

1. 名词解释

（1）略　（2）略　（3）略

（4）公共提供是指政府通过税收方式筹集资金用于弥补产品的生产成本，免费为公众提供产品的经济行为。

（5）BOT方式即建设—经营—转让（build-operate-transfer）方式。BOT方式是指政府授予私营企业一定期限的特许经营权，许可其融资建设和经营某公用基础设施，在规定的特许期限内，私人企业可以向基础设施使用者收取费用，由此来获取投资回报。待特许期满，私人企业将该设施无偿或有偿转交给政府。

(6) 预算绩效管理是将市场机制引入预算管理，使部门和项目支出从定计划、定任务，到预算的编制执行、结果考核都紧紧围绕绩效展开，注重成本和质量，突出责任和效率，关注支出结果和政策目标实现，从而达到降低投入成本、提高公共服务质量的目标。

2. 判断题

(1) 错，提供者必须是政府，但生产者不一定是政府。公共提供不等于公共生产，例如国防和治安，在提供的时候无法分割，只能由政府提供，但在生产的时候，是由社会上的各个厂家生产的。

(2) 对。

(3) 对。

(4) 对。

(5) 错，公共物品的市场需求曲线是价格的纵向叠加，而非数量的横向加总。

(6) 错，公共物品的最优效率提供水平发生的条件是，每个人对额外增加的公共物品所愿意支付的最高金额都等于生产额外一单位公共物品所增加的边际成本。

(7) 错，具有非竞争性和排他性的公共物品可以由私人部门提供，比如桥梁，成本可以通过对过桥车辆收费弥补，如同一般产品买卖一样，谁过桥则谁交费购买使用权。

3. 单项选择题

(1) A　(2) C　(3) C　(4) C　(5) B　(6) A　(7) C

(8) D　负荷定价法是指按不同时段或时期的需求制定不同的价格，在电力、煤气、自来水、电话等行业，按需求的季节、月份、时区的高峰和非高峰的不同，系统地制定不同的价格，以平衡需求状况。在需求处于最高峰时，收费最高；而在需求处于最低谷时，收费最低。

4. 不定项选择题

(1) ABC　(2) BCD　(3) ABC　(4) A　(5) ABCD

5. 简答题

(1) 答：参照“难点精析”第 2 点“私人物品及公共物品的需求曲线和市场均衡”。

(2) 答：1) 定义：外部效应（也称外部性）是指某经济主体的经济活动对其他经济主体产生了有利或有害的影响，却没有因之获得应有的报酬或承担应有的成本的现象。

2) 措施：

第一，征税（庇古税）。对具有负外部性的产品，在效率产量水平上向污染者课征相当于边际外部成本的税收，使之变成污染者的内部成本。

第二，补贴。如政府对有突出贡献的科技人员发放特殊补贴；政府对见义勇为行为不但进行精神奖励，而且进行物质补偿；政府对实施新技术、新材料、新能源的产业与企业给予税收优惠和补贴。

第三，拍卖污染许可证（这是一种排污权交易制度）。

(3) 答：纯公共物品只能由政府来提供而不能由市场来提供，这是由市场运行机制和政府运行机制的不同所决定的。

其一，市场是通过买卖提供产品和服务的。在市场上，谁有钱就可以购买商品或享用服务，钱多多买，钱少少买，无钱就不能买。总之，市场买卖要求利益边界的精确性。而公共物品的享用一般是不可以分割的。

其二，公共物品的非竞争性和非排他性决定了竞争性的市场机制不适于提供纯公共物品。一方面，从公共物品提供的角度看，非竞争性意味着，如果公共物品按边际成本定价，那么公共物品由私人部门提供就得不到私人投资者所期望的最大利润，所以私人投资者不会自愿提供纯公共物品；另一方面，从公共物品消费的角度看，非排他性意味着一个人使用公共物品，并不排除其他人同时使用，即使从技术上可以排他，花费的成本也太大。因此，消费者不会自愿花钱消费这种物品，而是期望他人购买，自己从中受益。

其三，政府的性质和运行机制决定了它可以解决市场提供公共物品所存在的难题。一方面，政府具有社会职能，因而满足全体社会成员的公共需要、追求社会目标是政府本来应当承担的职责；另一方面，政府是一个公共权力机构，政府拥有向社会成员征税的权力，税收是保证纯公共物品供给成本得到补偿的最好途径。

由以上分析可知，市场适于提供私人物品，对提供纯公共物品是失效的，而提供纯公共物品恰恰是政府配置资源的领域，是政府的首要职责。财政学关心的问题是，政府提供公共物品与市场提供私人物品之间的恰当组合、政府提供公共物品所花费的成本和代价，以及合理地确定政府提供公共物品的范围和财政支出的规模。为此，我们需要规范政府和市场的关系以及提供公共物品的政治决策程序，加强财政管理，提高财政支出效率，尽可能减少效率损失。

（4）答：飞机是具有竞争性和排他性的商品。在公共物品理论的基础上，飞机由公共部门生产显然是不合理的。如果决策者假设生产超大型喷气式飞机带来的利益是共同的，他们就会认为公共物品的有效生产水平是在垂直加总的需求曲线上，而不是在水平加总的需求曲线上，因此假设错误将导致好处被相当程度地夸大，这也表明了为什么公共部门生产飞机会造成如此高昂的代价。

（5）答：1）私人公司通过收取过路费赚钱，要过路就必须付费。因为该公路不具有非排他性，可以确定它不属于纯公共物品。但如果公路具有非竞争性，则它也属于公共物品，只不过是非纯公共物品。非竞争性是说增加一个人消费公路的额外成本为零。在不拥挤的情况下，公路的确具有非竞争性。可见在这种情况下，公路可以被视为公共物品。但是在公路拥挤的情况下，增加一个人消费公路的额外成本大于零。这说明在拥挤时，公路不再具有非竞争性，也就不是公共物品。所以，公路是否拥挤决定了是否应该将其视为公共物品。

2）要考察公路私有化是不是一个好的想法，有必要考虑私有化的好处和坏处。首先，如果市场结构是公路的私有化导致公路被私有垄断控制，那么这将是无效率的；其次，如果政府难以同拥有公路的私人企业签订一个完备的合同来维护公路，私有化也将导致无效率。尽管如此，如果政府拥有公路，它可能没有动力进行良好的公路维护。从这个角度来讲，即使公路被私人拥有，也将是一个明智的选择。

(6) 答：回答资源配置的效率问题，首先需要选定一个更为可行的效率标准。这样的效率标准就是社会净效益（或净所得）最大化标准，即当改变资源配置时，社会的所得要大于社会的所失，其差额越大越好。财政支出所取得的各种效益（包括经济效益和社会效益的总计）应当大于聚集财政收入过程中对经济所形成的代价或成本，也就是要取得效益剩余或净效益。

首先，财政支出的配置效率问题是财政支出占 GDP 的比重是否适度的问题，也就是指政府的资源配置与市场的资源配置的恰当结合问题，参见图 4－3。

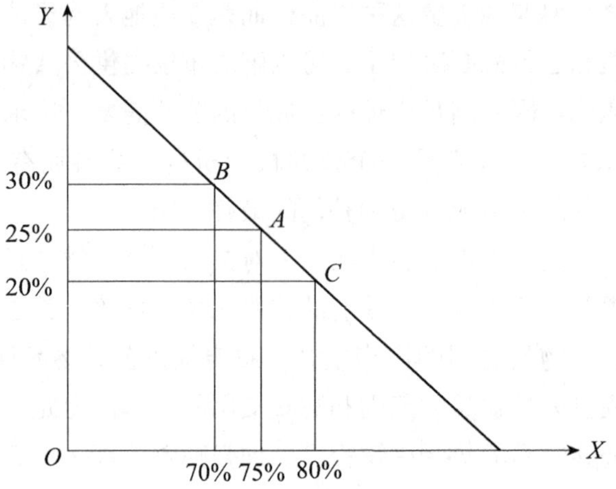

图 4－3　政府和市场在资源配置中的关系

我们用 Z 表示社会总资源，X 表示民间部门配置的资源，Y 表示财政部门配置的资源，则 $Z=X+Y$。如图 4－3 所示，资源配置存在着各种比例的组合（X/Z，Y/Z），如果公众期望的配合点在 A 点，实际的资源配置组合点又恰好落在 A 点，此时便达成了一项社会均衡的资源配置，公众的个人需求与社会公共需求在 A 点均可以得到满足。如果公众期望的组合点在 A 点，而实际的资源配置组合点在 B 点或 C 点，则预示着公众的期望未能实现，社会资源的配置处在非均衡点上。因此，若要财政决策符合公众意愿，必须选择在 A 点的社会资源配置组合。

其次，政府对公共物品的提供进行资源配置，就是要把居民的消费需求集合为“社会的”（或政府的）需求。也就是说，政府按照居民的意愿进行资源配置才是有效率的。这套有效率的政治制度就是“公共选择”制度。然而现实的困难是，公众的愿望并不完全一致，公众是一个集体的概念，每个人的选择在实际生活中存在差异，因而体现民主化和法制化的决策机制就成为问题的关键。

一般来说，为了提高公共支出的配置效率，财政部门应该做到以下几点基本要求：(1) 财政支出的来源受严格立法的约束；(2) 财政支出的规模和结构都有制度的严格规定；(3) 公共部门是非营利性的部门，不以追求利润而以追求社会效益最大化为目标；(4) 财政资金的安排是高度透明的，财政民主不仅是政治民主的一个重要因素，而且是政治民主的集中体现；(5) 居民有财政支出状况和公共物品提供状况的知情权，政府要定期公告，而且居民有随时查询权。

6. 计算题

(1) 答：若对 A 产品采用边际成本定价，则 $MC=1$ 与 $MU=-Q+1\,206$ 联立，解得 $Q=1\,205$。

政府需要根据自然垄断行业的公共定价方法对企业进行补贴，补贴金额为生产 A 产品的固定成本，即 6 000。

(2) 答：由 (1) 可得政府需向 B 产品征收 6 000 的税收。

$$\begin{cases}P=-0.1Q+158\\P=t+4\\t\times Q=6\,000\end{cases}$$

解得

$$\begin{cases}P=8\\t=4\\Q=1\,500\end{cases}$$

即需要向每单位 B 产品征收税收 4。

(3) 答：由 (2) 可得，征税前 B 产品的价格 $P=S=4$，与 $P=-0.1Q+158$ 联立可得，征税前 B 产品的需求量 $Q=1\,540$，即向 B 产品征税所产生的超税负担 $S_1=(1/2)\times4\times(1\,540-1\,500)=80$。

(4) 答：若对 A 产品采用平均成本定价法，则有

$$\begin{cases}MU=-Q+1\,206=P\\(P-1)\times Q=6\,000\end{cases}$$

解得：

$$\begin{cases}P=6\\Q=1\,200\end{cases}$$

即平均成本定价的效率损失 $S_2=(1/2)\times(6-1)\times(1\,205-1\,200)=12.5$。

(5) 答：由 $S_1>S_2$ 可知平均成本定价产生的超额负担小于边际成本定价，选择 B。

7. 论述题

答：政府在选择公共定价标准时，具体可采用以下定价方法：

(1) 平均成本定价法。即在保持提供公共物品的企业和事业对外收支平衡的情况下，采取尽可能使经济福利最大化的定价方法。在边际成本递减行业，为了使企业基本保持收支平衡，公共定价或价格管制一般采取按高于边际成本定价的平均成本定价法。

(2) 二部定价法。即根据公共物品的成本组成，分两部分确定其价格的定价方法。二部定价法由两种要素构成：一是与使用量无关的按月或按年支付的“基本费”；二是按使

用量支付的“从量费”。由于二部定价法中的“基本费”是不管使用量的多少而收取的固定费，所以有助于企业财务的稳定。现在几乎所有受到价格管制的行业（特别是电力、城市煤气、自来水、电话等自然垄断行业）都采用这种定价方法。

（3）负荷定价法。即对不同时间段或不同时期的需要制定不同的价格的定价方法。在电力、煤气、自来水、电话等行业，按需求的季节、月份、高峰时段和非高峰时段的不同，有系统地制定不同的价格，以平衡需求状况。在需求处于最高峰时，收费最高，而在需求处于最低谷时，收费最低，以此提高资源的配置效率。

（4）边际成本定价法。即使价格等于边际成本的定价方法。从理论角度来看，按公共物品的边际成本定价是最理想的定价方法，此时价格较低，且产量较高，满足社会需要的产量最大，提供了较多的社会需要的基础性产品或服务，但该种定价方法会使企业长期处于亏损状态，因此必须依靠财政补贴或自身收费来维持运行，否则长此以往，很难保证按质按量地提供公共物品。

综上，对边际成本递减行业，按平均成本定价法来定价，可在使企业基本保持收支平衡条件下尽可能使经济福利最大化；对那些与广大普通居民生活密切相关、使用范围广的基础设施服务，按边际成本定价，亏损由政府财政补贴，有利于体现社会公平；对具有拥挤成本或资源稀缺，需要抑制消费、防止浪费的公共物品，可按二部定价法、负荷定价法来定价，提高资源配置效率。

六、延伸阅读

“一带一路”背景下新疆铁路建设的PPP模式研究

新疆地处亚欧大陆腹地，陆地边境线长达5 600多公里，周边与俄罗斯、哈萨克斯坦等八国接壤，在历史上是古丝绸之路的重要通道，现在是第二座“亚欧大陆桥”的必经之地，战略位置十分重要。完善的交通网络对加速社会经济活动、促进其空间分布形态演变起着巨大的推动作用。经济越发展，对交通基础设施的要求就越高。其中，铁路建设是远离城市的重大项目和基地建设，铁路交通设施的顺畅不仅能够为社会生产和居民生活提供公共服务，更能够保证新疆与周边地区和国家在社会经济活动方面相互交流、互利共赢。在新形势下，铁路交通基础设施互联互通是“一带一路”建设的优先领域，建立完善的铁路交通设施对于新疆这个新丝绸之路上的战略要地，有着不可估量的价值。然而，铁路交通基础设施建设周期长、投资额度高，往往需要政府的巨额投资，这给财政带来了不可估量的负担，同时也存在行业垄断等现实问题。所以，市场的介入能够有效减轻财政负担，更有利于打破垄断，促进竞争，提高效率。新疆作为“一带一路”发展的核心区更需要充分发挥市场的作用，促进铁路交通基础设施更好地发挥经济和社会效益。

一、理论分析

公共物品是市场失灵的重要内容。尤其是纯公共物品具有非竞争性和非排他性。非竞争性是指某人对公共物品的消费并不会影响别人同时消费该产品及从中获得效用，即在给定的生产水平下，为另一个消费者提供这一产品所带来的边际成本为零。非排他性是指某人在消费一种公共物品时，不能排除其他人消费这一产品（不论他们是否付费），或者排除的成本很高。由于公共物品的非排他性和非竞争性，难以避免“免费搭车”现象，因此，一般情况下公共物品由政府提供。但是，由于公共物品的生产一般具有规模大、投资高、周期长等软肋，政府在提供公共物品时可能无效或低效，即政府在提供公共物品的过程中并非万能的。从这个意义上说，市场（私人）供给公共物品可以有效地解决这一问题。随着改革的深入，私人已经开始涉足公共物品的供给领域，市场化、民营化正逐步渗入公共物品的供给领域。通过市场机制实现公共物品的供给，既能满足部分社会成员的超额需求，又可实现社会资源的优化配置。在现实中，往往将两种提供方式组合起来对公共物品进行混合提供，即一部分由政府公共提供，另一部分由市场私人提供。

二、PPP 模式介绍

PPP（Public Private Partnership，即政府和社会资本合作，称为公私合作）模式是一种政府部门通过与私人部门建立伙伴关系提供公共物品的公共物品提供方式。PPP 模式将部分政府责任以特许经营权的方式转移给私人企业，政府与社会主体建立起“利益共享、风险共担、全程合作”的共同体关系，从而减轻政府的财政负担，降低社会主体的投资风险。该模式能在多个层次上为公共部门和私营机构提供优势互补的合作平台，一方面缩小政府财政资金的投入规模，另一方面激励私人企业参与到公共设施的建设中，激发市场的活力。PPP 模式的具体方式难以抉择。PPP 项目本身是一项复杂的系统工程，PPP 模式包括建设—拥有—营运的 BOO 模式、建设—经营—转让的 BOT 模式，以及建设—转让的 BT 模式等。每一种模式都存在一定的优缺点。其中，BOO 模式是一种建设完成后私人企业长期拥有的模式，新疆铁路建设不可能采用这种模式，因为铁路是一种公共物品，若由私人占有，政府就失去了控制权；在 BOT 模式下，虽然政府拥有所有权，但是在经营期内，私人企业为尽快收回投资，可能定价过高；而 BT 模式虽然提高了效率，但是政府付出的成本高于自建项目，而且企业可能为了减少成本而不重视工程质量。所以，PPP 模式的具体方式各有利弊，很难取舍。若在具体方式上选择失误，会产生一系列后期问题，如资金短缺、工程质量差、管理效率低下等，与此同时利益主体间的博弈和信息不对称往往使得不能达到帕累托最优。

三、新疆铁路建设中的 PPP 模式运行优势

（1）铁路项目建设的特殊性。

由于铁路基础设施项目具有较明显的非竞争性和非排他性，因此它属于公共物品。但是，铁路基础设施项目同时存在资金需求大、建设周期长、项目时滞长、外部效应大等特点，因此，为了合理配置社会资源、减轻政府的资金压力、增强市场的竞争活力、提高项目利用效率，可以采用混合提供方式，适时适量引入社会资本，使其参与到铁路项目建设和运营中。

(2) 国家政策为 PPP 模式提供了有力的支持。

推动共建“一带一路”的愿景与行动的提出，更是给作为“一带一路”核心区之一的新疆等西部地区的发展带来了契机。“一带一路”的互联互通项目将推动沿线各国发展战略的对接与耦合，安全高效的陆海空通道网络基本形成，需要努力实现区域基础设施更加完善。2015 年 3 月，国家发改委和国家开发银行为推进开发性金融支持政府和社会资本合作，要求各省（区、市）发展改革部门高度重视推进 PPP 工作，认真做好 PPP 项目的统筹规划、综合协调及跟踪指导，并加强 PPP 项目库建设。

(3) 新疆铁路发展目标为 PPP 模式提供了良好的契机。

到 2017 年，新疆铁路营业里程已达到 6 244.36 公里；到 2020 年，新疆铁路将形成“四横四纵、四大对外通道、六个铁路口岸、四个铁路枢纽”的主骨架。“十二五”期间，新疆铁路建设规模达到了 80 亿～150 亿元。但与全国相比，新疆铁路建设投资额不足，多数年份仅占全国的 2% 左右。以 2015 年为例，全国铁路建设投资额为 77 481 100 万元，而新疆投资额为 1 514 534 万元，仅占全国的 1.95%。① 而单凭政府的一己之力很难满足资金的需要和管理的效率。

新疆铁路建设如火如荼的态势为 PPP 模式提供了良好的契机和发展平台。2015 年 4 月 9 日，新疆维吾尔自治区发展改革委公布了自治区首批引入社会投资的 53 个项目，包括北通道将军庙至哈密（三塘湖、淖毛湖）至安北段铁路项目、北屯至阿勒泰铁路项目、新和—拜城铁路项目等，鼓励和吸引社会资本特别是民间投资以合资、独资、参股、特许经营、PPP 等方式参与建设与营运。

【知识链接】公共物品的私人提供方式

【资料来源】王亚娟．“一带一路”背景下：新疆铁路建设的 PPP 模式研究．北京城市学院学报，2015 (04)：31－36.

① 2011—2015 年新疆铁路建设投资额分别为：814 209 万元、930 826 万元、1 094 154 万元、1 325 100 万元、1 514 534 万元。2011—2015 年全国铁路建设投资额分别为：61 288 200 万元、66 906 600 万元、76 807 000 万元、77 299 400 万元、77 481 100 万元。以上数据来源于新疆统计年鉴与国家统计局。

第五章 财政支出规模与结构分析

一、本章回顾

本章对财政支出的规模进行了具体分析，提出了衡量财政活动规模及变化的多个指标，重点介绍了两大关于财政支出规模增长变化的学说，并结合当前政策，对我国公共财政支出规模发展变化的特殊性进行了分析，最后对财政支出结构的发展变化及我国财政支出结构的优化思路进行了详细阐述。

本章要点：

（1）财政支出规模各指标所代表的含义，并能根据相关数据准确求解。

（2）“瓦格纳法则”的基本原理。

（3）“替代-规模效应”的相关内容。

（4）经济发展阶段论与内生增长理论的相关分析。

（5）我国财政支出结构的变化情况及优化思路。

二、术语小读

1. 财政支出增长率

财政支出增长率表示当年财政支出比上年同期财政支出增长的百分比（%），以 ΔG（%）表示，即所谓“同比”增长率。用公式表示为：

$$\Delta G(\%)=\frac{\Delta G}{G_{n-1}}=\frac{G_n-G_{n-1}}{G_{n-1}}$$

式中，ΔG 代表当年财政支出比上年的增（减）额，G_n 代表当年财政支出，G_{n-1} 代表上年财政支出。

2. 财政支出增长弹性系数

财政支出增长弹性系数是指财政支出增长率与 GDP 增长率之比，以 E_g 表示。弹性（系数）大于 1，表明财政支出增长速度快于 GDP 增长速度。用公式表示为：

$$E_g = \frac{\Delta G(\%)}{\Delta \mathrm{GDP}(\%)}$$

式中，$\Delta \mathrm{GDP}(\%) = \frac{\Delta \mathrm{GDP}}{\mathrm{GDP}_{n-1}} = \frac{\mathrm{GDP}_n - \mathrm{GDP}_{n-1}}{\mathrm{GDP}_{n-1}}$ 代表 GDP 增长率，ΔGDP 代表当年 GDP 比上年 GDP 的增长额。

3. 财政支出增长边际倾向

该指标表明财政支出增长额与 GDP 增长额之间的关系，即 GDP 每增加一个单位时财政支出增加多少，或财政支出增长额占 GDP 增长额的比例，以 *MGP* 表示。用公式表示为：

$$MGP = \frac{\Delta G}{\Delta \mathrm{GDP}}$$

三、难点精析

1. 财政支出的增长趋势

财政支出无论是从绝对量来看还是从相对量来看，在世界各国都呈现出上升的趋势。

西方财政经济理论界对财政支出增长现象的解释有以下几种：

（1）瓦格纳的“政府活动扩张法则”，即瓦格纳法则。其核心是发现了政府职能不断扩大以及政府活动持续增加的规律。该法则可以表述为：随着人均收入的提高，财政支出占 GDP 的比重也相应提高；或表述为：财政支出增长率高于 GDP 的增长率。

（2）皮科克和威斯曼的“公共收入增长引致论”，即替代-规模效应理论。该理论认为公共支出的增长只是由公共收入的增长造成的，公共收入和公共支出总是同步增长的。公共支出增长的因素有内在因素和外在因素两种。

（3）马斯格雷夫和罗斯托的“经济发展阶段论”。他们将经济的发展划分为早期、中期、成熟期等几个阶段，用经济发展阶段论解释公共支出增长的原因。

（4）鲍莫尔的“非均衡增长模型”。他的研究是从公共部门平均劳动生产率偏低入手的，他的研究结论是：生产率偏低的政府部门的规模必然越来越大，其支出水平也越来越高。

（5）以罗默、卢卡斯为代表的一批学者所提出的“内生增长理论”。其基本思想是，劳动投入过程中包含着因教育、培训及职工再教育而形成的人力资本，物质资本积累过程中包含着因研发活动而形成的技术进步，生产性公共投资的增加也有助于提高物质资本的边际收益率，因此，生产要素积累的收益率不会出现递减趋势，长期增长率将大于零。

2. 瓦格纳法则

瓦格纳法则可以表述为：随着人均收入的提高，财政支出占 GDP 的比重也相应提高，即随着人均收入的提高，财政支出的增长率高于 GDP 的增长率。根据这种解释，瓦格纳法则可以理解为如图 5-1 所示的财政支出与 GDP 之间的函数关系。

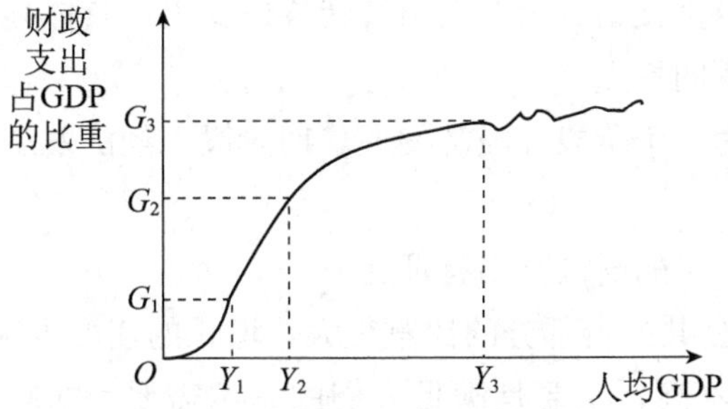

图 5-1 瓦格纳法则的解释

瓦格纳的结论是建立在经验分析的基础上的，他对 19 世纪的许多欧洲国家以及日本和美国的公共部门的增长情况做了考察。他认为，现代工业的发展会引起社会进步的要求，社会进步必然导致国家活动的扩张。他把导致政府支出增长的因素分为政治因素和经济因素。所谓政治因素，是指随着经济的工业化，正在扩张的市场与这些市场中的当事人之间的关系会更加复杂，市场关系的复杂化引起了对商业法律和契约的需要，并要求建立司法组织执行这些法律，这样，就需要把更多的资源用于提供治安和法律设施。所谓经济因素，是指工业的发展推动了城市化的进程，人口的居住将密集化，由此将产生拥挤等外部性问题，这样就需要政府进行管理与调节。此外，瓦格纳把对教育、娱乐、文化、保健与福利服务的公共支出的增长归因于需求的收入弹性，即随着实际收入的上升，这些项目的公共支出的增长将会快于 GDP 的增长。

3. 替代-规模效应理论

皮科克和威斯曼在瓦格纳分析的基础上，根据他们对 1890—1955 年间英国的公共部门成长情况的研究，提出了导致财政支出增长的内在因素与外在因素，并认为，外在因素是说明财政支出增长速度超过 GDP 增长速度的主要原因。他们对内在因素的分析建立在这样一种假定之上：政府喜欢多支出、公民不愿意多缴税，因此，政府在决定预算支出的规模时，应该密切关注公民关于赋税承受能力的反应，公民所容忍的税收水平是财政支出规模的约束条件。在正常条件下，随着经济发展，收入水平上升，以不变的税率征得的税收也会上升，于是，政府支出上升会与 GDP 上升呈线性关系。这是内在因素作用的结果。但一旦发生了外部冲突，例如发生战争或经济危机，政府就会被迫提高税率，而公众在危急时期也会接受提高了的税率。这就是所谓的“替代效应”，即在危急时期，公共支出会替代私人支出，从而财政支出的比重上升。但在危急时期过去以后，公共支出并不会退回到先前的水平。比如，一个国家在战争结束之后，总会积累大量的债务，公共支出会保持较高的水平，因此，每一次较大的经济和社会动荡都会导致财政支出水平上一个新的台阶。这种财政支出上升的规律被称为替代-规模效应理论，也被称为梯度渐进理论或梯度理论。

4. 经济发展阶段论

美国著名的财政学家马斯格雷夫和罗斯托用经济发展阶段论来解释财政支出的增长原因，将财政支出划分为投资支出、消费支出和转移性支出，具体地探讨了财政支出的增长在经济发展不同阶段的不同特点。

他们将经济发展分为三个阶段：经济发展早期阶段、经济发展中期阶段和经济发展成熟阶段。

（1）经济发展早期阶段的财政支出特征为：

① 财政支出中用于公共投资部分的比重很大，增长的速度也很快。

② 人们的生活水平不高，主要是满足人们的基本需要，如吃、穿等，因而对政府的公共消费支出需求不大。

③ 这一时期主要考虑经济的发展速度，因而转移性支出不大。

（2）经济发展中期阶段的财政支出特征为：

① 此时私人资本积累开始上升，公共积累支出的增长率就会下降，从而公共投资支出在 GDP 中的比重下降。

② 政府用于教育、卫生和安全等方面的消费支出增加，其在整个财政支出中的比重相应上升。

③ 用于解决收入分配问题的转移性支出开始增加。

（3）经济发展成熟阶段的财政支出特征为：

① 这一时期的政府公共投资支出又呈增长势头，表现为一种对私人消费品的补偿性公共投资，但从总体上而言，公共投资占 GDP 的比重是呈不断下降趋势的。

② 公共消费支出占社会总消费支出的比重上升。

③ 用于解决社会公平问题的转移性支出将会大幅度增加。

四、牛刀初试

1. 名词解释

（1）财政支出增长弹性系数　　（2）财政支出增长边际倾向　　（3）瓦格纳法则

2. 判断题

（1）随着社会主义市场经济体制的确立，我国财政支出占 GDP 的比重不断提高。

（2）财政支出增长弹性系数大于 1，表明财政支出增长速度快于 GDP 增长速度。

（3）衡量财政活动的规模，通常可以使用财政收入（财政支出）占 GDP 的比重作为指标。

（4）根据马斯格雷夫和罗斯托的经济发展阶段论，经济达到成熟阶段后，财政支出增长应当放缓，并逐渐慢于 GDP 的增长。

（5）梯度渐进理论认为：在社会经济发展的非正常时期，财政支出会猛增，而恢复正常后，财政支出还会退回到原来的正常水平。

3. 单项选择题

（1）下列关于瓦格纳法则的说法正确的是（　　）。

A. 它是德国经济学家阿道夫·瓦格纳和英国经济学家皮科克共同提出的一种财政支出扩张论

B. 美国财政学家马斯格雷夫将其阐述为财政支出的绝对增长

C. 这是一个经验性法则，但能描述包括我国在内的大部分国家半个世纪以来的财政支出变化趋势

D. 它把导致财政支出增长的因素分为政治因素和经济因素

（2）皮科克和威斯曼的替代-规模效应理论的含义是（　　）。

A. 随着人均收入的提高，财政支出占 GDP 的比重会相应降低

B. 随着人均收入的提高，财政支出占 GDP 的比重会相应提高

C. 当社会发生危机时，政府被迫提高税率，危机后公众也会接受提高了的税率

D. 当社会发生危机时，政府会用收费取代税收

（3）根据经济发展的变化来解释公共支出增长现象的模型是（　　）。

A. 公共收入增长引致论　　B. 政府活动扩张法则

C. 非均衡增长模型　　D. 经济发展阶段论

（4）以下关于财政支出结构的说法，不正确的是（　　）。

A. 简单地说，财政支出结构是指各类财政支出占总支出的比重

B. 财政支出结构与政府职能存在紧密的对应关系

C. 我国行政管理费的增加趋势符合瓦格纳法则的阐述，属于支出结构的优化

D. 我国财政支出中亏损补贴比重下降，是支出结构优化的体现

（5）财政支出增长的替代-规模效应理论由经济学家（　　）提出。

A. 阿道夫·瓦格纳　　B. 马斯格雷夫

C. 皮科克和威斯曼　　D. 马斯格雷夫和罗斯托

4. 不定项选择题

（1）财政支出分析的主题大致可分为（　　）。

A. 结构分析　　B. 总量分析

C. 效益分析　　D. 资金分析

（2）从不同角度说明财政支出规模不断增长的理论有（　　）。

A. 瓦格纳法则

B. 皮科克和威斯曼的替代-规模效应理论

C. 马斯格雷夫的经济发展阶段论

D. 拉弗曲线

E. 相机抉择

（3）影响财政支出规模的因素有（　　）。

A. 经济性因素　　B. 环境性因素

C. 政治性因素　　D. 社会性因素

（4）衡量财政活动的规模，通常可以使用两个指标（　　）。

A. 财政收入占 GDP 的比重　　B. 财政支出占 GDP 的比重

C. 财政收入占 GNP 的比重　　D. 财政支出占 GNP 的比重

（5）下列关于财政支出的经济发展阶段论，说法正确的是（　　）。

A. 经济发展阶段论是由著名经济学家马斯格雷夫和罗斯托提出来的

B. 经济发展阶段论认为在不同的经济发展阶段，政府支出的规模和结构也应该有所不同

C. 经济发展阶段论认为在经济发展的初期阶段，政府投资只是对私人投资的补充

D. 经济发展阶段论认为在经济发展的成熟阶段，政府投资在社会总投资中占有较高的比重，侧重于为经济发展提供社会基础设施

（6）影响财政支出增长的主要因素有（　　）。

A. 财政收入的增长　　B. 经济发展的需要

C. 社会福利的改善　　D. 物价水平

（7）在世界范围内，财政支出的变化趋势是（　　）。

A. 绝对量上升　　B. 绝对量下降

C. 绝对量和相对量都上升　　D. 绝对量和相对量都下降

（8）购买性支出和转移性支出的区别可以归纳为（　　）。

A. 购买性支出主要履行的是财政的资源配置职能，转移性支出主要履行的是财政的收入分配职能

B. 购买性支出直接地影响生产和就业，转移性支出间接地影响生产

C. 购买性支出主要履行的是财政的收入分配职能，转移性支出主要履行的是财政的资源配置职能

D. 购买性支出间接地影响生产和就业，转移性支出直接地影响生产

（9）国家在安排财政支出时相应地要遵循的原则有（　　）。

A. 效益原则　　B. 平均原则　　C. 公平原则　　D. 稳定原则

（10）下列观点属于瓦格纳法则的是（　　）。

A. 随着经济的工业化，需要把更多的资源用于提供治安和法律设施

B. 工业化的发展推动了都市化的进程，由此产生的外部性问题需要政府进行管

理和调节

C. 随着人均收入的提高，财政支出占 GDP 的比重也相应提高

D. 在经济发展的不同阶段都有增加财政支出的客观要求

5. 简答题

(1) 试述财政支出按经济性质分类及其对经济分析的意义。

(2) 简析影响财政支出规模的因素。

(3) 根据个人的理解，阐述我国当前优化财政支出结构应采取的政策和措施。

(4) 简述马斯格雷夫和罗斯托的经济发展阶段论的主要观点。

(5) 简述皮科克和威斯曼的替代-规模效应理论。

6. 论述题

试述内生增长理论对我国优化财政支出结构的借鉴意义。

五、习题解答

1. 名词解释

(1) 略

(2) 略

(3) 瓦格纳法则可以表述为：随着人均收入的提高，财政支出占 GDP 的比重也相应提高，即随着人均收入的提高，财政支出的增长率高于 GDP 的增长率。

2. 判断题

(1) 错，瓦格纳法则表述为：随着人均收入的提高，财政支出占 GDP 的比重不断提高。

(2) 对。

(3) 对。

(4) 错。马斯格雷夫认为，社会总投资占 GDP 的比重以及政府投资占财政支出的比重会趋于下降。罗斯托认为，一旦经济发展达到成熟阶段，公共支出将从基础设施支出转向不断增加的教育、保健与福利服务的支出，这方面支出的增长速度将大大超过 GDP 的增长速度。

(5) 错，在社会经济发展恢复正常后，公共支出并不会退回到先前的水平。每一次较大的经济和社会动荡都会导致财政支出水平上一个新的台阶。

3. 单项选择题

(1) D　(2) C　(3) D　(4) C

(5) C　皮科克和威斯曼在瓦格纳分析的基础上，根据他们对 1890—1955 年间英国的公共部门成长情况的研究，提出了导致财政支出增长的内在因素与外在因素，并认为外在因素是说明财政支出增长速度超过 GDP 增长速度的主要原因，此即替代-规模效应理论。

马斯格雷夫和罗斯托提出经济发展阶段论。阿道夫·瓦格纳提出了政府活动扩张法则，即瓦格纳法则。

4. 不定项选择题

（1）ABC　（2）ABC　（3）ACD　（4）AB　（5）AB

（6）BCD　（7）C　（8）AB　（9）ACD　（10）ABC

5. 简答题

（1）答：在各种名目下安排的财政支出，虽然无一例外地都表现为资金从政府手中流出，但不同的财政支出对国民经济的影响存在差异。以财政支出是否与商品和服务相交换为标准，可将全部财政支出分为购买性支出和转移性支出两类。购买性支出直接表现为政府购买商品和服务的活动，包括购买进行日常政务活动所需的或用于国家投资所需的商品和服务的支出，前者如政府各部门的事业费，后者如政府各部门的投资拨款。这些支出的目的和用途虽然有所不同，按财政支出经济性质分类具有较强的经济分析意义：

1）从对社会生产、就业和收入分配的影响来看：购买性支出所起的作用是通过支出过程使政府掌握的资金与微观经济主体提供的商品和服务相交换。2）从对政府的效益约束来看：在安排购买性支出时，政府必须遵循等价交换原则。3）从对微观经济主体的预算约束来看：微观经济主体在同政府的购买性支出发生联系时，也须遵循等价交换原则。注意到上述区别，我们可以得到这样的认识：在财政支出总额中，购买性支出所占的比重大一些，财政活动对生产和就业的直接影响就大一些，通过财政所配置的资源规模就大一些；反之，转移性支出所占的比重大一些，财政活动对收入分配的直接影响就大一些。联系财政的职能来看，以购买性支出占较大比重为支出结构的财政活动，执行配置资源的职能较强；以转移性支出占较大比重为支出结构的财政活动，执行收入分配的职能较强。

（2）答：影响财政支出规模的宏观因素有：

1）经济性因素。经济性因素主要是指经济发展水平、经济体制以及中长期发展战略和当前的经济政策等。

2）政治性因素。政治性因素对财政支出规模的影响主要体现在三个方面：一是政局是否稳定；二是政体结构和行政效率；三是政府干预政策。

3）社会性因素。社会性因素包括人口、就业、医疗卫生、社会救济、社会保障以及城镇化等因素，这些因素都会在很大程度上影响财政支出的规模。

我国财政管理中所采取的许多加强预算管理的制度和措施，如编制部门预算、政府采购制度、国库集中收付制度和收支两条线管理制度等，目标都是从微观管理着手，提高财政支出效益，从而控制财政支出规模。特别是近年来实施的预算绩效管理，就是涵盖事前、事中、事后，从支出项目的全过程测定和考核各支出项目效益的方法，从而确定具体支出项目的合理性并控制各支出项目的规模。

（3）答：根据当前的国内外政治经济形势，近期内调整和优化财政支出结构的政策和措施主要是：1）实行重点倾斜政策。一是大力支持农业和农村的社会经济发展，全面推开农村费税改革试点，继续增加基础设施建设、生态建设、农村扶贫、良种推广、农业结构战略调整等方面的投入。二是增加社会保障，包括提高企业退休人员基本养老金标准，提高老干部退休待遇水平和在乡老复员军人抚恤金标准，落实城市居民最低生活保障资金翻一番政策，落实再就业补贴政策，继续安排企业依法破产补助金。三是保障教育、科技等重点支出。中央财政将继续执行有关科技支出增速高于经常性收入增速的政策规定，并适当增加关于公检法部门和农村卫生工作对地方的补助。四是增加国防支出。2）根据保证重点、压缩一般的方针，对一般支出实行零增长政策。3）保持积极财政政策的连续性和稳定性，继续适量发行国债，主要用于续建和收尾工程，重点向改善农村生产生活条件、经济结构调整、生态环境建设和中西部倾斜。4）进一步加大中央对地方的转移支付，缩小地方间财力差距，协调地方社会经济发展，加强中央财政的调控作用。

（4）答：美国财政学家马斯格雷夫和罗斯托在对不同国家不同发展阶段的支出状况进行大量的比较研究之后，对不同经济阶段财政支出结构的变化有独到的见解。马斯格雷夫和罗斯托的经济发展的财政支出增长理论即经济发展阶段论的主要观点如下：

从经济发展的角度看，在经济发展的早期阶段，交通、通信、水利等基础设施落后，直接影响私人部门生产性投资的效益，从而间接影响整个经济的发展。对这类经济基础设施的投资往往投资大、周期长、收益小，私人部门不愿投资或没有能力投资，但对这些经济基础设施的投资又是具有较大外部经济效益的。因此，需要政府提供，或者是地方政府提供，或者是中央政府提供，为经济的发展创造一个良好的投资环境，克服可能出现的基础设施“瓶颈”效应。此外，在经济发展的早期阶段，由于私人资本积累是有限的，这就使得某些资本品必须由公共生产，即使这些资本品的利益是内在的，不具有外部经济效益，也要求通过政府预算提供。所以这一阶段公共资本的作用很大。当经济进入发展的中期阶段时，私人产业部门业已兴旺，资本存量不断扩增，私人企业和农业的资本份额增大，那些需由政府提供的具有较大外部经济效益的基础设施已基本建成，其增加也逐渐变缓了，此时私人资本积累开始上升，公共积累支出的增长率就会下降，从而公共积累支出在整个社会总积累支出中所占的比重就会下降。当经济进入成熟阶段时，公共净投资的份额又会上升。这是因为随着人均收入的进一步增长，人们对生活的质量提出了更高的要求，私人消费形式将发生变化，从而预算形式也要发生变化。因此，这一阶段对私人消费品的补偿性公共投资将处于显著地位，从而使公共积累支出又出现较高的增长率。总之，在经济发展的早期阶段，对公共资本比例要求较高，而在“起飞”实现之后会暂时有所下降，在经济步入成熟阶段后又会上升。其上升与下降的程度主要取决于特定的收入阶段和该阶段对资本的要求。

至于公共消费支出的增长变化，马斯格雷夫和罗斯托认为关键取决于人们对公共消费品的收入弹性。虽然不可能在经济发展的各个阶段都准确地测出该弹性的大小，但从经济发展的全过程看，这一弹性一般要大于1。在经济发展的早期阶段，主要是满足人们的基本需要，如衣、食等需要，因而对公共消费支出要求不高；随着人均收入的增加，基本需要得到满足之后，私人对基本需要的支出比例将降低，对提高生活层次的消费支出将增加，资源更多地被用于满足第二需要，如教育、卫生、安全等需要，由于这些消费项目都需要较大的公共消费支出做补充，因此，公共消费支出占社会总消费支出的比重相应地就要提高。此外，随着经济的增长，将会出现日益复杂的社会经济组织，要求政府提供各种管理服务来协调与处理增长所引起的各种矛盾和问题，如交通警力、控制污染、反托拉斯等需求的增加，这将引起政府的各种管理费支出的增加，从而导致整个公共消费支出的迅速增长。

根据马斯格雷夫和罗斯托的经济发展阶段论可知，在一般情况下，发达国家的财政支出对收入再分配的影响大于发展中国家，发展中国家的财政支出对产出的影响大于发达国家。

（5）答：皮科克和威斯曼于20世纪60年代初对英国1890—1955年间的公共部门成长情况做了研究，认为在正常时期财政支出呈现出一种渐进的上升趋势，但当社会经历“动荡”（如战争、经济大萧条或其他严重灾害）时，财政支出将剧增。

财政支出增长的内在原因是公民“可容忍的税收水平”的提高，皮科克和威斯曼认为，这个“可容忍的税收水平”是政府财政支出的最高限额，是不能逾越的；但是随着经济的发展、人均收入水平的提高，税收收入在税率不变的情况下也将增长，从而使财政支出能与经济同步增长，“可容忍的税收水平”自动提高了，使正常时期的财政支出保持渐进增长态势。

财政支出增长的外在原因是社会动荡所引起的超常的公共支出需求。在社会动荡时期，财政支出与经济发展同步逐渐上升的常规被打破了。尽管已突破了“可容忍的税收水平”很多，但公民还是能够接受的。在战争或其他社会动乱结束后，财政支出并不会下降到原来的水平。

6. 论述题

答：在现代经济增长理论中，新古典增长理论是最成熟也最具有代表性的。该理论将经济增长解释为生产要素（特别是物质资本）的积累过程，认为只要投资超过重置的原有机器设备，人均产出就会增加，经济就会增长。但是，资本积累存在收益递减趋势，当投资减少到只够抵补折旧时，资本积累就会稳定下来，人均产出和经济增长则将停滞。尽管有的经济学家已经意识到，如果物质资本的载体在技术上更加先进，资本积累收益递减的趋势就会得以改变，即可实现人均产出和经济的持续增长，然而，该理论没有构建起相关的模型，仍然是将技术进步视为经济增长的一种外生因素。从20世纪80年代开始，以罗默、卢卡斯为代表的一批学者，针对新古典模型的缺陷，提出了一种新的经济增长理论。该理论的基本思想是，劳动投入过程中包含着因教育、培训及职工再教育而形成的人力资本，物质资本积累过程中包含着因研究开发活动而形成的技术进步，生产性公共投资的增加也有助于提高物质资本的边际收益率，因此，生产要素积累的收益率不会出现递减趋势，长期增长率将大于零。显然，这一理论的贡献在于将原来被认为是促进经济增长的外在要素内在化，人们据此将这种理论称为内生增长理论。

这一理论对财政政策在经济增长中的作用也作出了崭新的诠释，认为生产性公共资本、人力资本和研究开发活动是一个国家长期经济增长的内在因素与内在动力，而这些因素具有明显的非竞争性、非排他性和外部效应，具有公共物品的某些属性。也就是说，这些因素在财政政策变量的范围之内，所以财政政策对经济增长和经济结构的调整，特别是对长期经济增长和经济结构的调整，具有特殊和重要的作用。

财政支出结构不是一成不变的，不是僵化的，从客观上说，它取决于一个国家所处的经济发展阶段，财政支出结构的发展变化带有一定的规律性。但从政府财政政策的角度看，则必须根据一定时期的发展战略和政策目标以及经济形势的发展变化，推动财政支出结构的调整和优化，而内生增长理论为调整和优化财政支出结构提供了重要思路。

六、延伸阅读

试析财政支出与经济增长的关系

财政政策是实现财政宏观调控的重要方式，在资源科学分配上发挥着现实性作用，是一个国家财政部门结合既定目标，通过财政收入和支出变动情况分析，根据宏观经济水平影响因素制定的一套经济政策。在一个国家经济发生萎缩等现象时，财政部门通过采取扩大财政支出等方式促进经济发展。在国家经济出现发展过热等状况时，财政部门可以利用减少财政支出方式实现经济稳定增长。

一、财政支出的目的

通常情况下，财政支出主要是把国家当做基本、把财政权限当做依据进行财政资金分配和控制活动，其展现出国家的政策指向，反映出不同社会背景下的财政特性。从满足国家职能需求的角度来说，财政支出的目的具体展现在三个方面。首先，政治目的，也就是保证国家经济正常运作，促进社会稳定发展，保障国家运行安全。其次，社会目的，也就是满足社会公共服务要求。最后，经济目的，利用财政支出，带动国家经济增长。在我国，以经济建设为中心的社会主义发展战略决定了以经济高质量发展作为财政支出的主要目的，财政支出应该是促进区域经济平衡，改善经济结构，提高经济发展质量的有力抓手。

二、财政支出和经济增长的关系分析

1. 人力资本

在人力资源投资建设中，其给社会生产带来的影响较少被思考，同时在人力资源投资建设中，作为一个长期性投资活动，其外部经济效益无法在较短时间内展现，这会给个人决策制定造成直接影响，使社会的人力资源水平无法达到最佳状态，需要在政府部门的干预下实现。政府部门通过财政支出管理，为开展基础公共服务提供支持。如对教育、卫生等服务提供适当补贴，减少个人在人力资源方面的投资成本，提升人力资本质量，实现经济快速增长。

2. 技术创新

技术创新是带动经济增长的重要方式，尤其是在新常态发展背景下，技术创新可以给社会经济转型提供支持。但是因为技术创新过程将会面临诸多外在因素，需要政府部门通过干预让技术创新活动顺利发展。政府部门通过财政支出，利用各种方式引导技术创新。首先是直接研发支出，主要汇集在国防、军工等领域。政府研发投放能够减少企业的基础创新风险。其次是经济补贴，通过财政补贴引导更多企业参与到技术创新活动中。最后是鼓励支出，通过颁发高新技术奖励等，带动企业创新，让经济效益水平得到进一步提升。

3. 资本积累

财政支出可以从基本积累角度入手影响经济增长，具体体现在三个方面：首先，通过影响人力资源质量、技术创新，让资本的边际生产力下限不为零，让经济发展具有较强的动力；其次，通过提升公共产品服务质量，例如缩短行政周期，减少资本成本，提升生产效率；最后，建设产业引导基金，让资本朝着某个产业汇集，调整产业框架，实现经济增长。

三、财政支出控制和促进经济增长的相关建议

1. 财政支出与资本供给

在财政支出中，资本供给具体从三个方面带动经济增长。首先，财政购买性支出为了更好满足社会发展需求而参与到经济循环增长中，在社会需求不足的情况下，财政部门采购性支出将会带动经济增长，这也是财政政策促进经济增长最主要的方式之一。其次，财政支出可以提升社会资本供给效率。财政生产性支出能够直接形成社会资本供给，在社会投资资金和需求不充足的情况下，财政投资可以发挥带动社会投资的效果。最后，财政支出可以有效提升社会资本生产水平，尤其是财政对部分大规模公共设施建设的投资，如对交通、教育等公共设施建设的投资，这些设施自身具有投资规模大、建设周期长等特点，如果采用私人投资方式是无法实现的。在公共基础设施建设过程中，如果收益外溢到其他领域形成其他社会生产资本，可以有效带动这些资本生产效率的提升。例如，财政支出和人力资源供给，财政支出将会给人力资源供给带来影响，并且进一步影响经济增长。因此，在财政支出控制过程中，应该结合实际情况，做好人力资本投资建设工作，其不单单展现在教育投资上，同时也展现在文化、医疗等投资上。通过合理控制财政支出，能够促进社会生产效率的提升，从而带动社会经济稳定增长。

2. 加强产权交易管理

财政提供社会服务的过程具体体现在公共设施，如国防、法律制度等方面，这些公共设施具有一定的收益外溢特点。财政的这些活动将会在两个方面给经济增长带来影响。一是保护产权。产权作为保证市场经济稳发展的重要因素，财政部门通过采用国家相关法律对策，保护经济产权，规范社会经济主体的行为，从而促进社会经济发展。因此，要想充分发挥市场的作用，需要确定产权内容。维护社会私有产权，保护私人部门投资利益，让其可以快速完成预期目标，提升私人部门参与投资活动的积极性。二是维护社会秩序，减少交易成本。财政部门颁布的相关法律政策往往是建立在人们认可的情况下，让人们可以结合规章制度要求规范自身行为，减少不明确因素的影响，降低风险。通过加强交易风险管理，提供更专业的公共服务，实现社会经济快速增长，减少经济损失。

3. 适度扩大财政支出规模

结合当前情况来说，科学控制财政支出对促进经济增长有着重要意义。在此过程中，应该适当扩充财政支出规模，引导当地经济快速发展。但是综合思考部分区域财政自给率比较低的状况，政府部门需要结合各个区域的实际情况，适当扩充财政支出规模。对于经济快速发展的区域，因为财政支出的经济增长边际效用比较理想，可通过适当扩充财政支出范畴，提升财政支出效率，从而实现该区域经济的稳定增长。但是，管理部门在增加财政支出的过程中，还要避免财政支出过于盲目扩展而引发不必要的风险。对于经济发展比较落后的区域，财政支出的经济增长边际效用不理想，使得该区域比较注重转移支付，这时应通过控制财政支出增长率，让财政支出规模和财政收入相均衡，在提升财政自给率的情况下，扩大财政支出规模，让该区域经济效益得到大幅度提升。

4. 优化财政支出结构

众所周知，经济建设支出对区域经济发展起到了抑制作用。但是在经济建设支出中交通运输支出、农业生产支出等均是财政支出的重要部分之一，对改善群众生活环境、增加群众利益有着重要意义。为了实现对财政支出的科学控制、促进经济效益的增长，需要结合实际情况，优化财政支出结构，在控制其增长率的同时，让财政支出和当地 GDP 增长相吻合，把不必要的支出纳入其他支出范畴中，保证财政支出的合理性和规范性。此外，应结合各个区域的产业结构和经济发展状况，加强经济建设支出对经济增长的效应分析，根据分析结果来促进该区域的经济增长，在优化经济建设支出结构的同时，让现有资源得到科学分配，保证经济稳定增长。

四、结束语

总而言之，从当前情况来说，各个国家在财政支出上，不管是在绝对值上，还是在相对值上，都出现了大幅度增长的状况，诸多国家，特别是一些发达国家，财政支出比率已经超过 60%。我国财政支出和西方发达国家比较，甚至和一些发展中国家比较，依旧存在较大差异。结合现阶段经济发展状况得知，我国正处于现代化建设的重要阶段，经济和社会各个行业的发展均需要得到财政部门的大力支持，而当前的财政支出规模还无法满足国家经济发展要求。所以，相关部门应结合财政支出和经济增长的关系，适当扩充财政支出规模，控制财政支出比例，让我国社会经济水平得到全面提升，引导我国社会经济稳定发展目标顺利实现。

【知识链接】影响财政支出规模的宏观因素

【资料来源】李梅．试析财政支出与经济增长的关系．中外企业家，2020（10）：81－83.

第六章

经常性支出

——财政购买性支出之一

一、本章回顾

按财政支出与经济活动的关系分类，财政支出分为购买性支出与转移性支出。本章对属于购买性支出的财政支出行为，包括行政管理与国防支出以及教育、科学技术和医疗卫生支出，进行了重点分类讲解。

本章要点：

(1) 行政管理与国防支出的基本属性。

(2) 教育支出的属性及其提供方式。

(3) 科学技术支出的重要性及我国的科技投入政策。

(4) 医疗卫生事业需要政府介入的理由及我国医疗卫生支出的现状。

二、术语小读

1. 行政管理支出

广义的行政管理支出涉及现行《政府收支分类科目》中的以一般公共服务为主的三类科目：一是一般公共服务，包括人民代表大会、政协、党派团体、政府各部门等；二是公共安全，包括武装警察、公安、检察、司法等；三是外交，包括外交管理事务、驻外机构、对外援助、对外合作交流等。狭义的行政管理支出，主要是指一般公共服务支出。

2. “三公”经费

“三公”经费指的是出国（境）经费、车辆购置及运行费、公务接待费。

3. 国防支出

国防支出是指国家预算用于国防建设和保卫国家安全的支出，包括国防费、国防科研事业费、民兵建设以及专项工程支出等。

4. 教育支出

教育支出是指一个国家用于教育方面的全部开支，包括教育的基本建设投资、教育的经常费用、国家的财政拨款、社会团体和个人用于教育方面的支出等。

5. 医疗卫生支出

医疗卫生支出是指一个国家用于医疗卫生方面的支出，包括医疗卫生管理事务、医疗服务、社区卫生服务、医疗保障、疾病预防控制、卫生监督、妇幼保健、农村卫生、中医药、其他医疗卫生等方面的支出。

三、难点精析

1. 行政管理支出与国防支出的基本属性

（1）行政活动和国防活动是非生产性劳动。

（2）行政活动和国防活动对国家来说是必不可少的，我们说对内管理国家、对外巩固国防是国家的基本职能，从而行政管理费和国防费是国家的两项基本支出。

（3）行政管理支出和国防支出是全社会消费的一个重要组成部分。

2. 对行政管理支出的分析

（1）我国行政管理支出的构成。

① 按支出部门的不同，行政管理支出可分为：行政经费、公检法支出、外交支出等。

② 按费用要素的不同，行政管理支出可分为：人员经费和公用经费。

③ 按支出用途的不同，行政管理支出可分为：基本工资、补助工资、其他工资、职工福利费、社会保障费、公务费和其他费用等。

（2）行政管理支出的特点。

① 行政管理支出属于公共支出。

② 行政管理支出具有稳定性。

③ 行政管理支出的效率难以考察。

（3）行政管理支出的相对大小。

行政管理支出的相对大小是指其占财政支出的比重。在一国的经济资源一定的条件下，政府的行政管理支出过多必然会导致纳税人的税收负担过重，从而使微观资源配置发生扭曲，所以行政管理支出的增长速度应低于财政支出的增长速度，这样才有利于经济建设和社会公共事业。

（4）行政管理支出增长的影响因素。

① 外在因素：财政收支水平、经济发展水平、物价指数水平。

② 内在因素：政府机构的规模、财政秩序、预算编制的合理程度。

3. 对国防支出的分析

（1）国防支出的构成。

国防支出包括国防费、国防科研事业费、民兵建设以及专项工程支出等。

（2）我国国防支出的一般均衡分析。

国防是一种典型的纯公共物品，具有非竞争性和非排他性。

国防支出的一般均衡分析见图 6-1。

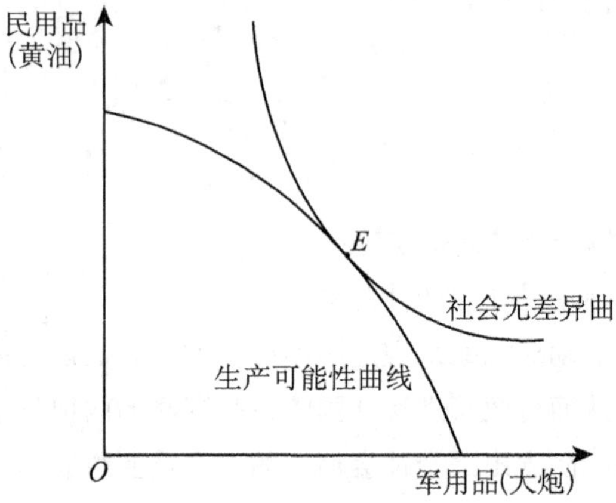

图 6-1　大炮与黄油之间的选择

生产可能性曲线表示在现有资源和技术约束条件下能够生产的军用品和民用品的各种组合，而社会无差异曲线则代表能给社会成员带来相同效用水平的军用品和民用品的不同数量组合。

根据一般均衡的要求，要实现国防的有效供给，社会对于军用品和民用品的边际替代率应等于二者之间的边际转换率。当两条曲线相切时，就达到在现有资源和技术约束下的均衡组合。

（3）尽管存在对国防支出合理规模的一般均衡分析，但在现实中，要找到合理的国防支出规模，仍存在以下困难：

① 国防总需求难以界定：社会上"免费搭车"的想法与社会成员无法表达其确切需求使得国防总需求难以界定。

② 国防总效益难以确定，主要包括两个方面：

a. 每个人对国防的评价不同。

b. 每个人可用于购买国防产品的收入不同。

③ 国防的负担难以合理确定：

a. 提供国防产品的成本来自税收。

b. 每个人对国防产品的评价不一，并且不可能真实反映从国防产品中所得到的利益，这使得每个人愿意支付的税收数量不尽相同。

综上所述，国防支出的合理数量界限是难以用一般模式确定的。实际上，如何安排国防支出，在很大程度上是由政治程序决定的。

(4) 国防支出的经济发展效应包括以下几个方面：

① 总投资效应。

② 总需求效应。

③ 总体挤出效应。

④ 预算挤出效应。

⑤ 开放经济效应。

4. 教育支出的效率分析

(1) 对学生本人提供补助的经济效应见图 6-2。

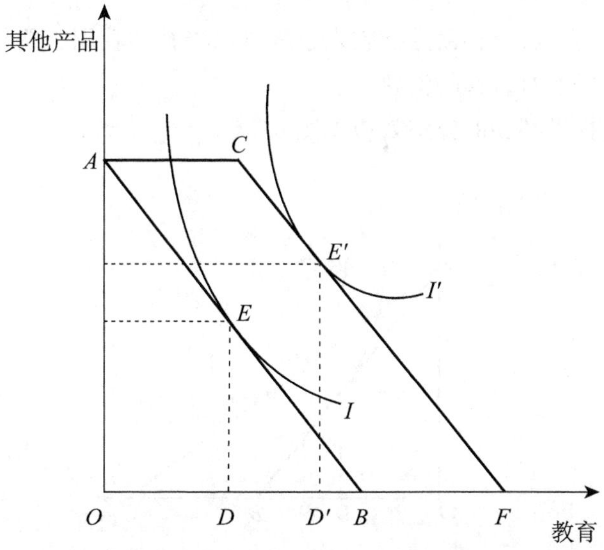

图 6-2 对学生本人提供补助后个人教育消费的变化

在学生得到补助前，学生的预算线 AB 和无差异曲线 I 相切于 E 点，个人教育消费数量为 OD。在学生得到补助后，学生的预算线由 AB 向外移至 ACF，其中 AC 部分即为补助数额。新的预算线 ACF 与无差异曲线 I' 相切于 E' 点。个人教育消费数量增加至 OD'。

对学生本人提供补助一般有两种具体的做法：一是拨款兴办学校，提供免费教育；二是给学生发放免费入学卡。

(2) 对低收入家庭提供补助的经济效应见图 6-3。

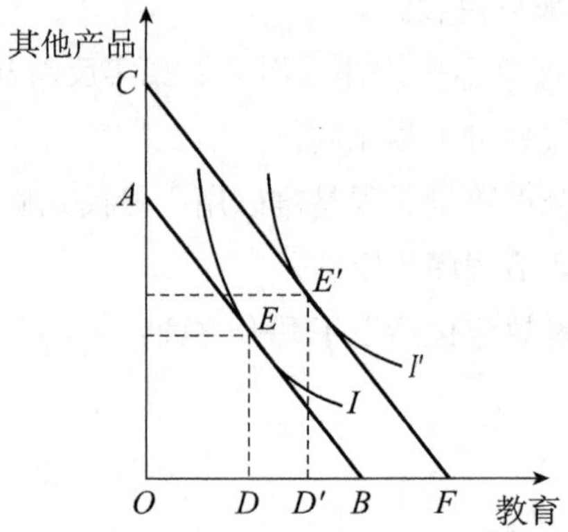

图 6-3　对低收入家庭提供补助后个人教育消费的变化

在家庭获得补助前，家庭的预算线 AB 与无差异曲线 I 相切于 E 点，家庭用于教育消费的数量为 OD。在家庭得到补助后，家庭的预算线由 AB 向外平移至 CF，并且与无差异曲线 I' 相切于 E' 点。可以看出，家庭用于教育消费和其他产品消费的数量同时增加，其中教育消费由 OD 增加到 OD'，增加了 DD'。

在一般情况下，由于获得补助的低收入家庭可以将补助款用于购买其他产品，因此这种方式无法保证家庭增加对教育的消费。

（3）对私立学校提供补助的经济效应见图 6-4。

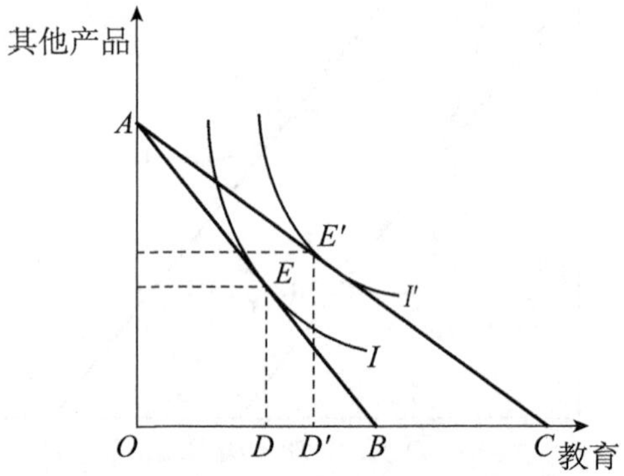

图 6-4　对私立学校提供补助后个人教育消费的变化

这一方式以私立学校而非学生本人为补助对象，政府部门试图通过补助降低私立学校向学生收取学费的标准。该方式大多出于扶植私立学校的需要。

在实施学费补助之前，预算线 AB 与无差异曲线 I 相切于 E 点，个人的教育消费为 OD。在实施学费补助后，学费标准降低，个人的预算线向外移至 AC，与另一条无差异曲线 I' 相切于 E' 点，个人的教育消费为 OD'，增加了 DD'。

5. 政府介入医疗卫生事业的理由及我国当前的医疗卫生体系的缺陷

（1）政府介入医疗卫生事业的理由：

① 减少贫困是在医疗卫生方面进行干预的最直接的理论基础。

② 许多与医疗卫生有关的服务是公共物品，其作用具有外部性。

③ 疾病风险的不确定性和保险市场的缺陷是政府介入的第三个理论基础。

（2）我国当前的医疗卫生体系的缺陷：

① 政府投入不足，公共卫生体系不健全，基础设施不完善，缺乏应急机制；医疗机构实行创收机制，以药补医，公益性严重淡化。

② 医疗保障机制不健全，还没有建立覆盖城乡居民的基本卫生医疗保障制度，社会医疗保险发展滞后，农村合作医疗保障水平较低，有不少城乡居民没有基本医疗保障，仍然主要靠自费就医。

③ 城乡、区域和不同阶层之间医疗卫生服务水平的差距较大。

④ 医疗和医药费用上涨，居民个人负担加重，看病难、看病贵、医患关系紧张成为社会关注的热点和影响构建和谐社会的一个突出问题。

四、牛刀初试

1. 名词解释

（1）行政管理支出　（2）国防支出　（3）“三公”经费　（4）医疗卫生支出

2. 判断题

（1）义务教育以外的高层次教育属于混合物品。

（2）教育、科学技术和医疗卫生支出既属于经常性支出，又属于购买性支出。

（3）用于教育、科学技术和医疗卫生领域的劳动属于非生产性劳动，但用于其上的支出属于生产性支出。

（4）提供基本医疗服务属于纯公共物品的范畴。

3. 单项选择题

（1）私人生产并公共提供国防的缺点不包括（　　）。

A. 先期开发研制费用高　　B. 缺乏比较借鉴的余地

C. 容易滋生寻租行为　　D. 容易形成“钓鱼工程”

（2）行政管理支出不包括如下机构履行职能所需经费的是（　　）。

A. 政府各级权力机关　　B. 行政管理机关

C. 司法检察机关　　D. 企业的人力资源部门

（3）国防支出规模的衡量方式是（　　）。

A. 国防支出增长与经济增长的比率

B. 国防支出占国内生产总值的比例

C. 国防支出占财政支出和国民收入的比例

D. 国防支出与经济建设支出的比率

（4）不属于国防支出外部效应的是（　　）。

A. 带动高新技术的发展　　B. 促进民用科技的提高

C. 拉动国内需求　　D. 推动军事人员教育的发展

（5）影响行政管理支出的增长的外在因素不包括（　　）。

A. 财政收支水平　　B. 经济发展水平

C. 物价指数水平　　D. 科学发展水平

（6）公共卫生资金筹集的主要途径是（　　）。

A. 财政拨款　　B. 个人付费　　C. 商业保险　　D. 银行贷款

（7）计划免疫是一种（　　）。

A. 纯公共物品　　B. 准公共物品　　C. 私人物品　　D. 劣质品

（8）高等教育是一种（　　）。

A. 私人物品　　B. 准公共物品　　C. 纯公共物品　　D. 劣质品

（9）使用行政管理支出的机构都是（　　）。

A. 物质生产部门　　B. 企业

C. 非物质生产部门　　D. 工业

4. 不定项选择题

（1）下列属于国家的科技投入政策的有（　　）。

A. 科技投入机制　　B. 税收激励

C. 政府采购　　D. 私人提供

（2）下列属于经常性支出的有（　　）。

A. 社会保险支出　　B. 国防支出

C. 基础设施建设支出　　D. 教育支出

（3）行政管理费由以下哪几个部分组成？（　　）

A. 人员经费　　B. 训练维持费　　C. 公用经费　　D. 装备费

（4）从财政分类来看，行政管理与国防支出属于（　　）。

A. 资本性支出　　B. 转移性支出　　C. 经常性支出　　D. 购买性支出

（5）政府干预卫生事业的最直接的理论基础是（　　）。

A. 减少贫困　　B. 提供公共物品

C. 弥补保险市场的缺陷　　D. 政府职能

（6）以下说法正确的是（　　）。

A. 随着一国财政收入的增加，相应增加行政管理支出也是自然的事

B. 行政管理支出具有刚性

C. 行政管理支出属于消耗性支出，不直接创造财富

D. 在财政支出总量不变或增长有限的情况下，行政管理支出在财政总支出中的比例不会有较大变化

(7) 公共生产并公共提供国防的优点包括（　　）。

A. 能灵敏及时地提供国家所需的军事科研成果和装备

B. 有利于挖掘新一代武器装备的技术潜能

C. 及时提供各类军事人才

D. 保密性很强

(8) 国防的提供方式可以是（　　）。

A. 公共生产、私人提供　　B. 公共生产、公共提供

C. 私人生产、公共提供　　D. 私人生产、私人提供

(9) 我国医疗卫生总投入主要来自以下哪些方面？（　　）

A. 政府　　B. 社会

C. 个人　　D. 世界卫生组织

5. 简答题

(1) 简述政府必须介入医疗卫生事业的理由，并思考应介入的范围。

(2) 简述决定和影响我国行政管理支出的主要因素。

(3) 简要分析行政管理支出与国防支出的基本属性。

6. 论述题

(1) 试对教育支出的效率进行分析。

(2) 试论行政管理支出的特点。

7. 案例分析题

三明市建立全面取消以药养医的财政补偿机制

从 2013 年 2 月 1 日起，三明市全面取消药品（中药饮片、耗材）加成，实行县级以上医院药品零差率销售。医院由此而减少的差价收入，通过政府补助 10%、调整医疗服务价格转化 86.76%、加强医院内部管理消化 3.24%等措施进行弥补。在政府补助方面，以 2011 年药品耗材收入为基数，按药品耗材差价的 10%由同级财政列入预算补助，每年定补专项资金 1 126.5 万元，2013—2017 年财政累计补助 5 948.19 万元。在调整医疗服务价格方面，按照“总量控制，结构调整，有升有降，逐步到位”的原则，先后进行了 7 次医疗服务价格调整，大幅提高了诊查、护理、治疗、手术等技术性劳务的价格。通过“腾笼换鸟”动态理顺医疗服务价格，将药品耗材差价的 86.76%转化成医院的医务性收入，提高医院的医务性收入占比，使医务性收入成为公立医院的合理收入。对剩余的药品耗材差价 3.24%，通过医院加强精细化管理、降低成本等措施，由医院自行消化解决。据统计，全市 22 家公立医院的药品耗材占医院总收入的比重从改革前 2011 年的 60.08%，下降到了 2018 年的 33.15%，药品耗材的总额从 2011 年的 10.15 亿元，下降到了 2018 年的 10.02 亿元。医务性收入从 2011 年的 6.75 亿元增加到了 2018 年的 20.2 亿元。以 2018 年为例，通过价格调整，转移给全市 22 家公立医院的医务性收入达 8.14 亿元，为医院的医生目标年薪制提供了财力保障，职工年人均收入从 2011 年的 4.22 万元提高到了 11.34

万元。

请简答三明市医疗卫生领域改革的必要性与意义。

五、习题解答

1. 名词解释

（1）略　（2）略　（3）略　（4）略

2. 判断题

（1）对。

（2）对。

（3）错，用于教育、科学技术和医疗卫生领域的劳动属于非生产性劳动，且用于其上的支出属于非生产性支出。

（4）错，提供基本医疗服务属于混合物品的范畴。因为基本医疗服务不具有明显的非竞争性和非排他性，同时，由于具有“拥挤性”的特点，政府在提供基本医疗服务的同时，实行一定的收费制度。

3. 单项选择题

（1）B　（2）D　（3）C　（4）D　（5）D

（6）A　（7）A　（8）B　（9）C

4. 不定项选择题

（1）ABC　（2）ABD　（3）AC　（4）CD　（5）A

（6）ABC　（7）ACD　（8）BC　（9）ABC

5. 简答题

（1）答：1）政府介入医疗卫生事业的理论依据：

市场在医疗卫生领域的作用存在广泛的缺陷，为政府在这一领域发挥作用提供了潜在的理论依据，其中公共卫生被认为是典型的事例。公共卫生领域集中地存在着具有外部效应的纯公共物品，如安全饮用水的提供、传染病与寄生虫病的防范、病菌传播媒介的控制以及免疫、营养、计划生育的信息免费服务等。由于这些物品具有明显的非排他性，即不能排除不付费者享用这种服务的利益，因而私人根本不会提供或者不会充分提供这些物品。政府介入公共卫生领域的另一个重要理由是为公平的收入分配提供前提。市场是以个人对劳动和资本的贡献的大小来分配收入的，而劳动贡献是以个人的健康为前提的，恶劣的卫生条件乃至疾病是对健康和劳动能力的一种极大威胁。在市场规则下，疾病会使劳动者的收入减少甚至使之丧失劳动能力，而贫困者又难以抵御疾病风险的侵袭，这样就会陷入“贫困的循环”。现在，人们逐渐认为卫生保健是一种人人应有的权利，而不是一种基于经济基础的特权。政府卫生政策的目标包括缓解和消除因收入差距而可能给健康带来的不良影响。政府介入公共卫生领域的第三个理由是弥补商业保险的缺陷。疾病的风险是最难以确知的。在私人市场上，人们化解风险的方法是购买商业保险，但商业保险的趋利性必然导致选择低风险的保险对象，而政府的公共卫生服务带有社会保险的性质，让疾病的社会风险在更大的范围内由政府承担，高风险者不受排斥，为劳动者提供了可靠的后盾。世界银行提出的政府要对卫生事业进行干预的三个理由是："第一，减少贫困是在医疗卫生方面进行干预的最直接的理论基础；第二，许多与医疗卫生有关的服务是公共物品，其作用具有外部性；第三，疾病风险的不确定性和保险市场的缺陷是政府行为的第三个理论基础。"

2）医疗卫生领域中的公共服务范围：

政府不是包揽全部医疗卫生市场，而是选择政府应当介入的主要方面：一是提供医疗卫生领域的纯公共物品和部分准公共物品，保证这些公共物品的生产、提供和消费达到最优化。这些物品包括医疗服务本身、健康保护活动、帮助人们保持健康所利用的服务信息等。二是纠正由信息不对称造成的市场缺陷，使医疗保险兼顾效率和公平。三是补助贫困人口，使他们能够负担必要的保险，获得相应的基本医疗服务。

基于此，政府需要和能够对医疗卫生领域提供的服务可以概括为两个方面：①公共卫生服务；②基本医疗服务。

（2）答：1）经济增长水平。2）财政收支水平。3）政府职能和机构设置。4）人员数量变化。5）政策性增长因素。6）物价因素。7）法制建设。8）行政管理水平。

（3）答：参照"难点精析"第1点"行政管理支出与国防支出的基本属性"。

6. 论述题

（1）答：参照"难点精析"第4点"教育支出的效率分析"。

（2）答：从性质上看，政府的社会管理活动是一种典型的纯公共物品；行政管理支出一般有以下几个特点：1）公共性；2）消耗性，行政管理支出不直接作用于生产经营活动，也不产生任何直接的经济效益；3）稳定性。

7. 案例分析题

答：一般意义上，公共卫生服务项目都具有公共物品的属性，因此提供公共卫生服务项目属于政府的重要职责。而医疗和医药费用上涨，居民个人负担加重，看病难、看病贵、医患关系紧张成为社会关注的热点和影响构建和谐社会的一个突出问题。三明市建立全面取消以药养医，健全药品供应保障制度是深化医药卫生体制改革，全面建立中国特色基本医疗卫生制度、医疗保障制度和优质高效的医疗卫生服务体系，健全现代医院管理制度的应有之义。

六、延伸阅读

俄罗斯医疗卫生保障系统的筹资来源与历史演变

卫生系统的筹资来源和方式是实现全民健康覆盖的一个关键因素，决定着人们是否能够提供卫生服务和是否可以使用卫生服务，以及可否在需要时负担得起卫生服务。在卫生服务筹资的道路上，各个国家实现全民健康覆盖的方式各有特色，每个国家都会根据其社会、经济等背景来综合构建符合国情的卫生筹资系统。

俄罗斯的卫生筹资系统随着其国内政治、经济、社会环境的变革也在不断演变：

（1）苏联时期，国家主要沿袭萨马什科系统，围绕全民免费医疗组织筹资系统，主要以税收为基础，在联邦政府、地区政府层级实现高度集中化管理。在这种筹资系统下，俄罗斯医疗卫生服务是广泛覆盖并且全民免费的，保证了医疗卫生系统的公平，但是效率比较低。

（2）随着苏联解体，俄罗斯开始进入市场经济过渡时期，社会也经历了各种变革，国内通货膨胀严重，卫生保健资金严重短缺。在这种背景下，俄罗斯强制医疗保险系统应运而生，并出台了《俄罗斯联邦公民医疗保险法》，该法规定的新筹资系统包含以下内容：一是建立非预算收入来源，由雇主为雇员购买保险，在增加可用卫生资金总量的同时不损害其他现有资金来源。二是由地区政府和地方政府出资覆盖非就业人口医疗卫生服务。三是建立联邦和地区级的强制医疗保险基金，明确规定强制医疗保险基金的主要资金来源：强制医疗保险缴费，保险缴费的费率为工资总额的3.6%，其中的0.2%上缴联邦强制医疗保险基金，3.4%上缴地方强制医疗保险基金；专门用于完成国家强制医疗保险计划的联邦预算拨款；企业和个人的自愿缴款；基金资本运营所得。地方强制性医疗保险基金会及其分支机构可以同医疗保险公司签订医疗保险合同，履行承保人的职能，并拥有监督和管理医疗保险公司、医疗机构业务活动的权力。四是建立强制医疗保险福利包，联邦政府规定福利包囊括所有基本医疗服务，而地区卫生局有权在此基础上根据本区实际情况增加其他服务。五是规定自愿健康保险有权覆盖强制医疗保险包以外的服务。

（3）虽然强制医疗保险系统的启动给俄罗斯医疗卫生服务供给带来了很大改善，在其最初运行的几年也确实增加了卫生资金总额。然而，由于实施过程中的官僚、财务管理等方面的问题，强制医疗保险系统的推进并不均衡，1994—1995年，一些地方政府以医疗机构能够从保险机构获得收入为由开始削减公共财政医疗卫生预算，到1997年，俄罗斯公共财政医疗卫生预算与1993年相比降低了27%，有的地区医疗卫生支出甚至面临严重的困难，大大削弱了医疗保险筹资的补充效应。此后，俄罗斯一直在朝着以保险为基础的卫生筹资方向改革，并经过不断演变发展成当前的混合卫生筹资系统，即强制资源和自付资金相结合的筹资系统。

【知识链接】医疗卫生支出

【资料来源】童伟，宁小花．全民健康覆盖视角下的俄罗斯医疗卫生筹资分析及启示．经济社会体制比较．2019（03）：164－166.

第七章

财政投资性支出

——财政购买性支出之二

一、本章回顾

社会总投资分为政府投资和非政府投资，两者具有不同的特点与决策标准。本章主要是对政府（财政）投资的有关内容进行了详细介绍，并着重阐述了基础设施投资与“三农”投入两个财政投资性支出途径。

本章要点：

(1) 政府投资的特点和决策标准。

(2) 基础设施投资与一般投资的关系。

(3) 基础设施投资的提供方式，特别需要掌握 PPP 模式。

(4) 财政在实施乡村振兴战略中的职能和作用。

(5) 生态保护“三大战役”。

二、术语小读

1. 财政投融资

财政投融资是政府为实现一定的产业政策和其他政策目标，通过国家信用方式筹集资金，由财政统一掌握管理，并根据国民经济和社会发展规划，以出资（入股）或融资（贷款）方式，将资金投向亟须发展的部门、企业或事业的一种资金融通活动，所以它也被称为“政策性金融”。

2. 基础设施

基础设施是支撑一国经济运行的基础部门，它决定着工业、农业、商业等直接生产活动的发展水平。

3. PPP 模式

PPP 模式即政府和社会资本合作的模式，是公共基础设施领域的一种项目运作模式。该模式鼓励私营企业、民营资本与政府进行合作，参与公共基础设施建设。

4. 财政投资性支出

财政投资性支出是以政府为主体，将其从社会产品或国民收入中筹集的财政资金用于国民经济各部门的一种集中性、政策性投资。

5. "三农"

"三农"是指农业、农村和农民。所谓"三农"问题，就是指农业、农村、农民这三个问题。

6. 生态保护"三大战役"

生态保护"三大战役"分别是指大气污染防治、水污染防治、土壤污染管控和修复。

三、难点精析

1. 政府投资与非政府投资的特点

政府投资的特点：①公共性和基础性；②投资项目的大型化和战略化；③具有社会效益；④有调节经济运行的作用。

非政府投资的特点：①追求微观上的盈利；②投资于周期短、见效快的项目；③不顾及非经济的社会效益。

2. 基础设施投资与一般投资的关系

基础设施是处在"上游"的产业部门，基础设施投资是一种"社会先行资本"。它所提供的产品和服务构成其他部门（也包括本部门）必需的投入品和服务，如供电、供水、道路和交通等。一般来说，基础设施的感应度强，感应度系数较高。感应度系数反映当各个部门平均增加一个单位最终产品时，某个部门由此而感受到的需求感应程度，即需要该部门为其他部门的生产提供的产值量。基础设施在产业链中属于这样一类产业，即当基础产业、加工工业和服务业发展时，一般要求适度加大基础设施投资，要求基础设施适度超前发展。从价值构成来分析，基础设施所提供的产品和服务的价格构成其他部门产品成本的组成部分，因而它们的价格变动具有很强的连锁效应，会引起整个产业成本的波动。

基础设施投资与一般产业投资之间的关系可用产出模型图即图 7-1 来表示。图 7-1 的纵轴和横轴分别代表一般产业投资和基础设施投资，从原点出发的射线是产出线，I_1、I_2、I_3为一定数量的基础设施投资和一般产业投资的等产量曲线。

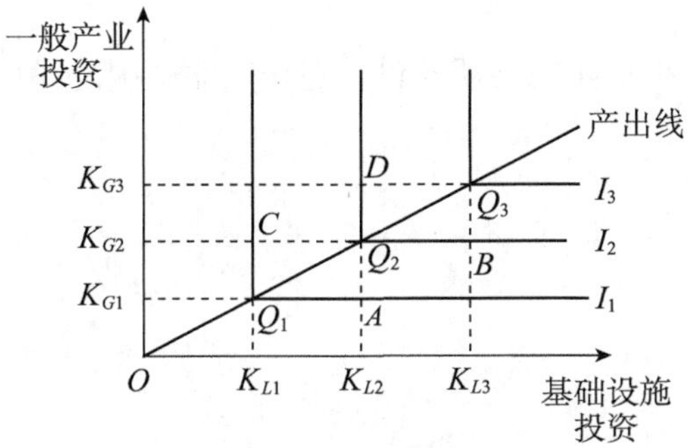

图 7-1　产出模型图

当基础设施投资和一般产业投资分别为 K_{L1} 和 K_{G1} 时，共同决定的产出量为 Q_1；如果一般产业投资增加到 K_{G2}，而基础设施投资不增加，那么组合点为 C，即产出量不可能为 Q_2，反之，如果基础设施投资增加到 K_{L2}，而一般产业投资不增加，那么组合点为 A，即产出量也不可能为 Q_2。要使产出量增加到 Q_2，必须使基础设施投资和一般产业投资分别增加到 K_{L2} 和 K_{G2}，依此类推。也就是说，为达到一定的产出量，基础设施投资和一般产业投资之间必须保持一定的配比关系，且按一定的比例递增。从实证分析结果来看，欧美发达国家从增加一般产业投资开始，再增加基础设施投资，增长的路径大体是：$Q_1 \to C \to Q_2 \to D \to Q_3$。日本、韩国的情况有所不同，在经济发展过程中，是首先增加基础设施投资，再增加一般产业投资，因而增长的路径大体是：$Q_1 \to A \to Q_2 \to B \to Q_3$。

3. PPP 模式的意义

PPP 模式的意义在于：一是有利于政府职能的转变，政府从过去的基础设施公共服务的提供者变成了一个监管者。二是促进了投资主体的多元化，利用私营部门来提供资产和服务，推动了投融资体制改革。同时，私营部门参与项目还能推动在项目设计、施工、设施管理过程等方面的革新，提高办事效率，传播最佳管理理念和经验。三是风险负担合理，与过去实行的 BOT 模式等模式不同，PPP 模式在项目初期就可以实现风险分配，由于政府分担一部分风险，因而减少了承建商与投资商的风险，从而降低了融资难度，提高了项目融资成功的可能性。政府在分担风险的同时也拥有一定的控制权。四是 PPP 模式吸引社会投资参与基础设施建设，可以减轻政府长久以来的财政负担。当然，PPP 模式的优点在于将市场机制引进了基础设施的投融资，但不能认为通过市场机制运作基础设施项目等于政府全部退出投资领域，政府仍然需要继续向基础设施投入一定的资金。对政府来说，在 PPP 项目中的投入要小于传统方式的投入，两者之间的差值就是政府采用 PPP 模式的“红利”。

4. 推进生态文明建设的意义

从理论意义上来讲，推进生态文明建设，建设美丽中国是我们党对经济发展与资源环境关系问题所取得的最新理论成果。

从实践意义上来讲，推进生态文明建设，建设美丽中国为实现人与自然和谐共生提供了根本遵循和行动指南。

从世界意义上来讲，推进生态文明建设，建设美丽中国是我们党为全球生态安全作出的重大贡献。

四、牛刀初试

1. 名词解释

（1）财政投融资　　（2）基础设施

（3）PPP 模式　　（4）生态保护“三大战役”

2. 判断题

（1）财政投融资是指将政府投资的良好信誉与金融投资的高效运作结合起来，它不将市场参数作为配置资金的重要依据，而表现出计划性与政策性。

（2）政府投资的决策标准之一是资本-劳动比率最小化，即在资本不变的情况下实现就业劳动人数最大化。

（3）公共预算投资比重的下降和国民收入分配格局以及财政收支占 GDP 比重的变化趋势是一致的。

（4）从广义上理解，PPP 模式也是 BOT 投资方式的一种形式。

（5）财政投融资的目的性很强，范围有严格限制。

（6）建立和完善有利于生态环保的体制机制，是建设美丽中国的体制保障。

（7）生态文明制度建设能够为生态文明建设提供行动的标准，保证生态文明建设有据可依。

3. 单项选择题

（1）大部分基础设施部门提供的产品都属于（　　）。

A. 公共物品　　B. 私人物品　　C. 混合物品　　D. 奢侈品

（2）下列不属于政府投资的决策标准的是（　　）。

A. 资本-产出比率最大化标准

B. 资本-产出比率最小化标准

C. 资本-劳动比率最大化标准

D. 就业创造标准

（3）（　　），也称货比三家，是指采购实体向国内外有关供应商（通常不少于三家）发出询价单让其报价，然后在报价的基础上进行比较并确定中标供应商的一种采购方式。

A. 国内或国外询价采购　　B. 单一来源采购

C. 竞争性谈判采购　　D. 自营工程

（4）固定资产扩大再生产的资金来源主要是（　　）。

A. 积累基金　　B. 折旧基金

C. 积累基金和折旧基金　　D. 外来投资

(5)（　　）是充分发挥企业现有固定资产的作用、提高生产能力的有效途径。

A. 对现有固定资产进行更新改造　　B. 更换固定资产

C. 长期使用现有固定资产　　D. 对旧固定资产进行改造

(6) 下列不属于生态保护“三大战役”的是（　　）。

A. 大气污染防治　　B. 光污染防治

C. 土壤污染管控和修复　　D. 水污染防治

4. 不定项选择题

(1) 财政投融资的基本特征主要体现为（　　）。

A. 政策性融资

B. 主要为直接由政府定价的基础产业融资

C. 完全以市场参数为配置资金的主要依据

D. 预算管理刚性强

(2) 我国财政最大和最主要的支出类别是（　　）支出。

A. 基本建设　　B. 文教科卫　　C. 行政管理　　D. 建设性

(3) 固定资产再生产的主要方式是（　　）。

A. 基本建设　　B. 更新改造　　C. 住宅建设　　D. 基础设施建设

(4) 财政采用信贷方式支援农业是指（　　）。

A. 财政拨专款给国家银行以发放长期贷款

B. 保证农业生产的信贷资金

C. 低息贷款

D. 微息贷款

(5) 下面哪个行业不是基础产业？（　　）

A. 服装业　　B. 农业　　C. 餐饮业　　D. 家具业

(6) 按固定资产的经济用途，固定资产可分为（　　）。

A. 生产性固定资产　　B. 非生产性固定资产

C. 基本建设固定资产　　D. 非基本建设固定资产

(7) 按照基本建设支出投入的方向，基本建设支出分为（　　）。

A. 生产性基本建设支出　　B. 预算内投资基建支出

C. 非生产性基本建设支出　　D. 预算外投资基建支出

(8) 2018 年，我国将生态文明建设写入宪法，生态文明建设已成为“五位一体”总体布局的基础。关于如何推进生态文明建设，以下说法正确的是（　　）。

A. 形成绿色发展方式和生活方式

B. 坚持生态文明建设比经济建设更重要的理念

C. 坚持节约资源和保护环境的基本国策

D. 坚持资源节约与环境友好的基本原则

5. 简答题

（1）简述基础设施投资的提供方式。

（2）简述财政必须介入“三农”的理由。

（3）简述基础设施投资与一般投资的关系。

（4）简述政府投资的特点和范围。

（5）简述推进生态文明建设的意义。

6. 论述题

（1）试述农业财政投资的必要性和重点。

（2）试分析基础产业发展与财政投融资的关系。

（3）试述政府投资和非政府投资的特点。

五、习题解答

1. 名词解释

（1）略　（2）略　（3）略　（4）略

2. 判断题

（1）错，财政投融资是指将政府投资的良好信誉与金融投资的高效运作结合起来，计划性与市场机制相结合。虽然财政投融资的计划性与政策性很强，但它并不脱离市场，而是将市场参数作为配置资金的主要依据，并对市场的配置起补充调节作用。投融资机构在计划性与市场机制相结合的范围内拥有经营自主权，实行市场化运营。

（2）错，政府投资的决策标准之一是资本-劳动比率最大化标准，这一标准是指政府投资应选择使边际人均投资最大化的投资项目。

（3）对。

（4）错，从广义上理解，BOT 投资方式也是 PPP 模式的一种形式。

（5）对。

（6）对。

（7）对。

3. 单项选择题

（1）C　（2）A　（3）A　（4）A　（5）A　（6）B

4. 不定项选择题

（1）AB　（2）D　（3）A　（4）ACD　（5）ACD

（6）AB　（7）AC　（8）ACD

5. 简答题

（1）答：从我国的实践来看，基础设施投资的提供方式主要有以下几种：

① 政府筹资建设，或免费提供，或收取使用费。政府独资建设一些项目主要出于三种考虑：一是关系国计民生的重大项目；二是维护国家安全的需要，如宇航事业、核电站、战备公路等；三是反垄断的需要，垄断排斥竞争，垄断利润可能是以损害社会福利为代价的，例如垄断行业可能提供高的垄断价格和低质的服务，因此对垄断行业，政府可以通过公共定价严加管理，也可以由政府直接承担投资责任。还有一些基础设施，诸如市区道路、上下水道、过街天桥等，具有明显的非排他性或很高的排他成本，单项投资不大，数量众多，也适于作为纯公共物品由政府投资提供。

② 私人出资、定期收费补偿成本并适当盈利，或地方主管部门筹资、定期收费补偿成本。典型的例子是地方性公路和桥梁等公共设施的建设，如“贷款修路，收费还贷”就是这种提供方式。

③ 政府与民间共同投资的提供方式。对于具有一定的外部效应、盈利率较低或风险较大的项目，政府可以采用投资参股、优惠贷款、提供借款担保、低价提供土地使用权、部分补贴和减免税收等方式，与民间共同投资，混合提供。如高速公路、集装箱码头及高新技术产业等基础设施建设，适于采取这种提供方式，政府在其中主要发挥资金诱导和政策支持作用。

④ 政府投资，法人团体经营运作。这种提供方式有两个优点：一是政府既拥有最终的决策权，又可以从具体的经营活动中解脱出来；二是法人团体拥有经营自主权，责任明确，可以提高成本-效益的透明度，提高服务质量。道路、港口甚至中小型机场等适于采用这种提供方式。

⑤ PPP 模式。PPP 模式是 20 世纪 90 年代后出现的一种崭新的融资模式，即政府和社会资本合作的模式，在公共基础设施领域，尤其是在大型一次性的项目如公路、铁路、地铁等的建设中被广泛采用。从广义上理解，BOT 投资方式（建设—经营—转化投资方式）也是 PPP 模式的一种形式。PPP 模式是一种优化的项目融资与实施模式，以各参与方的“双赢”或“多赢”作为合作的基本理念。采用这种融资形式的实质是：政府通过给予私营公司长期的特许经营权和收益权来加快基础设施建设及有效运营。

（2）答：① 在市场经济体制下，财政履行政府弥补市场失灵的功能，提供那些市场不能满足的具有外部效应的公共物品，对“三农”的投入也是如此。

② 我国当前农业生产率和收益率低下，靠自身难以产生满足自身发展的积累。

我国已经进入以工促农、以城带乡的发展阶段，从长远来看，工业与农业、城市与乡村的协调发展是建立国民经济长期稳定快速增长机制的必由之路。

（3）答：参照“难点精析”第 2 点“基础设施投资与一般投资的关系”。

（4）答：在任何社会中，社会总投资都可以分为政府投资和非政府投资两大部分。一般来说，财政投资即为政府投资，但由于我国还有政府性基金以及各类拼盘自筹资金的一部分用于政府投资，因而一般认为的财政投资是指一般公共预算中的资本性投资支出，所以名曰“政府（财政）投资”。2019 年《政府收支分类科目》“政府预算支出经济分类科目”中款级设有“机关资本性支出（一）”和“机关资本性支出（二）”两个科目。其中支出（一）反映机关和参公事业单位的资本性支出，包括房屋建筑构建支出、基础设施建设支出、公共用车购置支出、土地征迁补偿和安置支出、设备购置支出、大型修缮支出以及其他资本性支出；支出（二）反映由发展改革部门安排的基本建设支出中机关和事业单位的资本性支出，包括房屋建筑构建支出、基础设施建设支出、设备购置支出、大型修缮支出、其他资本性支出。

政府投资的特点是：

① 非政府投资是由具有独立法人资格的企业或个人从事的投资，作为商品生产者，他们的目标是追求盈利，而且他们的盈利是根据自身所能感受到的微观效益和微观成本计算的，也就是说，追求微观上的盈利是非政府投资的首要特征；由于政府居于宏观调控主体的地位，它可以从社会效益和社会成本角度来评价和安排自己的投资，政府投资可以微利甚至不盈利，但是，政府投资建成的项目，如社会基础设施等，可以极大地提高国民经济的整体效益。

② 企业或个人主要依靠自身的积累和社会筹资来为投资提供资金，自身积累规模和社会筹资都受到种种限制，一般难以承担规模宏大的建设项目，而且因为要追求盈利，一般主要从事周期短、见效快的短期性投资；而政府财力雄厚，且资金来源多半是无偿的，可以投资于大型项目和长期项目。

③ 企业囿于一行一业，非政府投资不可能顾及非经济的社会效益，不难想象，如果一个经济社会完全依靠非政府投资，而没有政府投资，则投资结构不可能是均衡和优化的；由于政府在国民经济中居于特殊地位，可以从事社会效益好而经济效益一般的投资，可以而且应该将自身的投资集中于那些外部效应较大的公用设施、能源、通信、交通、农业以及治理大江大河和治理污染等关系国计民生的产业和领域。也就是说，在投资主体多元化的经济社会中，如果政府不承担这些方面的投资或投资不足，就会导致经济结构失调，经济发展速度就会遇到“瓶颈”制约。

政府投资在各国社会总投资中所占的比重存在相当大的差异，影响这个比重的因素主要有两个：一是经济体制的不同。一般说来，在实行市场经济的情况下，非政府投资在社会投资总额中所占的比重较大；在实行计划经济或政府主导型市场经济的情况下，政府投资所占的比重较大。二是经济发展阶段的不同。一般说来，发达国家的非政府投资占社会总投资的比重较大，欠发达国家和中等发达国家的政府投资所占的比重较大。由于存在上述差异，政府投资和非政府投资在一国投资活动中发挥作用的主从次序便有所不同。在市场经济条件下，属于市场活动的非政府投资在资源配置中起决定性作用，而政府投资主要在基础设施以及关系国计民生的基础产业、支柱产业和高新产业领域发挥作用。形成这种投资格局的差异，主要不在于政府投资规模的大小，而在于经济运行机制的不同。对于实行市场经济体制的国家来说，社会经济活动主要由成千上万个独立的法人商品生产者组织，投资当然也主要由它们执行，政府的经济职能主要是根据宏观经济目标对非政府部门的经济活动进行调节。对于经济发达国家来说，市场机制已经走向完善和成熟，主要通过市场的充分竞争实现经济的有效运行，政府主要是通过间接手段进行宏观调控。而对于欠发达国家和仍处于经济体制转轨时期的国家来说，仍然需要政府通过政府投资等直接手段培育市场，调整经济结构，并维持适度的经济增长速度。

(5) 答：参照“难点精析”第 4 点“推进生态文明建设的意义”。

6. 论述题

(1) 答：党的十九大作出了实施乡村振兴战略的决策部署，这是决胜全面建成小康社会、全面建设社会主义现代化国家的重大历史任务，是新时代“三农”工作的总抓手。我国过去多年的实践也证明，农业的发展必须有政府支持。

1) 农业的国民经济意义。

a. 农业生产为我们提供了基本的生存条件，为其他生产活动提供了基础。

b. 农业劳动生产率的提高是工业化的起点和基础。从世界各国工业化的实践来看，必须首先发展农业，在农业劳动生产率大大提高的基础上，再展开轰轰烈烈的工业化过程，国家的工业化进程才会比较顺利。

c. 稳定农业是使国民经济持续稳定发展的重要因素。农业是一个特殊的生产部门，一方面，农产品的供应受气候条件及其他诸条件的影响，不仅波动很大，而且具有明显的周期性；另一方面，对农产品的需求却是相对稳定的。相对稳定的需求和不规则波动的供给导致农产品供求关系必然是不稳定的，使得农业部门的生产条件经常处于不稳定状态。这种不稳定使得农业危机很难依靠自身的力量通过市场加以克服，这进一步又会强烈地干扰国民经济的正常运行。

2) 政府对农业投资的必要性。

由于农业具有重要的国民经济意义，并且完全市场化的农业由于自身的特点必然会出现不稳定状态，所以，从稳定农业以进一步稳定整个国民经济的角度出发，政府必须广泛介入农业部门的生产和销售活动，将农业部门的发展置于政府的管理之下。

农业发展的根本途径是提高农业生产率，而提高农业生产率的必要条件之一是增加对农业的资金投入。因此，安排好农业投资的资金来源是一个必须解决的重要问题。在社会主义市场经济条件下，农业投资的资金应当主要来自农业部门和农户自身的积累，国家投资只应发挥辅助作用。然而，要使农业部门和农户自身的积累成为农业投资的主要资金来源，有两个条件是必不可少的：a. 农产品的销售收入必须高于农业生产的投入成本，否则，农业部门的积累无从产生；b. 农业投资的收益必须高于或至少不低于全社会平均的投资收益率，否则，农业部门即便产生了利润，也不会向农业投资转化。

在我国目前的 GDP 分配格局下，上述两个条件都是得不到满足的。主要原因在于农产品的相对价格水平偏低，而农业投入品的相对价格水平偏高，即工农产品价格之间存在着不利于农业部门的“剪刀差”。“剪刀差”的存在使得农业部门盈利水平长期处于偏低状态，农业部门因此很难形成有意义的利润规模，形成的利润也不大可能转入农业投资领域。我国农业生产单位划得很小，每一生产单位的利润额更是极为有限，使得这一问题显得更加严重。在这种情况下，如果政府不进行投资，农业部门要获得发展是困难的。从理论上说，金融机构贷款也可以成为农业投资的资金来源。但是，借款是要还本付息的。在农业投资盈利率较低的情况下，大量信用资金不可能被投放于农业部门。除非政府给金融机构的农业贷款以财政补贴，或者专门成立以农业部门为贷款对象的政策性金融机构，否则农业部门很难得到金融机构的支持。但是，如果这样做，仍需要国家财政拿出资金。

因此，从农业发展的资金投入来看，农业的发展也必须由政府投资。

在我国目前的情况下，政府从事农业投资的必要性并不只在于农业部门自身难以产生足够的积累，而且生产率较低的现状使其难以承受贷款的负担，更重要的是许多农业投资具有公共物品的性质，只适宜由政府来进行，如大型水利工程和农业科研等。

3）农业财政投资的重点。

综观世界各国的经验，财政对农业的投资具有以下基本特征：

a. 以立法的形式规定财政对农业的投资规模和环节，使农业的财政投资具有相对稳定性；

b. 财政投资范围具有明确的界定，主要投资于以水利为核心的农业基础设施建设、农业科技推广、农村教育和培训等方面；

c. 财政投资虽然是必需的，但一般占农业投资总量的比例较低。

农业财政投资重点的确定，一方面要考虑项目投资的大小，政府要把重点放在建设投资量大、投资期限长的项目上；另一方面要考虑项目本身的性质，政府要着重投资于具有公共物品特征的项目。在我国目前的情况下，农业财政投资的重点一般包括：

a. 农业固定资产投资，如大型水库和各种灌溉工程等，其特点是投资量大，投资期限长，牵涉面广，投资以后产生的效益不易分割，而且投资的成本与其效益之间的关系不十分明显。由于上述特点，农业固定资产投资不可能由分散的农户独立进行。

b. 改造传统农业的关键在于引进新的农业生产要素，将科研成果应用于农业生产，并加以推广。为了使农户接受新的生产要素，需对农户进行宣传、教育和培训。完成这一系列任务，需要筹集资金。这些投资也只能由政府来承担。可以说，凡是具有外部经济以及牵涉面广、规模巨大的农业投资，原则上都应由政府承担。

（2）答：发展基础产业必须借助财政投融资。投资是经济增长的动力，是经济增长的主要因素。投资之所以成为经济增长的动力，是因为投资既可以刺激需求的增长，又可以增加供给。

1）发展基础产业的重要意义。

基础产业是支撑一国经济运行，决定工业、农业、商业等直接生产活动发展水平的基础部门。狭义的基础产业是指经济社会活动的基础设施和基础工业。基础设施主要包括交通运输、邮电通信、水利建设和城市基础设施。基础工业主要指能源、原材料工业。广义的基础产业除了上述基础设施和基础工业之外，还包括一些提供无形产品或服务的部门，如科学、文化、教育、卫生等部门。

基础产业的发展对于整个国民经济的发展、人民生活质量的提高有着重要的意义。

a. 基础设施为社会生产活动提供共同生产条件。在整个社会生产过程中，基础设施并不进行直接的生产活动，而是为整个生产过程提供共同的生产条件。它具有公用性、非独占性和不可分性的特征，从而决定了基础设施具有公共物品的一般特征。

b. 基础工业的发展是其他工业发展的前提。基础工业是处在“上游”的生产部门，即它所提供的产品是其他生产部门（也包括本部门）生产和再生产时所必需的投入品，如能源和原材料等。因此，一般来说基础工业的感应度系数比较高，当各个生产部门的产出增加时，基础工业感应到的产品需求增加十分明显。从社会产品的价格构成来分析，基础工业所提供的产品的价格构成其他部门产品成本的组成部分，因此这些产品的价格变动具有很强的连锁效应，会引起整个相关产业成本的波动。因此，如果基础工业的发展不能满足经济发展的需要，其他产业的产出增长就没有物质上的保证，是无法实现的。同时，若基础工业发展水平低下，除其供给数量不能满足需要之外，还会导致基础工业的产品价格过高，抬高其他产业的产品价格，削弱本国产品的国际竞争力。

2）基础工业的发展必须要求政府支持。

a. 基础设施建设必须由政府投资。由于基础设施具有公共物品的一般特征，市场机制在配置资源时就会出现失灵，导致基础设施投资量不足。此时，就应该由政府进行投资，保证适度的基础设施建设投资，弥补市场机制的不足。

b. 基础产业的兴建需要政府投资。无论是基础设施还是基础工业，大都属于资本密集型行业，需要大量的资本投入方能建成，而且项目的建设周期比较长，投资形成生产能力和回收投资往往需要许多年，这些特点决定了基础设施和基础工业很难由规模较小、追求利益最大化的私人投资来完成。尤其是在经济发展的初期阶段，在私人资本的规模很小的情况下，没有政府在政策和资金上的强有力支持，很难有效地推动基础设施和基础工业的发展。

c. 基础产业的自身发展需要政府支持。基础产业所具有的初始投资大、建设周期长、投资回收慢的特点，不仅阻碍了私人资本的投资，而且决定了基础产业仅仅依靠自身的积累来发展远远适应不了国民经济发展的需要。特别是发展中国家市场机制的调节功能尚不健全，尤其是长期性资本市场有待发育、部门间的资本转移缺乏一种自动的利益均衡机制、基础产业发展资金不足的现象就更加明显。其突出的反映就是经济不发达国家在经济发展过程中常常经受“基础瓶颈”的困扰。任何一种产业的发展都必须以基础设施和基础工业的发展为前提，基础设施和基础工业的发展压力较大，由于民间动员储蓄的能力有限，因而政府往往通过财政集中动员一部分资源，以加快瓶颈部门的发展。

在我国经济发展过程中始终存在着结构性矛盾，基础部门的供给短缺一直是国民经济发展的主要制约因素。随着经济的高速发展，其制约性也日益突出，主要表现为：交通运输能力严重不足，能源供应长期不足，城市基础设施建设落后于国际水平，某些主要生产资料供应紧张等。因此，加快基础产业发展已成为政府产业政策关注的重点。

3）财政投融资是政府支持基础产业发展的较理想手段。

财政投融资是一种政策性投融资，是一种将财政融资的良好信誉与金融投资的高效运作有机结合起来的资金运作方式。从资金使用的经济效益来看，它高于无偿拨款。从资金使用的社会效益来看，它高于商业性融资。

对于既要体现经济效益又要体现社会效益的基础产业部门来说，其经营的目标已不再是利润最大化，而是产量最大化和成本最小化。由于商业性投融资渠道提供的资金要求兼顾安全性、流动性、盈利性，重在投资的经济效益，基础产业部门很难全部满足这些条件。而政府居于宏观调控主体的地位，可以从社会效益和社会成本的角度来评价和安排自己的投资。政府投资可以不盈利或低利，但政府投资项目的建成可以极大地提高国民整体效益。处于经济高速增长中的政府，一方面要从发展的角度考虑基础部门的优先增长问题，保证基础产业发展所需资金；另一方面要从稳定的角度考虑基础产业部门的价格控制问题，以减轻通货膨胀的压力，这就要求不断提高基础产业部门的生产效率，而无偿的财政投资是无法达到这一目的的。因此，政策性投融资就成为发展中国家基础部门发展的重要政策工具。

财政投融资具有下述基本特征：a. 它是在大力发展商业性投融资渠道的同时构建的新型投融资渠道。b. 财政投融资的目的性很强，范围有严格限制。概括地说，它主要是为具有提供公共物品特征的基础产业部门融资。换句话说，它主要是为需要政府给予扶植或保护的产品或直接由政府控制定价的基础性产品融资。c. 虽然财政投融资的政策性和计划性很强，但它并不完全脱离市场，而应以市场参数作为配置资金的重要依据，并对市场的配置起补充作用。d. 财政投融资的方式和资金来源多样化。既可通过财政的投资渠道取得资本金，也可通过信用渠道融通资金；既可通过金融机构获取资金，也可通过资本市场筹措资金，部分资金甚至可以从国外获得。

总的来说，我国在建设社会主义市场经济的过程中，有必要建立一套完善的财政投融资制度。这不仅有利于满足我国经济发展对基础产业的要求，也有利于优化我国的财政支出结构和支出效益，促进金融体系的进一步改革。

（3）答：政府投资的特点：

① 政府居于宏观调控主体的地位，它可以从社会效益和社会成本角度来评价和安排自己的投资，政府投资可以微利甚至不盈利；

② 政府财力雄厚，且资金来源多半是无偿的，可以投资于大型项目和长期项目；

③ 政府在国民经济中居于特殊地位，可以从事社会效益好而经济效益一般的投资，可以而且应该将自身的投资集中于那些“外部效应”较大的产业和领域。

非政府投资的特点：

① 非政府投资是由具有独立法人资格的企业或个人从事的投资，追求微观上的盈利是非政府投资的首要特征；

② 企业或个人主要依靠自身的积累和社会筹资来为投资提供资金，自身积累规模和

社会筹资都受到种种限制，一般主要从事周期短、见效快的短期性投资；

③ 企业囿于一行一业，非政府投资不可能顾及非经济的社会效益。

六、延伸阅读

习近平生态文明思想的时代价值

一、习近平生态文明思想的理论价值

一是丰富拓展了马克思主义生态思想，习近平生态文明思想对马克思主义生态思想进行了继承与创新。

二是深化了中国共产党生态领域的执政理念，是对社会主义生态文明建设的经验总结和理论升华，习近平生态文明思想就如何实现人与自然的和谐共生给出了具体的答案，“既要金山银山，也要保住绿水青山，绿水青山就是金山银山”。

三是丰富了当代民生理论。严重的生态压力在一定程度上造成了人民对政府的不满情绪，影响了党在民众中的形象，习近平生态文明思想的形成与确立，为确实改善生态环境，改善民生，恢复人民对党和政府的满意度和信任度提供了理论依据。

四是弘扬了中华传统优秀生态哲学，让传统文化在实现中华民族伟大复兴中焕发时代光彩。

二、习近平生态文明思想的实践价值

一是缓解当前的生态压力，实现人与自然和谐共生。从防污攻坚战到蓝天保卫战，党和国家加大了生态系统的保护力度，习近平生态文明思想作为从中国生态现实走出的生态思想，具有针对性和实践性，是指导中国生态实践最好的理论思想武器。

二是助力美丽中国建设目标的实现。我们党要建设的是一个富强、民主、文明、和谐、美丽的中国，美丽中国应该是碧水蓝天、绿水青山，并在习近平生态文明思想的指导之下，建设美丽中国的生态之美。

三是为当今世界贡献中国智慧，提升中国生态话语权。在建设美丽中国的基础上，习近平总书记提出建设美丽地球的设想，为世界各国人民提供了生态发展之路，体现了习近平生态文明思想的世界情怀，为中国智慧在世界范围内提升了话语权。

【知识链接】生态文明建设的意义

【资料来源】何冰，吴立红，马丽丹．习近平生态文明思想探析．黑龙江教育（理论与实践）．2020（05）：51－53.

第八章

财政转移性支出

一、本章回顾

财政转移性支出直接表现为政府财政资金的无偿的、单方面的转移，包括各种财政补贴、失业救济、债务利息支出等。本章主要对财政转移性支出的三项重要内容——社会保险支出、财政扶贫支出以及财政补贴进行了介绍，并以此对其概念与分类作出了分析。

本章要点：

(1) 社会保险支出与社会保险制度改革。

(2) 基本养老保险。

(3) 国家在社会保险制度实施中的职责和投入。

(4) 我国财政扶贫支出的力度和措施。

(5) 财政补贴的性质与分类。

(6) 财政补贴影响经济的机理和财政补贴效应。

二、术语小读

1. 社会保险制度

社会保险制度是指由法律规定了的、按照某种确定的规则实施的社会保险政策和措施体系。

2. 现收现付制

现收现付制是指当期的缴费收入全部用于支付当期的养老金，不留或只留很少的储备基金。

3. 完全基金制

完全基金制是指当期的缴费收入全部用于为当期缴费的受保人建立养老储备基金，建立储备基金的目标应当是满足未来向全部受保人支付养老金的资金需要。

4. 部分基金制

部分基金制是介于现收现付制和完全基金制之间的一种筹资模式，即期的缴费一部分用于应付当期的养老金开支，另一部分用于为受保人建立养老储备金。

5. 财政补贴

财政补贴为一种影响相对价格结构，从而可以改变资源配置结构、供给结构和需求结构的政府无偿支出。

6. 可诉补贴（“黄箱”补贴）

可诉补贴（“黄箱”补贴）是指在一定范围内可以实施的补贴，但如果使用此类补贴的成员方在实施过程中对其他成员方的经济利益造成了不利影响，则受损的成员方可以向使用此类补贴的成员方提起申诉。

7. 不可诉补贴（“绿箱”补贴）

不可诉补贴（“绿箱”补贴）是指一般不能通过多边纪律进行指控、不能对其采取反补贴措施的补贴，主要包括不具有专向性的补贴、给予基础研究的援助性补贴、给予贫困地区的补贴、为适应新环境而实施的补贴，以及用于鼓励农业研究与开发、鼓励农民退休等方面的补贴。

8. 财政贴息

财政贴息是政府提供的一种较为隐蔽的补贴形式，即政府代企业支付部分或全部贷款利息，其实质是向企业的成本价格提供补贴。

9. 税收支出

税收支出是以特殊的法律条款规定的、给予特定类型的活动或纳税人以各种税收优惠待遇而形成的收入损失或放弃的收入，可见，税收支出实际上是政府的一种间接性支出，属于财政补贴性支出。

三、难点精析

1. 社会保险支出与社会保险制度

（1）社会保险支出在财政支出项目中是一项经常性支出，属于转移性支出。

（2）保险具有私人物品的特征。

① 可分性：保险面向个人提供。

② 排他性：先尽缴费义务，并在符合一定条件的基础上才能享受该服务。

③ 竞争性：增加一个人的保险会带来额外的成本。

（3）商业保险和社会保险。

① 商业保险是指个人向保险公司支付保险费，在遭受某些损失时能得到相应补偿。

② 社会保险是由国家强制实施，运用保险方式，对劳动者遭遇年老、疾病、失业、工伤等特定社会风险而暂时或永久失去工资收入，提供一定程度的经济补偿，使他们仍能保证基本生活的一种制度。

（4）在市场经济条件下，必须由政府实施社会保险制度的几点理由：

① 在市场经济条件下，社会保险制度可以弥补市场机制的失灵，正如学者所说："社会虽然不能制止老天下雨，但可以生产雨伞。"

② 在市场经济条件下，社会保险制度具有"内在稳定器"的作用。

③ 私人保险由于存在种种局限，不可能完全向人们提供基本的经济保险。

（5）商业保险的局限性。

① 由于私人保险市场存在逆向选择和道德风险问题，因而会出现私人保险市场失灵。

② 商业保险无法解决个人储蓄不足以及"免费搭车"问题。

③ 商业保险市场难以抵御系统性风险。

④ 私人保险市场无法进行有目的的收入再分配。

2. 世界各国的社会保险制度的共同特点

（1）保障项目名目繁多。

（2）社会保险资金有确定的来源。

（3）社会保险支出依法由政府集中安排。

（4）西方国家的社会保险制度是全社会化的，是全社会统一实施的，没有城乡之别，没有地区之别，也没有公务员与一般居民之别。

（5）社会保险资金的运作有现收现付制和基金制两种模式。现收现付制是指当期的缴费收入全部用于支付当期的养老金开支，不留或只留很少的储备基金。从资金角度看，现收现付制的养老保险是一种靠后代养老的保险模式，上一代人并没有留下养老储备基金的积累，其养老金全部需要下一代人的缴费筹资，实际上这种保险靠的是代际的收入转移。基金制又分为完全基金制和部分基金制两种。完全基金制是指当期的缴费收入全部用于为当期缴费的受保人建立养老储备基金，建立养老储备基金的目标应当是满足未来向全部受保人支付养老金的资金需要。部分基金制则是介于现收现付制和完全基金制之间的一种筹资模式，即期的缴费一部分用于应付当期的养老金开支，另一部分用于为受保人建立养老储备基金。按照世界银行的标准，当一只非完全基金制的养老保险的储备基金可以满足两年以上的养老金支出需要时，则属于部分基金制。完全基金制是一种自我养老的保险模式，各代之间不存在收入转移，每一代人都是靠自己工作期间缴纳的保险费所积累起来的养老储备基金来维持老年生活；而部分基金制的养老保险则是自我养老和后代养老相结合的一种养老模式。

3. 国家财政在社会保险制度中的职责及社会保险基金的筹集方式

（1）国家财政在社会保险制度中的职责。

按《中华人民共和国社会保险法》规定的社会保险管理体制，由国务院社会保险行政部门负责全国的社会保险管理工作，国务院其他有关部门在各自的职责范围内负责有关的社会保险工作，县级以上地方人民政府也同此规定。各级财政部门的职责主要是在国家多渠道筹集社会保险资金的体制下对社会保险事业给予必要的经费支持，通过税收优惠政策支持社会保险事业。

（2）社会保险基金的筹集方式。

在目前各国的实践中，社会保险基金的筹集主要有两种方式：一是开征社会保险税，二是实行收（缴）保险费制度。我国目前是实行收（缴）社会保险费制度。

4. 财政补贴与社会保险支出的异同点

相同点：

（1）两者都具有无偿性。

（2）两者都是转移性支出。

（3）两者都能给领取者带来实际收入和经济状况的改善。

不同点：

（1）财政补贴与相对价格相联系，而社会保险支出不与价格发生直接联系。

（2）财政补贴可以影响资源配置结构、供给结构与需求结构，而社会保险支出无此影响。

5. 财政补贴影响经济的机理及财政补贴的经济和社会效应

（1）财政补贴影响经济的机理分析。

① 财政补贴可以改变需求结构，其在各国都被当做一种重要的调节经济的手段。

② 财政补贴可以改变供给结构，这一作用是通过改变企业购进产品的价格（供给价格或销售价格加补贴），从而改变企业的盈利水平而发生的。

③ 将外部效应内在化。如通过对科学研究的补贴来矫正外部效应。

（2）财政补贴的经济和社会效应。

① 有效贯彻国家的经济政策。

② 能够以财政资金带动社会资金，扩充财政资金的经济效应。

③ 加大技术改造力度，推动产业升级。

④ 消除挤出效应。

⑤ 对社会经济发挥稳定效应。

但是，财政补贴的使用范围及规模均有一个限度，超过这个限度，积极作用就可能趋弱，甚至反而出现消极作用。

四、牛刀初试

1. 名词解释

（1）税收支出　　（2）财政补贴　　（3）转移性支付制度

（4）现收现付制　（5）完全基金制　（6）不可诉补贴（“绿箱”补贴）

（7）可诉补贴（“黄箱”补贴）

2. 判断题

（1）社会保险资金的运作分为现收现付制和完全基金制。

（2）在市场经济条件下，社会保险制度具有“内在稳定器”的作用。

（3）税收支出是指国家投入到财政转移性支出上的那部分税收收入。

（4）社会保险支出是一种影响相对价格结构，从而可以改变资源配置结构、供给结构和需求结构的政府无偿支出。

（5）私人保险市场具有的逆向选择、道德风险等问题是社会保障产生的必要性之一。

（6）财政补贴有调整需求结构和供给结构的作用，是政府调节经济运行的政策手段，因此它多多益善。

（7）从性质上看，财政补贴是国家进行收入再分配的一种形式，财政补贴支出属于财政支出。

（8）世界的大多数经济发达国家普遍采用社会保险税来筹集社会保险资金。

3. 单项选择题

（1）避免逆向选择的办法是（　）。

A. 提高保险费　B. 降低保险费

C. 实行社会保险　D. 降低保障的标准

（2）不会引起代际收入再分配的社会保障资金运筹方式是（　）。

A. 现收现付制　B. 部分基金制

C. 完全基金制　D. 以上三种方式都不是

（3）根据我国目前的现实情况，我国社会保险的筹资模式应采用（　）。

A. 现收现付制　B. 完全基金制

C. 部分基金制　D. 财政拨款解决

（4）从世界各国的情况来看，对于医疗、生育、失业等方面的保险，一般采用的筹资模式是（　）。

A. 现收现付制　B. 完全基金制

C. 部分基金制　D. 财政拨款解决

（5）（　）是政府的一种无偿性支出，是财政支出的一种特殊形式。

A. 财政补贴　B. 社会保障　C. 投资性支出　D. 财政平衡

（6）财政补贴制度改革的适度原则要求掌握补贴的（　）。

A. 时间界限　B. 政策界限　C. 地区界限　D. 数量界限

（7）某产业部门或企业用贷款建设某一项目，自己不付利息，由财政代付全部或部分利息，我们称之为（　）。

A. 财政补贴　B. 财政贴息　C. 现金补贴　D. 价格补贴

（8）社会保障制度是政府依据一定的法律规定，通过（　　）在社会范围内组织实施的对公众的基本生活权利予以保障的一种社会政策。

A. 收入再分配　　B. 支出再分配　　C. 支出转移　　D. 补贴

（9）社会救济支出资金来源于（　　）。

A. 税收　　B. 领取人的缴纳　　C. 发行债务　　D. 企业缴纳

（10）完全基金制的社会保障资金缴纳方式（　　）。

A. 收费率较低　　B. 收费率一般　　C. 收费率较高　　D. 收费率特高

（11）世界上大多数国家普遍采用的一种社会保障资金筹款方式是（　　）。

A. 社会保障统筹交费　　B. 开征社会保险税

C. 建立预算基金账户　　D. 发行国债

（12）下列哪一项不属于转移性支出（　　）。

A. 财政补贴　　B. 社会保险支出

C. 社会保障支出　　D. 教育支出

（13）下列选项中不属于社会保障支出的是（　　）。

A. 养老保险支出　　B. 失业保险支出

C. 工伤保险支出　　D. 人身意外险支出

4. 不定项选择题

（1）财政转移性支出直接表现为资金的无偿、单方面转移，下面哪些支出属于转移性支出？（　　）

A. 债务支出　　B. 财政补贴

C. 国家物资储备支出　　D. 国防支出

（2）转移性支出是指（　　）。

A. 社会保障　　B. 补贴　　C. 国债利息　　D. 行政管理

（3）在我国的转移性支出中，过去比重很小，现在开始上升，将来会进一步上升的是（　　）。

A. 社会保障　　B. 资本转移　　C. 财政补贴　　D. 债务利息

（4）避免国际重复征税的方法有（　　）。

A. 免税法　　B. 扣除法　　C. 抵免法

D. 减法　　E. 消除法

（5）社会保障支出体现了（　　）的要求。

A. 社会福利政策　　B. 公平分配

C. 加快经济增长　　D. 实现充分就业

E. 物价稳定

（6）社会保险支出的资金来源有（　　）。

A. 社会保险税　　B. 财政支出中的转移支付

C. 现收现付制　　D. 基金制

(7) 社会保障支出的内容主要包括(　　)。

A. 社会保险支出　　B. 社会救济支出

C. 社会福利支出　　D. 财政补贴支出

(8) 社会保障资金的筹集方式有(　　)。

A. 完全基金制　　B. 企业积累制

C. 现收现付制　　D. 部分基金制

(9) 财政补贴的主要内容有(　　)。

A. 价格补贴和风险基金　　B. 企业计划亏损补贴

C. 财政贴息　　D. 其他财政补贴项目

(10) 下列财政支出中属于转移性支出的是(　　)。

A. 捐赠支出　　B. 财政补贴支出

C. 经济建设支出　　D. 财政贴息助学贷款支出

5. 简答题

(1) 简述财政补贴与社会保障支出的含义及其差别。

(2) 简述财政补贴与社会保险支出的异同点。

(3) 简述我国社会保障资金的筹集方式和管理方式。

(4) 简述市场经济下社会保障制度的经济意义。

(5) 简要分析财政补贴的经济效应。

(6) 简述税收支出。

(7) 简述养老社会保险的两种筹资模式。

(8) 简析财政补贴对经济的调节作用。

6. 论述题

(1) 试述税收支出的概念以及提出这一概念的意义。

(2) 试述财政补贴的作用及改革措施。

(3) 试述我国社会保障制度的主要内容。

五、习题解答

1. 名词解释

(1) 略　(2) 略

(3) 转移性支付制度是指政府在公民之间再分配购买力的支出制度。政府的这种支出表现为资金无偿的、单方面的转移，主要有社会保障支出、财政补贴支出、捐赠支出和债务利息支出。转移性支出所起的作用是，通过支出过程使政府所有的资金转移到领受者手中，它只是资金使用权的转移，对分配产生直接影响，对生产和就业的影响是间接的。

(4) 略　(5) 略　(6) 略　(7) 略

2. 判断题

(1) 错，社会保险资金的运作分为现收现付制和基金制，其中基金制分为完全基金制和部分基金制两种。

(2) 对。

(3) 错，税收支出是以特殊的法律条款规定的、给予特定类型的活动或纳税人以各种税收优惠待遇而形成的收入损失或放弃的收入，可见，税收支出是政府的一种间接性支出，属于财政补贴性支出。

(4) 错，财政补贴是一种影响相对价格结构，从而可以改变资源配置结构、供给结构和需求结构的政府无偿支出。

(5) 对。

(6) 错，财政补贴的使用范围及规模是有限度的，不能滥用。财政补贴规模急剧增大和补贴范围急剧扩展的现象，反映出的本质是经济体制及其运行机制的不完善和不合理。

(7) 对。

(8) 对。

3. 单项选择题

(1) C　(2) C　(3) C　(4) A　(5) A　(6) D

(7) B　(8) A　(9) A　(10) C　(11) B　(12) D

(13) D　社会保障支出包括社会保险支出、社会福利救济支出、军人优抚支出和自然灾害救济支出等。其中，社会保险支出又分为养老保险支出、失业保险支出、医疗保险支出、工伤保险支出和生育保险支出。

4. 不定项选择题

(1) AB　(2) ABC　(3) D　(4) ABC　(5) AB

(6) AB　(7) ABC　(8) ACD　(9) ABCD　(10) ABD

5. 简答题

(1) 答：1) 财政补贴的含义。

财政补贴是指国家为了某种特定需要，通过财政分配，向企业或居民提供的无偿性补助支出。财政补贴具有以下特征：①政策性。财政补贴的对象、补贴的数额、补贴的期限等都必须按照一定时期的政策需要来制定。②灵活性。财政补贴不是一经确定就长期保持不变，国家要根据经济发展的情况和政策需要及时修正和调整财政补贴。③时效性。财政补贴作为一种政策手段，是为国家政策目标服务的，必须依据一定时期国家的政策需要来制定。当国家的某些政策发生变化时，财政补贴也必须作出相应的调整。

2) 社会保障支出的含义。

社会保障支出是指国家为公民提供的社会保险、社会福利、社会救济和社会优抚的各种财政费用。社会保障支出是与社会保障制度联系在一起的。社会保障制度是指由法律规定的，按某种确定的规则经常实施的社会保障措施或政策体系。

3）两者的差别。

财政补贴和社会保障支出虽然都属于政府的转移性支出，但是两者存在以下几点差别：

第一，性质不同。财政补贴是一种政策措施，属于财政政策。而社会保障支出是一种制度安排。

第二，受益者不同。财政补贴的受益者是某些特定的产业、部门、地区、企事业单位或事项。社会保障支出的受益者是社会成员中因意外遭遇而暂时或永久丧失劳动能力者、失业者、老弱病残者等生活无依靠者。

第三，灵活性不同。财政补贴不是一经确定就长期保持不变，国家要根据经济发展的情况和政策需要及时修正和调整财政补贴。而社会保障支出是一种制度，具有一定的稳定性，很难根据政策需要作出及时调整。

第四，与相对价格体系的联系不同。财政补贴总与相对价格的变动联系在一起：财政补贴引起价格变动，或者价格变动导致财政补贴。因为有这种联系，很多人索性就把财政补贴称为价格补贴或财政价格补贴。社会保障支出则与产品和劳务的价格不发生直接联系，固然人们获得保障收入后若用于购买，可能使所购买商品的价格发生变化，但这种影响既不确定，又是间接的。因为与相对价格结构有直接关联，财政补贴便具有改变资源配置结构、供给结构与需求结构的影响，而社会保障支出则很少有这种影响。

（2）答：参照“难点精析”第 4 点“财政补贴与社会保险支出的异同点”。

（3）答：目前世界各国社会保障资金的筹集方式大体上可分为三种：第一种，完全基金制（积累制）；第二种，现收现付制；第三种，部分基金制。在社会保障资金的管理方式上，由于国情不一样，大体存在着三种类型的管理模式：一是高度统一管理模式；二是分散管理模式；三是统分结合的管理模式。

（4）答：市场经济是一种效率型经济，可以使社会经济资源得到有效的配置，这也是市场为人们所称道的原因。然而，市场经济也存在种种缺陷，其中之一就是市场的分配机制必然拉大社会成员之间的收入差距，出现分配不公，甚至使一部分人最终在经济上陷入贫困。市场分配承认个人对财产的占有和劳动者个人天赋与能力的差别，从经济的角度看，这种分配机制可以刺激人们不断开拓创新，勇于进取，对于提高经济效率是有益的；但从社会的角度看，这种分配机制会使财产占有和劳动能力的弱者以及丧失就业机会和丧失劳动能力的老弱病残者在激烈的竞争中遭到无情的裁决。因此，市场分配机制所形成的收入差距保持在一定限度内是合理的，也有利于提高经济效率，而一旦超过合理的限度，就是社会所不能接受的，反过来也不利于经济效率的提高。在现代经济社会下，人们已达成一种共识，即人的生老病死以及人的最低生活需要不应当由市场来裁决，或者说，市场的裁决不应该是最终的，政府应该有所作为。在市场经济中，政府虽然不能通过行政手段在初次分配领域干预收入分配，但可以采取收入再分配措施来缩小人们的收入差距，矫正市场分配的不公。正像有的学者所说的："社会虽然不能制止老天下雨，但可以生产雨伞。"这里的"下雨"是指人们的收入差距拉大，而"雨伞"则是指政府的社会保障制度。

市场经济下的社会保障制度还具有"内在稳定器"的作用。由于社会保障的各个方面都是制度化的，社会保障的收支（特别是支出）便与财政收支以及国民经济的运行构成某种函数关系。基于这种联系，社会保障支出随经济周期而发生的反向变化可能会弱化经济周期的波幅。经济学家津津乐道社会保障支出的"内在稳定器"作用，即在繁荣的年代，失业准备基金不但增长，而且能够抑制过多的支出；相反，在就业较差的年份，失业准备基金使人们获得收入，以便维持消费数量和减轻经济活动的下降程度。从政府的收入再分配手段来看，税收固然是一个重要的工具，如通过开征累进的所得税和财产税，可以把高收入者的一部分收入征收上来，限制收入差距的扩大，但只有税收手段还是不够的，因为税收只能使高收入者"穷"一些，而不能使低收入者"富"一些，更不能从根本上解决低收入者的生活保障问题。因此，政府要实施收入再分配还必须使用财政支出手段，即通过财政支出向低收入或无收入者转移收入，这样才能使低收入阶层有一个基本的生活保障。政府之所以实施社会保障，另一个经济上的合理性是，私人保险市场由于存在种种局限，不能完全胜任向人们提供经济保障的职责。私人保险市场的局限性主要表现在以下几个方面：①由于私人保险市场存在逆向选择和道德风险问题，因而会出现私人保险市场失灵；②私人保险市场无法解决个人储蓄不足以及"免费搭车"问题；③私人保险市场难以抵御系统性风险；④私人保险市场无法进行有目的的收入再分配。

（5）答：财政补贴的经济效应：

① 财政补贴的首要意义在于有效地贯彻国家的经济政策。财政补贴的对象可以是国有企业，可以是集体企业甚至是私人企业，也可以是城乡居民，但不论补贴对象是谁，最终目的都是顺利实施国家的方针政策。比如，对公共交通以及供水、供电和供气等国有企业或事业单位给予适当补贴，是为了平抑物价，减轻居民负担，提高服务质量；以前粮食短缺，给予粮食部门或居民补贴，是为了促进粮食生产，如今粮食有余，按保护价格收购，同样是为了保证粮食供给，同时维护农民利益。

② 财政补贴能够以财政资金带动社会资金，扩充财政资金的经济效应。财政资金毕竟是有限的，一些事业必须由财政出资来办，但一些事业既可以由财政出资来办，也可以由民间出资来办，而凡是民间资金不太热衷的事业，财政就给予补贴，财政只需花费少量的资金就可以将民间资金调动起来，发挥所谓"四两拨千斤"的作用。特别是在经济低迷时期，这种作用就更为显著。

③ 加大技术改造力度，推动产业升级。在产业结构优化过程中，财政补贴扮演着十分重要的角色。以我国1998年实施的积极财政政策为例，当时共对880个民品技术改造项目进行财政贴息，带动了更多的银行配套贷款，调动了企业进行技术改造的信心和积极性，实施了一大批技术改造、高科技产业化和装备的国产化项目，启动了一批对产业结构调整有重大影响的项目，安排了一批可大量替代进口、扩大出口的项目，有力地推动了大

中型国有企业技术改造和产业结构的升级。

④ 消除挤出效应。比如，我国实施积极财政政策，采取增加公共工程支出的措施，在货币供应量不变的条件下，公共工程支出的增加会直接增加对货币的需求量，从而提升市场利率水平，利率的提高会加大私人部门的融资成本，从而导致私人投资的萎缩，这就是所谓的挤出效应。如果对私人部门给予补贴，就可以降低私人部门的融资成本，消除这种挤出效应，增强民间投资的意愿，加快民间投资的恢复和增长。

⑤ 对社会经济发挥稳定效应。在我国的财政补贴中，稳定社会经济往往是首要的目的。如对企业的亏损补贴，在很大程度上是在产业调整过程中稳定被调整的产业的收入并诱导其进行更积极的调整；对居民支付的各类价格补贴，是用于弥补居民因调价而产生的收入损失，基本的功能也是保持社会与经济的稳定。值得一提的是，在 2003 年的 SARS（非典型肺炎）危机中，为了稳定市场，中央和地方政府对交通业、餐饮业、旅店业等受到严重冲击的行业实施了相应的补贴和优惠政策。从效果来看，这些措施对保持中国经济的持续发展有非常重要的意义。

（6）答：税收支出是以特殊的法律条款规定的、给予特定类型的活动或纳税人以各种税收优惠待遇而形成的收入损失或放弃的收入，可见，税收支出是政府的一种间接性支出，属于财政补贴性支出。从税收支出所发挥的作用的角度看，税收支出可分为照顾性税收支出和刺激性税收支出。

照顾性税收支出主要是针对纳税人由于客观原因在生产经营上发生临时困难而无力纳税所采取的照顾性措施。刺激性税收支出主要是指用来改善资源配置、提高经济效率的特殊减免规定，可分为针对特定纳税人和特定课税对象的税收支出。主要目的在于正确引导产业结构、产品结构、进出口结构以及市场供求，促进纳税人开发新产品、新技术以及积极安排劳动就业等。税收支出的一般形式大致有税收豁免、纳税扣除、税收抵免、优惠税率、延期纳税、盈亏相抵等。

（7）答：世界各国的养老保险的筹资模式可分为现收现付制和基金制两大类。

1）现收现付制。

现收现付制是指当期的缴费收入全部用于支付当期的养老金开支，不留或只留很少的储备基金。

从资金角度来看，现收现付制的养老保险是一种靠后代养老的保险模式，上一代人并没有留下养老储备基金的积累，其养老金全部需要下一代人的缴费筹资，实际上这种保险靠的是代际的收入转移。

2）基金制。

基金制又分为完全基金制和部分基金制两种。

① 完全基金制是指当期的缴费收入全部用于为当期缴费的受保人建立养老储备基金，建立养老储备基金的目标应当是满足未来向全部受保人支付养老金的资金需要。

② 部分基金制则是介于现收现付制和完全基金制之间的一种筹资模式，即当期的缴

费一部分用于应付当期的养老金开支，另一部分用于为受保人建立养老储备基金。按照世界银行的标准，当一只非完全基金制的养老保险的储备基金可以满足 2 年以上的养老金支出需要时，则属于部分基金制。

完全基金制是一种自我养老的保险模式，各代之间不存在收入转移，每一代人都是靠自己工作期间缴纳的保险费所积累起来的养老储备基金来维持老年生活；而部分基金制的养老保险则是自我养老和后代养老相结合的一种养老模式。

（8）答：财政补贴是指一种影响相对价格结构，从而可以改变资源配置结构、供给结构和需求结构的政府无偿支出。因此财政补贴在各国都被当做一种重要的调节经济的手段。

财政补贴对经济的调节作用表现在：

1）财政补贴可以改变需求结构。

人们的需求客观上有一个结构，决定这个结构的主要因素有两个：①人们所需要的商品和服务的种类；②各种商品和服务的价格。一般来说，商品和服务的价格越低，需求就越大；商品和服务的价格越高，需求就越小。既然价格的高低可以影响需求结构，那么能够影响价格水平的财政补贴便具有影响需求结构的作用。

2）财政补贴可以改变供给结构。

财政补贴可以改变供给结构的作用是通过改变企业购进产品的价格（供给价格或销售价格加补贴），从而改变企业的盈利水平而发生的。

3）财政补贴可将外部效应内在化。

对科学研究的补贴就是矫正外部效应的一个典型例证。一般来说，应用科学研究和高新技术开发由私人部门去承担更有效率，然而任何一项有突破性的应用科学研究和高新技术开发成果都会对许多领域产生影响，比如，电子研究与开发的投入很多，成功率却很低，而且从事研究与开发的机构和个人不可能获得全部的收益，而财政给予补贴，可以降低研究与开发成本，缓解风险，实际上是将外部效应内在化，从而推进研究与开发的开展。

6. 论述题

（1）答：进行经济体制改革以来，随着税收制度的建立和完善，我国对税收优惠措施的运用越来越广泛，国家以税收优惠形式提供的财政补助的数额与日俱增。但是，随着税收优惠措施的广泛运用，税收优惠失控问题愈发突出：一方面，国家损失了大量的税收收入，而企业对这笔资金的使用却漫不经心，效益较差；另一方面，给企业的寻租行为提供了可乘之机，企业依赖思想日趋严重。这种情况不仅在中国存在，也是世界各国的普遍现象。为了既充分发挥税收优惠的调节作用，又防止税收优惠的无效投入，“税收支出”概念于 20 世纪 70 年代在美国应运而生，并迅速在西方国家成长起来。1973 年，美国财政部部长助理、哈佛大学教授萨里在其所著的《税收改革的途径》一书中正式使用了“税收支出”一词。在萨里等学者看来，美国的所得税制实际上是由不相同的甚至是矛盾的两部分构成的：一部分称为正规的（或基本的、广为接受的）税制结构，包括完善和严密对净所得进行课税的各项法规，它们明确了税基、税率、纳税人、纳税期限以及对各类经济实体的税收待遇等，以便有效地取得收入；另一部分则是一些特殊的条款，它们是政府为了引导、扶持某些经济活动以及刺激投资意愿或补助某些财务困难的集团而制定的各种税收优待措施，其目的不在于取得收入，而是政府为了实现上述目标要放弃一些税收。这些与正规税制结构相背离的特殊减免条款项目就构成了“税收支出体系”。

此后，西方各国在官方文件中相继引进了这一概念，并利用国家预算对税收支出加以控制，使之不断完善。当然，在不同的国家和同一国家的不同时期，税收支出概念的表达方式不尽相同。有的国家（如美国和德国）从税收收入的损失这一角度出发，把税收支出定义为：联邦税法条款所允许的从毛收入中不予计列、豁免、扣除、特别抵免、适用优惠税率、纳税义务延期等而形成的收入损失；有的国家则强调以是否减轻了纳税人的税负来定义税收支出，如法国将税收支出定义为：税收制度的任何立法或行政措施所规定的优惠项目，只要减少了国家的税收收入，并减轻了纳税人的税收负担（与法国税法一般原则所规定的税负相比），就可以视为税收支出；而有的国家则从与直接支出相比较的角度来下定义，如澳大利亚把税收支出定义为：原则上可以由直接支出代替的那些特殊的税收立法。所有这些定义的共同点是：税收支出是对“正规”的、“标准”的、“基础”的或“一般可接受”的税制结构的背离。综观世界各国对税收支出的界定，可以看出，税收支出是以特殊的法律条款规定的，给予特定类型的活动或纳税人以各种税收优惠待遇而形成的收入损失或放弃的收入。可见，税收支出是政府的一种间接性支出，属于财政补贴性支出。

（2）答：1）财政补贴的积极作用。

① 有效地贯彻国家的经济政策，不论补贴对象是谁，最终都是为了顺利实施国家的方针政策，如对公共交通以及供水、供电和供气等国有企业或事业单位给予适当补贴，是为了平抑物价，减轻居民负担，提高服务质量等。

② 能够以财政资金带动社会资金，扩充财政资金的经济效应。一些事业可以由财政出资来办，也可以由民间出资来办，而凡是民间资金不太热衷的事业，财政给予补贴，财政只需花费少量的资金就可以将民间资金调动起来，特别是在经济低迷时期，作用更为显著。

③ 加大技术改造力度，推动产业升级。在产业结构优化过程中，财政补贴扮演着十分重要的角色。我国1998年实施的积极财政政策带动了更多的银行配套贷款，调动了企业进行技术改造的信心和积极性，有力地推动了大中型国有企业的技术改造和产业结构的升级。

④ 消除挤出效应。如我国实施积极财政政策，采取增加公共工程支出的措施，在货币供给量不变的条件下，公共工程支出的增加会直接增加对货币的需求量，可能带来市场利率的上升，进而加大私人部门的融资成本，导致私人投资的萎缩。如果对私人部门给予补贴，就可以降低私人部门的融资成本，消除挤出效应，加快民间投资的恢复和增长。

⑤ 对社会经济发挥稳定效应。如对于企业的亏损补贴，在很大程度上是在产业调整过程中稳定被调整的产业的收入并诱导企业进行更积极的调整；对居民支付的各类价格补贴，是用于弥补居民因调价而产生的收入损失，基本的功能也是保持社会与经济的稳定。

2）财政补贴的消极作用。

① 财政补贴项目偏多，规模偏大，会加重财政负担，甚至是导致长期存在财政赤字的重要原因之一，虽然从局部来看它起到了经济调节作用，但会从总体上削弱国家财政的宏观调控能力。

② 长期的财政补贴不可避免地会使受补单位产生依赖思想，影响经济效率和资源配置效率，人为地加剧企业的不公平竞争，“政策性亏损”掩盖了部分企业由于经营不善而引起的经营性亏损。

③ 长期过多过广的补贴人为地扩大了经济体系中的政府行为，相应地缩小了市场活动覆盖的范围。而且财政补贴成为受补单位的既得利益，易上难下，它将演变为经济改革顺利进行的阻碍因素。

④ 某些补贴的不当扭曲了价格体系，扭曲了合理的消费结构，加大了宏观调控的难度。

3）我国财政补贴制度的改革。

① 取消不符合 WTO 规则的补贴措施。a. 取消针对出口的各种财政补贴。b. 取消我国曾存在的采用税收手段支持本国产品替代进口的补贴。c. 取消对农产品出口的补贴，包括价格补贴、实物补贴，以及对出口产品加工、仓储、运输的补贴。

② 合理利用可诉补贴。所谓可诉补贴又称“黄箱”补贴，是 WTO 规则允许在一定范围内实施的补贴，各国都可以合理运用可诉补贴支持本国工商业的发展。

③ 用足用好不可诉补贴措施。a. 增加对落后地区的补贴。b. 运用财政补贴，加强环境保护。c. 运用财政补贴政策，促进中小企业的加速发展。

（3）答：1）社会保险。它是社会保障制度的核心。我国社会保险包括养老保险（含企业职工养老保险、机关事业单位养老保险、农村养老保险）、失业保险、医疗保险（含企业劳保医疗、机关事业单位公费医疗、农村合作医疗）、工伤保险和生育保险等。

2）社会福利。它主要包括特殊群体福利，如残疾人福利、妇女儿童福利等；企业单位提供的职工福利，如职工食堂、托儿所等；政府和社会共同开办的社会福利事业，如医院、儿童福利院、老人福利院等；社区服务。

3）社会救助。它包括自然灾害救助和贫困救济。自然灾害救助是国家对因自然灾害遭受损失或发生其他不幸事故而暂时生活困难的公民提供的资金和物质帮助。贫困救济是国家和社会对无劳动能力、无生活来源、无赡养人的孤寡人员以及收入在贫困线以下的公民提供的资金和物质帮助，主要包括两部分：一是城镇贫困救济，即对城镇贫困户的救济；二是农村贫困救济，即对农村“五保户”实行保吃、保住、保穿、保用、保葬的“五保”制度。

4) 社会优抚和安置。它主要包括牺牲病故抚恤、定期定量生活补助、残废抚恤、残废人员免费医疗、烈军属疾病医疗减免待遇和军队离退休人员移交安置费用等。

5) 社会互助。它是指国家鼓励和支持社会各单位自愿组织和开展的互助互济活动，个人出资建立互助基金、慈善基金等。

六、延伸阅读

社会保险基金收不抵支、财政负担加重及其影响因素

当前，我国社会保险基金的大部分领域均出现了支出增长率高于收入增长率的情况，基金累计结余的增长乏力趋势显现。导致这些现象的因素众多，本文主要从以下两个角度进行分析。

1. 基金筹集模式的缺陷

当前，我国实行的是统账结合的养老保险基金制度，即社会统筹与个人账户相结合。但这一模式在实际运行中存在诸多问题，涉及历史遗留因素。1997 年养老保险由“现收现付制”向“统账结合制”转轨，由于新旧养老保险体制的转变，“老人”(指 1997 年养老保险转轨政策实施前离退休) 的个人账户中缺少资金结余，“中人”(指 1997 年转轨政策实施前参加工作，实施后退休) 的个人账户中资金结余也严重不足，“老人”的养老期待遇与“中人”的过渡期待遇共同成为养老保险制度转轨的成本。巨额的转轨成本对养老保险基金运行的负面影响是基金收不抵支，社会统筹严重不足，个人账户“空账”运行。在这些历史债务压力下，我国养老保险基金社会统筹和个人账户相结合的模式因为严重的“空账”问题而在大部分地区名存实亡，同时还加大了未来养老保险基金的支付难度。我国医疗保险模式以现收现付为主，医疗保险基金管理的基本原则是以支定筹、以收定付、当年收支平衡。基金成立初期，现收现付模式在当时人口结构年轻化和经济发展条件下取得了较好的效果，既兼顾了社会公平，又照顾了缴费群体的利益。然而，随着我国经济社会的发展及人口老龄化趋势的加重，现收现付制逐步暴露出缺点，以此种方式筹集基金，不易形成基金的积累机制，难以应对医疗费用负担代际转移所带来的挑战；筹资负担对于低收入人群或贫困人群而言更加沉重，影响个人账户医疗服务的公平性。这一基金筹集模式使政府财政负担越来越重，社会保险基金支出的增长率高于收入的增长率，其可持续发展问题凸显。

2. 人口老龄化的压力

人口老龄化对我国未来经济发展水平的提高和社会民生的平稳运转都构成了无形的压力。西方发达国家大多是在迈入工业化社会后才逐渐显现出人口老龄化的趋势，且人口老龄化的步伐十分缓慢，而我国在工业化中期伊始就迈入了高速人口老龄化时期，不仅使经济建设需求面临严重的劳动力短缺，还进一步导致资源配置陷入困境。随着我国人口老龄化程度不断加深，当期的养老保险基金收入无法支付巨额退休金，从而造成了我国基本养

老保险基金缺口越来越大；而老龄化人口数量的增多也会对医疗形成巨大需求，导致医疗保险基金支出的大幅增加，最终影响我国社会保障制度的顺利运行。

【知识链接】社会保险支出

【资料来源】彭昱．我国社会保险基金的支出压力与可持续发展研究．大连：东北财经大学学报．2018(06)：60－68.

第九章

财政收入规模与构成分析

一、本章回顾

对财政收入的分析是财政理论和实践研究的重要组成部分。本章首先对财政收入的规模与结构进行了探讨，在财政收入规模分析中着重介绍了影响财政收入规模的因素。其次，就我国财政收入的增长变化趋势进行了实证分析，对我国当前的财政收入规模水平进行了分析，并介绍了当前更大规模减税降费的调节政策。最后，介绍了我国公共财政收入的构成以及公共财政收入中政府收费的性质和特殊作用。

本章要点：

(1) 对财政收入概念的理解。

(2) 影响财政收入规模水平的因素。

(3) 我国财政收入增长变化趋势的实证分析。

(4) 我国财政收入规模水平的分析和评估。

(5) 实施更大规模减税降费及其配套措施。

(6) 财政收入构成与非税收入分析。

二、术语小读

1. 财政收入

财政收入是指政府为履行其职能、实施公共政策和提供公共物品而筹集的一切资金的总和。

财政收入按不同的口径可分为广义财政收入和狭义财政收入。狭义财政收入是指公共财政收入，仅指政府每年的“定期收入”，只包括税收收入和除国债外的非税收收入。广义财政收入是指税收收入加上其他三种预算收入（即公共预算收入中的非税收入、债务收入和转移性收入）的财政收入，包括政府的一切进项或收入。

2. 预算内收入

预算内收入仅涵盖税收收入和非税收入中的一般预算收费，它的明显特征是纳入国家预算统计、按国家预算立法程序管理、由政府统筹安排使用。

3. “档次爬升”效应

实行累进税率的个人所得税，纳税人适用的税率会随着名义收入的增长而提高，即出现所谓“档次爬升”效应，并会随着名义收入的减少而降低，从而财政在价格再分配中的所得份额将有所增减。

4. 使用费

使用费实际上是政府模拟私人物品的定价方式收取的公共物品的价格，以便回收提供特殊商品和服务的全部或部分成本。

三、难点精析

1. 理解财政收入概念

（1）财政收入的实质是政府占有的一部分社会产品，这种占有可以采用价值形态，也可以采用实物形态。

（2）财政收入的主体是政府。

（3）财政收入的目的是满足政府实现其职能的要求。

（4）财政收入的依据主要是国家权力。

（5）财政收入可以理解为一个过程。作为一个过程，它和财政支出在时间上继起、在空间上并存。

（6）财政收入是调节经济的重要杠杆（资源配置、收入分配、稳定经济）。

2. 财政收入的基本原则

（1）发展经济，扩大财政收入来源。

（2）兼顾国家、企业和个人三者的利益关系。

（3）规范政府间收入分配关系。

3. 财政收入分类

（1）按收入形式分类。

① 税收收入。税收是政府为实现其职能的需要，凭借其政治权力，并按照特定的标准，强制、无偿取得财政收入的一种特定分配形式。它是现代国家财政收入中最重要的收

入形式和最主要的收入来源。税收收入包括消费税、企业所得税、个人所得税、资源税、城市维护建设税、房产税、印花税、城镇土地使用税、土地增值税、车船税、船舶吨税、车辆购置税、关税、烟叶税、其他税收收入。

② 非税收入。非税收入是指除税收以外，由各级政府、国家机关、事业单位、代行政府职能的社会团体及其他组织依法利用政府权力、政府信誉、国家资源、国有资产或提供特定公共服务、准公共服务而取得的财政性资金，是政府财政收入的重要组成部分。非税收入包括专项收入、行政事业性收费收入、罚没收入、国有资本经营收入、国有资源（资产）有偿使用收入、其他收入等。

③ 债务收入。债务收入是指中央政府以国家信用的方式取得的一种收入。债务收入具有有偿性、自愿性、灵活性和广泛性等特点，在弥补财政赤字、调节经济运行等方面发挥着十分重要的作用。债务收入包括国内债务收入、国外债务收入。

④ 转移性收入。转移性收入是指在各级政府财政之间进行资金调拨以及在本级政府财政不同类型资金之间调剂等所形成的收入。转移性收入包括返还性收入、一般转移支付收入、上年结余收入、调入资金、债务转贷收入、接受其他地区援助收入。

（2）按财政收入的管理方式分类。

① 预算内收入。预算内收入是指国家以行政管理者和资产所有者身份参与国民收入分配所取得的收入，这部分收入包括各种税收，一小部分行政事业性经常性收入，以及国有资产出租、出让所得的资本性收入。

② 预算外收入。预算外收入是指不通过国家预算管理的财政收入。

4. 影响财政收入规模的因素

（1）经济发展水平。一个国家的经济发展水平是影响其财政收入规模的决定性因素。只有提高经济水平，才能使财政收入的总额增大，而在经济发展缓慢甚至停滞的情况下，财政收入规模的扩大将很难实现。从世界各国的实际情况看，发达国家财政收入的绝对规模和相对规模均高于发展中国家，这也在一定程度上证明了这一影响因素的决定性作用。

（2）科学技术水平。科学技术水平也是影响财政收入规模的重要因素，甚至是关键因素。但科学技术水平是内含于经济发展水平之中的，因为一定的经济发展水平总是与一定的科学技术水平相对应，较高的经济发展水平往往以较高的科学技术水平为支柱。

（3）分配体制和分配政策。分配体制和分配政策对财政收入规模的影响也是非常显著的。由经济学基本理论可知，国民收入的分配对象主要是政府、企业和个人，这些群体各自分配到的数额是由分配体制和分配政策决定的。如果政府集中得较多，财政收入规模自然就会较大；如果分配体制和分配政策向企业和个人倾斜，则政府财政收入的规模就会相对较小。

（4）价格水平。在讨论财政收入规模的时候，价格水平也就是通货膨胀率也是不得不考虑的影响因素，但它并不导致财政收入实质性的增减。在经济高涨、存在通货膨胀的情况下，财政收入规模受价格水平的影响，会比实际规模有所增大；在经济萧条、通货膨胀率为负值也就是存在通货紧缩的情况下，财政收入规模同样受价格水平的影响，会比实际规模有所缩小。当然，价格水平主要是影响财政收入的绝对规模，而对相对规模则没有什么影响。

（5）税收制度。财政收入主要来自税收，税收制度自然是影响财政收入的主要因素。首先，在既定的税制下，影响财政收入的主要因素是税率，实行高税率的税制必然征得更多的税收收入，所以实行减税政策主要是降低税率；税率类型也影响财政收入，比如，实行累进税率的个人所得税，纳税人适用税率会随着名义收入的增长而提高，即出现所谓“档次爬升”效应。其次，税制结构（即税种结构）的变化影响财政收入。比如，在我国的“营改增”改革中，取消营业税会消除重复征税的弊端，即使税率不变，这也是一种减税措施；但同时要加快财产税的建设，这又是一种增税措施。最后，税收征管制度和征管效率也是影响税收收入的一个不可忽视的因素。税收具有依法征收的强制性，但任何国家都不可能做到按税法规定100％地征得税收收入，这就必然存在法定税率与实际税率的差距问题。比如，实行减税政策必然导致税收收入的下降，而通过加强征管力度，提高实际征收率，则可以弥补税收收入的急剧下降。

5. 更大规模减税降费

（1）功能：大规模减税降费的功能是，充分体现税收的“中性”，激发经济主体的活力，充分发挥市场在资源配置中的决定性作用，特别是作为推进供给侧结构性改革的有力措施。对企业的着力点是减轻税收负担，降低成本，加大科技投入，激励企业发展生产经营，提质增效；对居民则是提高个人收入，增进消费，促进服务业发展，扩大社会总需求。

（2）配套措施：①适度增加财政赤字和政府债务，加强债务管理。②发挥一般公共财政收入调节机制的作用。③加强和完善税务征管，确保减税降费落地生根。

6. 公共财政收入中政府收费的性质和特殊作用

（1）收费的性质：从理论上说，政府收费主要是使用费，此外，还有少量的其他收入，如罚没收入和捐赠收入等。使用费是政府模拟私人物品的定价方式收取的公共物品的价格，以便回收提供特殊商品和服务的全部或部分成本。

（2）收费的特殊作用：①收取使用费在弥补市场失灵方面具有特殊作用，如可以矫正私人物品的外部效应。②收取使用费有利于提高公共物品的配置效率。使用费遵循的是受益原则，谁受益，谁支付，合情合理，同时吸收了价格机制的优点，至少要支付相当于成本水平的使用费，显示了提供特殊商品和服务的价格信息，有利于避免公共物品的过度需求，提高公共物品的配置效率。

7. 收费与税收的差别

主要表现在四个方面：

① 税收与政府提供的商品和服务没有直接联系，税收收入一般不规定特定用途，由政府统筹安排使用，而收费与政府提供的特定商品和服务有直接联系，专项收入专项

使用。

② 税收是政府一般的筹资手段，而收费往往是部门和地方具有特定用途的筹资手段。

③ 税收收入是政府的主要收入，必须纳入预算内统筹使用，而收费则可以有所不同，全国性收费通常纳入一般公共预算，而部门性收费或地方性收费可以作为预算外收入，按预算程序管理，形成政府性基金收入或由部门和地方自收自支。

④ 一般而言，税收的法治性和规范性强，有利于立法监督和行政管理，而收费的法治性和规范性相对较差，容易诱发滥收费现象，因而法治性不强的发展中国家应避免收费项目过多，并力求加强管理。

四、牛刀初试

1. 名词解释

（1）狭义财政收入　（2）广义财政收入　（3）预算内收入

（4）“档次爬升”效应　（5）使用费

2. 判断题

（1）预算外财政收入是全口径财政收入中无可置疑的部分。

（2）政府性基金收入的管理方式是在一般预算之外编制政府性基金收支预算，构成政府预算体系的重要组成部分。

（3）税收与政府提供的商品和服务有关，一般不规定特定用途，由政府统筹安排使用。

（4）政府性基金收入主要专项用于支持特定基础设施建设和社会事业发展。

（5）在财政收入方面，减税降费的配套措施包括适度增加财政赤字和政府债务，发挥一般公共财政收入调节机制的作用以及加强和完善税务征管。

3. 单项选择题

（1）目前我国财政统计中的“财政收入”属于（　　）。

A. 预算内收入　B. 预算外收入

C. 体制外收入　D. 预算内收入和预算外收入

（2）目前世界各国取得财政收入的主要形式基本上是（　　）。

A. 企业收入　B. 政府收入　C. 收费　D. 税收

（3）政府部门对其所提供的公共设施的使用者按一定的标准收取的费用称为（　　）。

A. 税收　B. 规费　C. 使用费　D. 罚没收入

（4）计划经济体制下财政收入最主要的来源是（　　）。

A. 税收　B. 债务　C. 企业利润　D. 收费

（5）当价格总水平上升时，（　　）最有利于提高财政在价格再分配中所占的份额。

A. 人头税　B. 定额资源税

C. 比例流转税　　D. 累进所得税

(6) 制度外罚没属于（　　）。

A. 预算内非税收入　　B. 预算外非税收入

C. 制度外非税收入　　D. 预算收入

(7) 政府推行赤字财政政策，实行国民收入超分配，导致物价上涨甚至通货膨胀，政府会取得价格再分配所得，即通常所说的（　　）。

A. 通货膨胀　　B. 通货膨胀收入

C. 通货膨胀税　　D. 国民收入再分配

(8) 价格变动使财政收入只有名义增长，而不会有实际增长，实行的税率是（　　）。

A. 全额累进税率　　B. 超额累进税率

C. 比例税率　　D. 定额税率

(9) 财政分配的对象都是社会产品中的剩余产品或与其对应的（　　）。

A. 产值　　B. 利润　　C. 价值　　D. 收益

(10) 政府以国家信用为依托取得的财政收入是（　　）。

A. 存款　　B. 公债　　C. 税收　　D. 罚款

(11) 政府性基金收入的主体是（　　）。

A. 土地出让收入　　B. 民航发展基金收入

C. 铁路建设基金收入　　D. 国家电影事业发展专项资金收入

(12) 我国的政府收入包括（　　）。

A. 债务收入　　B. 预算内收入　　C. 预算外收入　　D. 以上均是

4. 不定项选择题

(1) 影响财政收入规模的主要因素包括（　　）。

A. 经济发展水平　　B. 科学技术水平

C. 分配体制与分配政策　　D. 价格水平

E. 税收制度

(2) 财政收入的数量界限即财政收入占国民收入的比重，该界限的确定具有（　　）。

A. 主观性　　B. 重要性　　C. 客观性　　D. 现实性

(3) 税收收入的自动变化是指（　　）的税收收入。

A. 比例征税　　B. 累进征税　　C. 固定总额税　　D. 免税

(4) 按财政收入的管理方式可将财政收入分为（　　）。

A. 税收收入　　B. 非税收入　　C. 预算内收入　　D. 预算外收入

(5) 政府性基金收支预算的管理原则是（　　）。

A. 以收定支　　B. 以支定收　　C. 专款专用　　D. 结余结转使用

(6) 我国本次减税降费的最大特点是（　　）。

A. 层次性　　B. 规模大　　C. 覆盖面广　　D. 实施的持续性

（7）在我国主要以非税收入形式存在的政府收入有（　　）。

A. 预算外收入　　B. 预算内收入　　C. 制度外收入　　D. 经济建设收入

5. 简答题

（1）思考收费不同于税收的性质及其特殊作用。

（2）为什么说经济发展水平和技术进步对财政收入规模起决定作用？

（3）简述财政收入的划分。

6. 论述题

（1）论述财政收入的经济来源。

（2）试述制约财政收入规模的因素。

（3）试述我国政府非税收入存在的问题及改革措施。

（4）试述实施大规模减税降费的作用。

（5）试述实施大规模减税降费，中国的财政是否可持续？

7. 案例分析题

新常态下非税收入出现的管理问题

政府对非税收入的重视程度不够，监督力度不够。研究指出如果不能提高非税收入的管理效果，那么容易出现财政资金浪费的问题，所以需要开展科学的非税收入管理工作。但是当前在进行非税收入管理的过程中出现了政府重视程度不够、监督力度不够的问题，影响最终的管理效果。主要表现为一些地区认为税收是财政收入的总数，因为非税收入占据不了太大的比重。随着企业经济的急速发展，国内各地区的房价出现明显的增长，导致土地资源带来的非税收入成为财政收入的重要来源。如果不能提高非税收入的管理质量，那么就会影响财政收入的整体效果。

管理思想出现固化问题，会阻碍经济建设。一些单位在进行税收管理的过程中出现了思想固化的问题，这样就会阻碍经济建设的效果，需要对其进行分析。在进行非税收入管理的过程中，一些单位仍然运用传统的管理思维以及模式，不能保障因地制宜地落实效果，不会变通。同时，一些单位在进行非税收入管理中将资金运用到人员费用中。这样就会增加财政支配问题———未能对财政资金进行合理的支配，从而会对经济建设造成严重的阻碍。

出现了乱收费问题，同时收入烦琐导致了资金流失问题。最近几年政府十分重视乱收费问题的整顿工作，目前取得了一定的进展，但是未能杜绝这一问题。这主要是因为政府部门未能重视非税收入的科学管理，在非税收入管理中出现了管控不严格的现象，这样就会导致诸多政府部门仍然出现乱收费的问题。同时，非税收入的来源多种多样，在收款单位上出现了各种不同的问题。正是因为没有进行统一的征收以及管理，导致非税收入不能得到规范性的管理，从而容易出现资金流失问题。

根据此材料，简述非税收入管理问题的解决措施。

五、习题解答

1. 名词解释

(1) 略 (2) 略 (3) 略 (4) 略 (5) 略

2. 判断题

(1) 错，预算内财政收入是全口径财政收入中无可置疑的部分。

(2) 对。

(3) 错，税收与政府提供的商品和服务没有直接联系。

(4) 对。

(5) 对。

3. 单项选择题

(1) A (2) D (3) C (4) C (5) D (6) C

(7) C (8) C (9) C (10) B (11) A (12) D

4. 不定项选择题

(1) ABCDE (2) C (3) B (4) CD (5) ACD (6) BCD (7) AC

5. 简答题

(1) 答：收费不同于税收的性质，主要表现在四个方面：

① 税收与政府提供的商品和服务没有直接联系，税收收入一般不规定特定用途，由政府统筹安排使用，而收费与政府提供的特定商品和服务有直接联系，专项收入专项使用。

② 税收是政府一般的筹资手段，而收费往往是部门和地方具有特定用途的筹资手段。

③ 税收是政府的主要收入，必须纳入预算内统筹使用，而收费则可以有所不同，全国性收费通常纳入一般公共预算，而部门性收费或地方性收费可以作为预算外收入，按预算程序管理，形成政府性基金或由部门和地方自收自支。

④ 一般而言，税收的法治性和规范性强，有利于立法监督和行政管理，而收费的法治性和规范性相对较差，容易诱发滥收费现象，因而法治性不强的发展中国家应避免收费项目过多，并力求加强管理。

收费的特殊作用为：

① 收取使用费在弥补市场失灵方面具有特殊作用，如可以矫正私人物品的外部效应。比如，假定某一工厂对周围环境带来污染而又没有采取治理措施，那么，它的私人成本将小于社会成本，获取额外利润，政府使用费可以定在等于甚至高于额外利润的水平上，运用经济手段迫使企业治理污染，或者政府运用这笔使用费来治理污染。

② 收取使用费有利于提高公共物品的配置效率。使用费遵循的是受益原则，谁受益谁支付，合情合理；同时吸收了价格机制的优点，至少要收取相当于成本水平的使用费，

显示了提供特殊商品和服务的价格信息，有利于避免公共物品的过度需求，提高公共物品的配置效率。那么，在某一项收入既可以采取税收形式也可以采取收费形式的情况下，如何合理选择呢？这可以根据政策目标和效率原则进行抉择。比如，如果公路使用费不是在全国统一征收，即有的公路收取使用费，有的公路不收取使用费，就会产生车主选择不收费的公路，甚至绕道而行的情况，在这种情况下，选择征收燃油税更有效率；如果财政收入奉行受益原则，则选择收取使用费更为公平；如果奉行支付能力原则，则选择征收燃油税更为公平；如果要防止诱发滥收费现象，无疑多采取税收形式更为恰当；等等。

（2）答：财政收入规模的大小和财政收入的增长速度是由经济、政治、社会以及历史文化传统等多种因素综合决定的，但从根本上说，首先还是受经济条件的制约和影响。这里所讲的经济因素，既是决定一个国家长远的财政收入规模的基本因素，也是影响一个国家的财政收入规模稳定在一定的水平上或在一定区间内上下波动的主要因素。这些条件包括经济发展水平、科学技术水平、分配体制和分配政策以及价格水平等，其中最主要的是经济发展水平和科学技术水平。

经济发展水平反映一个国家的社会产品的丰富程度和经济效益的高低。经济发展水平高，社会产品丰富，其净值——国内生产总值（GDP）的水平就高，一般而言，该国的财政收入总额就较大，占国内生产总值的比重也较高。当然，一个国家的财政收入规模还受其他各种主客观因素的影响，但有一点是清楚的，就是经济发展水平对财政收入的影响表现为基础性的制约，两者之间存在源与流、根与叶的关系，源远则流长，根深则叶茂。

从世界各国的现实状况角度横向考察，一般而言，发达国家的财政收入规模大于发展中国家，中等收入国家又大于低收入国家，绝对额是如此，相对比重亦是如此。再从几个发达国家的历史发展角度纵向比较来看，法国、美国等发达国家 19 世纪 80 年代的财政收入只占国内生产总值的 10%左右，随后在一定阶段内则呈逐步上升的趋势，而后才相对稳定下来。上述资料证明了一条我们曾反复强调的财政原理，即经济决定财政，没有经济不发达而财源可以丰裕的。

科学技术水平也是影响财政收入规模的重要因素，甚至是关键因素。但科学技术水平是内含于经济发展水平之中的，因为一定的经济发展水平总是与一定的科学技术水平相对应，较高的经济发展水平往往以较高的科学技术水平为支柱。所以，对科学技术水平制约财政收入规模的分析，事实上是对经济发展水平制约财政收入规模的研究的深化。简单地说，科学技术水平是指生产中采用先进技术的程度，又可称为技术进步或技术创新。技术进步对财政收入规模的制约可从两个方面来分析：一是技术进步往往以生产速度加快、生产质量提高为结果，技术进步速度较快，GDP 的增长也较快，财政收入的增长就有了充分的财源；二是技术进步必然带来物耗比例降低，经济效益提高，产品附加值所占的比例扩大。由于财政收入主要来自产品附加值，所以技术进步对财政收入的影响更为直接和明显。因此，促进科技进步和创新，提高经济效益，是增加财政收入的首要的有效途径，对我国更是如此。

(3) 答：根据财政收入的五大分类依据，可对财政收入分类如下：

1) 以财政收入的形式为标准分类，可以将财政收入分为以下四类。

① 税收收入。税收是政府为实现其职能的需要，凭借其政治权力，并按照特定的标准，强制、无偿取得财政收入的一种特定分配形式。它是现代国家财政收入中最重要的收入形式和最主要的收入来源。税收收入包括消费税、企业所得税、个人所得税、资源税、城市维护建设税、房产税、印花税、城镇土地使用税、土地增值税、车船税、船舶吨税、车辆购置税、关税、烟叶税、其他税收收入。

② 非税收入。非税收入是指除税收以外，由各级政府、国家机关、事业单位、代行政府职能的社会团体及其他组织依法利用政府权力、政府信誉、国家资源、国有资产或提供特定公共服务、准公共服务而取得的财政性资金，是政府财政收入的重要组成部分。非税收入包括专项收入、行政事业性收费收入、罚没收入、国有资本经营收入、国有资源(资产)有偿使用收入、其他收入等。

③ 债务收入。债务收入是指中央政府以国家信用的方式取得的一种收入。债务收入具有有偿性、自愿性、灵活性和广泛性等特点，在弥补财政赤字、调节经济运行等方面发挥着十分重要的作用。债务收入包括国内债务收入、国外债务收入。

④ 转移性收入。转移性收入是指在各级政府财政之间进行资金调拨以及在本级政府财政不同类型资金之间调剂等所形成的收入。转移性收入包括返还性收入、一般转移支付收入、上年结余收入、调入资金、债务转贷收入、接受其他地区援助收入。

2) 以征收权力为标准分类，可以将财政收入分为强制性财政收入和非强制性财政收入。

① 强制性财政收入主要包括税收收入、罚没收入、强制公债。

② 非强制性财政收入主要包括国有资产收益、自由公债收入、规费收入和其他收入。

3) 以财政收入来源为标准分类，包括两种具体的分类角度：

一是以财政收入来源中的所有制结构为标准，将财政收入分为来自国有经济的收入、来自集体经济的收入、来自中外合资经济的收入、来自私营经济的收入、来自外商独资经济的收入和来自个体经济的收入，等等。

二是以财政收入来源中的部门结构为标准，将财政收入分为来自工业部门的收入、来自农业部门的收入、来自商业流通部门的收入、来自建筑业的收入、来自邮电通信业的收入等。

4) 以财政收入的管理权限为标准分类，按税种可以将财政收入分为中央税、地方税和中央地方共享税。

5) 以财政收入的管理方式为标准分类，可以将财政收入分为预算内收入和预算外收入。

① 预算内收入。预算内收入是指国家以行政管理者和资产所有者身份参与国民收入分配所取得的收入，这部分收入包括各种税收，一小部分行政事业性经常性收入，以及国

有资产出租、出让所得的资本性收入。

② 预算外收入。预算外收入是指不通过国家预算管理的财政收入。

6. 论述题

(1) 答:参照“难点精析”第3点“财政收入分类”。

(2) 答:财政收入规模和财政收入增长速度要受各种政治和经济条件的制约和影响,这些条件包括经济发展水平、科学技术水平、分配体制和分配政策以及价格水平等,其中最主要的是经济发展水平和科学技术水平。

1) 经济发展水平。

经济发展水平反映一个国家的社会产品的丰富程度和经济效益的高低。经济发展水平高,社会产品丰富,其净值——国内生产总值的水平就高,一般而言,该国的财政收入总额就较大,占国内生产总值的比重也较高。一般而言,发达国家的财政收入规模大于发展中国家,中等收入国家又大于低收入国家,绝对额是如此,相对比重亦是如此。这说明了一个基本的财政原理:经济决定财政,没有经济不发达而财源可以丰裕的。

2) 科学技术水平。

科学技术水平是指生产中采用先进技术的程度,它内含于经济发展水平之中,是影响财政收入规模的重要因素。科学技术水平对财政收入规模的制约表现在两个方面:一是技术进步导致生产速度加快和生产质量提高,技术进步速度较快,GDP的增长也较快,财政收入的增长就有了充分的财源;二是技术进步必然带来物质消耗比例降低,经济效益提高,产品附加值所占的比例扩大。由于财政收入主要来自产品附加值,所以技术进步对财政收入的影响更为直接和明显。

3) 分配体制和分配政策。

分配体制和分配政策对财政收入规模的影响也是非常显著的。由经济学基本理论可知,国民收入的分配对象主要是政府、企业和个人,这些群体各自分配到的数额是由分配体制和分配政策决定的。如果政府集中得较多,财政收入规模自然就会较大;如果分配体制和分配政策向企业和个人倾斜,则政府财政收入的规模就会相对较小。

4) 价格水平。

价格变动对财政收入的影响首先表现为价格总水平升降的影响。在一般情况下,商品和劳务的价格升降会扩大或缩小税基,直接影响名义财政收入的增减。至于实际财政收入是否变化,则视具体情况而定。若政府推行赤字财政政策,实行国民收入超分配,导致物价上涨,甚至通货膨胀,政府会取得价格再分配所得,即通常所说的通货膨胀税。政府收入会因价格变动而取得实际增长。若通货膨胀主要是由信用扩张引起的,财政在再分配中会形成名义收入增长,而实际收入下降。

其次,价格变动作用于具体的税收制度而对财政收入产生不同的影响。如果实行的是以累进所得税为主体的税制,纳税人适用的税率会随着名义收入的增长而提高,即出现所谓“档次爬升”效应,从而财政在价格再分配中的所得份额将会增加。如果实行的是以比例税率的流转税为主体的税制，这就意味着税收收入的增长率等同于物价上涨率，财政收入只有名义增长，而不会有实际增长。如果实行的是定额税，在这种税制下，税收收入的增长总要低于物价上涨率，所以财政收入即使有名义增长，实际上也必然是下降的。

最后，价格总水平的变动往往是和产品比价的变动同时发生的，而产品比价变动以另一种形式影响财政收入。产品比价变动之所以会影响财政收入，源于两个原因：一是产品比价变动引起货币收入在企业、部门和个人各经济主体之间的转移，形成 GDP 的再分配，使财源分布结构发生变化；二是财政收入在企业部门和个人之间的分布呈非均衡状态，或者说，各经济主体上缴财政的税利比例是不同的，这样，产品比价变化导致财源分布结构改变时，相关企业、部门和个人上缴的税利会有增减，而增减的综合结果就是对财政收入的最终影响。

(3) 答：1) 我国政府非税收入存在的问题。

第一，非税收入规模膨胀。近年来，很多区域非税收入增长明显，在规模方面存在不断膨胀的情况，如果将预算外收入、制度外收入也考虑在内，将具有更大的规模，在财政收入中占据过高的比重。同时，制度外收入情况较为严重，且其来源存在不可持续以及不稳定的特征，如果长时间任其规模继续扩大，这将对税基形成不断的侵蚀，在经济可持续发展方面形成负面影响。

第二，非税收入项目繁多。虽然我国已经作出了一定的说明与规定，但还是缺少明确的说明与规定，并因此使地方政府在项目设置方面具有较大的发挥空间，部分地方政府为了对资金缺口进行弥补、保证政绩，在此方面存在一定的不合理之处。同时，在我国的不同地区，受到经济发展水平的影响，不同单位在发展中也面对不同的情况，进而导致非税收入项目、收费标准存在较大的不一致，对社会造成了更大的负担。

第三，监督存在不足。就总体情况来看，我国在非税收入方面还没有出台一套系统、完善的法律法规，地方出台的文件则因立法层次较低而缺少有力的法律约束，并因此在具体实施中存在着监督不严以及文件执行不力的情况，不能够发挥应有的作用。也就是说，法制方面的缺失使得财政部门在非税收入管理方面缺少有力的依据和监督，同时非税收入管理体系自身也存在缺少内在监督和控制的情况。

2) 我国政府非税收入的改革措施。

根本性措施集中在两个方面：一是重塑财政在政府收入活动中的唯一主体地位，实现财政对政府财力的统筹支配。二是规范财政收入分配形式，重塑税收收入在财政收入中的主导支配地位，实行以税为主，税费归位。改革的具体措施体现在以下几个方面：

a. 对现有过滥的非税收入视具体情况区别对待：取消不合法、不合理的收费项目；将现有收费中一些不再体现政府职能，可以通过市场形成的收费，转为经营性收费，依法照章征税；将一部分体现政府职能，具有税收特征且便于税收征管的收费，改为相应的税收，纳入政府税收体系；对合法合理且符合国际惯例的收费项目，以费的形式予以保留，但应确定适当规模。

b. 强化政府非税收入法规建设。政府部门出台的任何收费项目都要有严格的法律依据，并通过权力部门的审议和批准。

c. 强化政府非税收入的管理和监督，科学、严格地控制收费标准。

(4) 答：充分体现税收的“中性”，激发经济主体的活力，充分发挥市场在资源配置中的决定性作用，特别是作为推进供给侧结构性改革的有力措施。对企业的着力点是减轻税收负担，降低成本，加大科技投入，激励企业发展生产经营，提质增效；对居民则是提高个人收入，增进消费，促进服务业发展，扩大社会总需求。

(5) 我国是给制造业等基础行业、给带动就业面最大的中小企业明显减税，这实际上是“放水养鱼”、培育财源。我国前几年“营改增”过程中起先也是财政减收的，但后来税基扩大了，财政收入增长了。从发展趋势看，应该给实体经济、给企业让利，让它们在国民收入分配的蛋糕中所占的比例更大，这样能更多带动就业，让就业人群增加收入。为此，政府就要让利于企业，让利于民，这样财政才更可持续。因此这样做，不是说在预支未来，恰恰是在培育未来。

7. 案例分析题

答：1) 重视非税收入的管理，强化监督力度。

2) 制定科学的专项管理对策，提高非税收入的透明程度。

3) 开展收支分类管理，出台科学的缴费政策。

六、延伸阅读

李克强谈减税降费：4 月 1 日减增值税　5 月 1 日降社保费率

近几年我们利用“营改增”等载体，平均每年给企业减税降费 1 万亿元，三年 3 万亿元。应该说，我们减税的规模是比较大的，今年下决心要进行更大规模的减税降费。把增值税和单位社保缴费率降下来，减税降费红利近两万亿元。这可以说是应对当前经济下行压力的一个十分重要的关键性举措。

这样做有利于公平，因为按照规则，各类所有制企业普遍能从减税费中受惠，而且政策效率很高，一竿子插到底，直达市场主体。4 月 1 日就要减增值税，5 月 1 日就要降社保费率，全面推开。我看还没有其他办法比这种办法给企业带来的感受更公平、更有效。

今年更大规模的减税降费实际上是一项重大改革和重要抉择。之前我们反复测算，有多种方案，有一种就是今后几年每年把增值税率降一个百分点，但在当前情况下企业可能感受不深。所以我们下决心把占增值税 50% 多的制造业的增值税率明显降低 3 个百分点。把建筑业等部分行业降 1 个百分点，其他所有行业也确保只减不增。由于税制的原因可能在推进过程当中有些行业抵扣少了，税收有增加的可能，我们也做了认真的准备，就是对它们加大抵扣的力度，用打补丁的办法，并对所有的中小微企业实行普惠性减税，确保所有行业税负只减不增。对基本养老保险单位缴费率，我们还明确，可以从原规定的 20% 降到 16%。

减税是要减收的，我们今年安排财政支出和 GDP 增长同步，确保民生重点领域、三大攻坚战支出只增不减。那么人们会问你钱从哪里来，赤字只提高了 0.2 个百分点，填不上这个窟窿怎么办？我们的办法是，政府要过紧日子，不仅要压缩一般公共预算的支出，而且增加特定的金融机构和央企上缴利润、进入国库，并把长期沉淀的资金收回。通过这些举措，我们筹集了 1 万亿元资金。我们还要求地方政府也要挖潜，把自己的功课做足。对中西部地区，我们将给予适当的转移支付支持。大规模减税降费，是要动政府的存量利益，要割自己的肉。所以我说这是一项刀刃向内、壮士断腕的改革。

刚才记者问，这样做财政可持续吗？这我们也是认真算过账的。我们是给制造业等基础行业、给带动就业面最大的中小企业明显减税，这实际上是“放水养鱼”、培育财源。我们前几年“营改增”过程中起先也是财政减收的，但后来税基扩大了，财政收入增长了。现在看，我们还要调整国民收入分配结构，这也是一项改革。从趋势看，应该给实体经济、给企业让利，让它们在国民收入分配的蛋糕中所占的比例更大，这样能更多带动就业，让就业人群增加收入。为此，政府就要过紧日子，就要让利，政府的存量利益也要动，得罪人也要动，让利于企业，让利于民，这样财政才更可持续，反过来讲可能就要打问号了。我们这样做，不是说在预支未来，恰恰是在培育未来。

现在可以说是真金白银已经备好了，有关部门和各级政府都要去落实，决不能让政策打白条，更不允许变换花样乱收费来冲击减税降费的成效，还是要让企业、让市场主体切实感受到更大规模减税降费的实实在在效果。

【知识链接】大规模减税降费

【资料来源】李克强谈减税降费：4 月 1 日减增值税　5 月 1 日降社保费率．中国新闻网，2019-03-15.

第十章

税收原理

一、本章回顾

本章主要阐述了税收的基本原理，围绕如何兼顾税收的公平与效率进一步展开论述。首先对税收的基本属性和税收的“三性”进行了阐述，介绍了关于税收的各类术语及税收分类。其次，进一步提出了税收中性问题。最后对税负的转嫁与归宿问题进行了较为深入的讨论，并结合我国的情况进行了相关政策性思考。

本章要点：

（1）税收的基本属性及税收的“三性”的含义。

（2）基本税收术语及税收分类。

（3）税收中性的内容。

（4）税负转嫁与归宿的含义、税负转嫁的各种方式。

（5）税负转嫁的一般规律，并运用这些规律分析我国税负转嫁的情况。

二、术语小读

1. 税收

税收是与国家的存在直接联系的，是政府机器赖以存在并实现其职能的物质基础，即政府保证社会公共需要的物质基础；税收是一个分配范畴，是国家参与并调节国民收入分配的一种手段，是国家财政收入的主要形式；国家在征税过程中形成了一种特殊的分配关系，即以国家为主体的分配关系，因而税收的性质取决于社会经济制度的性质和国家的性质。

2. 税收的强制性

税收的强制性指的是征税凭借国家政治权力，通常颁布法令实施，任何单位和个人都不得违抗。

3. 税收的无偿性

税收的无偿性指的是国家征税以后，税款即为国家所有，既不需要偿还，也不需要对纳税人付出任何代价。

4. 税收的固定性

税收的固定性指的是征税前就以法律的形式规定了征税对象以及统一的比例或数额，并只能按预定的标准征税。

5. 纳税人（纳税主体）

纳税人（纳税主体）是指税法规定的负有纳税义务的单位和个人。纳税人可以是自然人，也可以是法人。所谓自然人，一般是指公民或居民个人，如月工资达到应税所得额的我国公民，就是个人所得税的纳税人。所谓法人，是指依法成立并能独立行使法定权利和承担法定义务的社会组织，主要是各类企业，如我国的国有企业、集体企业和私人企业等都是企业所得税的纳税人。

6. 课税对象（税收客体）

课税对象（税收客体）是指税法规定的征税的目的物，是征税的根据。每一种税都必须明确对什么征税，每种税的课税对象都不会完全一致。

7. 课税标准（课税依据）

课税标准（课税依据）是指国家征税时的实际依据，如纯所得额、商品流转额、财产净值等。

8. 税率

税率是指对课税对象征税的比率。课税对象与税率的乘积就是应征税额，反过来说，税额与课税对象之比即为税率。税率是国家税收制度的核心，它反映征税的深度，体现国家的税收政策。一般来说，税率可划分为比例税率、定额税率和累进税率三类。

9. 税收能力

税收能力是指应当能征收上来的税收数额。它包括两种能力：一是纳税人的纳税能力；二是政府的征税能力。纳税能力主要取决于一国的人均收入水平，征税能力主要取决于税务管理效率，而税务管理效率又取决于税务人员的人数、技能、敬业精神以及纳税人的合作情况。

10. 税收努力

税收努力是指税务当局征收全部法定应纳税额的程度，或者说是税收能力被利用的程度。税收努力决定了潜在的税收能力中有多大比例能转变为实际的税收收入。

11. 起征点与免征额

起征点是指税法规定的对课税对象开始征税的最低界限，收入未达起征点的低收入者不纳税，收入超过起征点的高收入者按全部课税对象纳税。

免征额是指税法规定的课税对象的全部数额中免予征税的数额，全部纳税人不论收入高低，同等享受免征额待遇。

12. 课税基础（税基）

课税基础（税基）是指建立某种税或一种税制的经济基础或依据。它不同于课税对象，如商品课税的课税对象是商品，但其税基则是厂家的销售收入或消费的货币支出。

13. 直接税与间接税

凡是税负能够转嫁的税种，归属于间接税，凡是税负不能转嫁的税种，归属于直接税。一般认为，所得课税和财产课税属于直接税，商品课税属于间接税。

14. 从量税和从价税

国家征税时必须按一定标准对课税对象予以度量。而度量的方法有两种：一是按课税对象的数量、重量、容量或体积计算；二是按课税对象的价格计算。前者为从量税，后者为从价税。

15. 价内税与价外税

凡税金构成价格组成部分的，称为价内税；凡税金作为价格之外的附加部分的，称为价外税；与之相适应，价内税的计税依据称为含税价格，价外税的计税依据称为不含税价格。

16. 税收中性

税收中性是指政府课税不扭曲市场机制的正常运行，或者说，不影响私人部门原有的资源配置状况。如果政府课税改变了消费者以获取最大效用为目的的消费行为，或改变了生产者以获取最大利润为目的的市场行为，就会改变私人部门原来（税前）的资源配置状况，这种改变就被视为税收的非中性。税收中性包含两种含义：一是国家征税使社会所付出的代价以税款为限，尽可能不给纳税人或社会带来其他的额外损失或负担；二是国家征税应避免对市场经济正常运行的干扰，特别是不能使税收超越市场机制而成为资源配置的决定因素。

17. 税收超额负担

税收超额负担是指政府通过征税将社会资源从纳税人转向政府部门的转移过程中，给纳税人造成了纳税税款以外的负担。

18. 税负转嫁

税负转嫁是指在商品交换过程中，纳税人通过提高销售价格或压低购进价格的方法，将税负转移给购买者或供应者的一种经济现象。税负转嫁是通过价格变化实现的。这里所说的价格，不仅包括产出的价格，而且包括要素的价格。这里所说的价格变化，不仅包括直接地提价和降价，而且包括变相地提价和降价。没有价格变化，就不构成税负转嫁。

19. 税收归宿

税收归宿一般是指处于转嫁中的税负的最终落脚点。税负转嫁往往不是只有一次，如同一笔税款，厂家转嫁给批发商，批发商转嫁给零售商，零售商再转嫁给消费者，从而形成一个经济过程；但税负转嫁也并不是无穷尽的，总存在一个不可能再转嫁而要自己负担税款的阶层，如消费者，这一阶层即为税收归宿。

20. 前转与后转

前转又称顺转，是指纳税人通过抬高销售价格将税负转嫁给购买者。

后转又称逆转，是指纳税人在无法实现前转时，通过压低进货的价格来转嫁税负。

混转，前转和后转并行，即一种商品的税负通过提高销价转移一部分，又通过压低进价转移一部分。

三、难点精析

1. 纳税人与负税人的区别

纳税人又称纳税主体，是指税法规定的负有纳税义务的单位和个人。负税人是指最终负担税款的单位和个人，它与纳税人有时是一致的，如在税负不能转嫁的条件下；有时是分离的，如在税负可以转嫁的条件下。

具体说来：

(1) 它们本身的法律意义不同。纳税人是法律规定的，是指税法规定直接负有纳税义务的法人和自然人，是税收征纳关系主体之一，而负税人是经济上的税收主体，不是法律规定的，不受法律约束，只是税款随经济规律运行的目的地。

(2) 在某些单一税种中，二者也是不同的，表现在：一方面，有些纳税人只是代征代缴的中转人（或中间人）；另一方面，有的税种纳税人可以通过价格等手段把税款转嫁给他人，从而造成了二者的不同。

2. 比例税率、定额税率和累进税率的区别

一般来说，税率可划分为比例税率、定额税率和累进税率三类（见图 10－1）。

(1) 比例税率是对同一课税对象，不论其数额大小，统一按一个比例征税。比例税率在具体运用上又可分为几种类型：行业比例税率，即按行业的差别规定不同的税率；产品比例税率，即按产品的不同规定不同的税率；地区差别比例税率，即对不同地区实行不同的税率。在比例税率下，同一课税对象的不同纳税人的负担相同，具有鼓励生产、计算简便和有利于税收征管的优点，一般应用于商品课税。比例税率的缺点是有悖量能纳税原则，我国大部分税种采用的都是比例税率。

(2) 定额税率，亦称固定税额，它是按课税对象的一定计量单位直接规定一个固定的税额，而不规定征收比例。定额税率在计算上更为便利，而且由于采用从量计征办法，不受价格变动的影响。但是，由于它是一个固定的数额，随着税基规模的增大，纳税的比例变小，故税率具有累退的性质。它的缺点是负担不尽合理。因此只适用于特殊的税种，如我国的资源税、车船牌照税等。

(3) 累进税率是按课税对象数额的大小划分若干等级，对每个等级由低到高规定相应的税率，课税对象数额越大，税率就越高，数额越小，税率就越低。累进税率按计算方法的不同，又分为全额累进税率和超额累进税率两种。

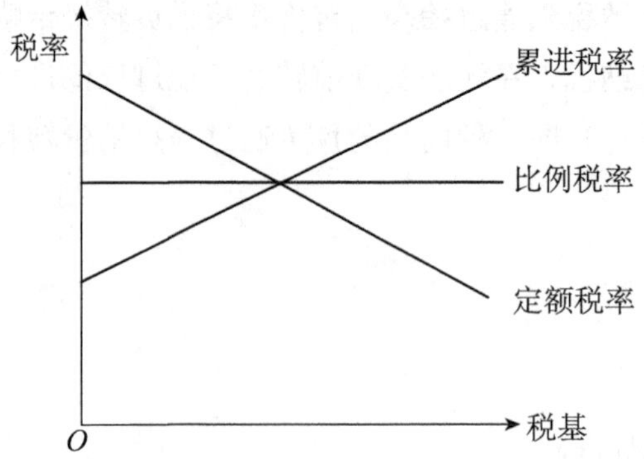

图 10-1　比例税率、定额税率和累进税率

3. 起征点与免征额的区别

(1) 起征点是指税法规定的对课税对象开始征税的最低界限，收入未达起征点的低收入者不纳税，收入超过起征点的高收入者按全部课税对象纳税；免征额是指税法规定的课税对象的全部数额中免予纳税的数额，全部纳税人，不论收入高低，同等享受免征额待遇。

(2) 区别：两者对纳税人照顾的侧重点不同。起征点照顾的是低收入者，免征额则是对所有纳税人的普惠照顾。世界各国为了体现纳税公平和维护公民的生存权利，都实行免征额制度，既“人人纳税”，又照顾维持生活的人。

4. 税收超额负担

所谓税收超额负担，又称为税收的福利成本或无谓损失，是指征税引起市场相对价格的改变，干扰了私人部门的选择，进而导致市场机制扭曲变形而产生的经济福利损失。税收超额负担在多数情况下是不可避免的，如何使税收超额负担最小化，就成为提高税收效率的基本思路。

在图 10-2 中，浅灰色的长方形区域表示纳税人支付的税额。该部分是纳税人的成本，但征收后用于提供公共物品。深灰色的区域表示税收超额负担，是由不可避免的产出减少带来的成本，而这部分成本被损失掉了。政府产出的总税收成本，等于政府的税收收入加上课税所带来的额外的福利成本。

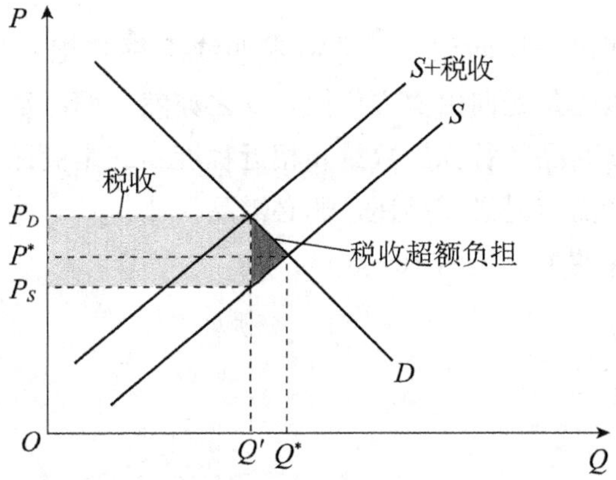

图 10－2　税收超额负担

具有最小超额负担的税种，从效率角度来看是最优的。税收政策的目标之一就是使税收体系的超额负担最小化。而要实现该目标，必须对供给或需求弹性较小的商品课税。

5. 税负转嫁的程度

税负可以完全转嫁，也可以部分转嫁。完全转嫁是指纳税人将自己应负担税款的全部转嫁给他人负担，而部分转嫁则是纳税人将自己应负担税款的一部分转嫁给他人负担，余下部分则由自己负担。

（1）完全转嫁：价格上升的幅度等于卖方负担的税收。

（2）不完全转嫁：价格上升的幅度小于卖方负担的税收。

（3）超额转嫁：价格上升的幅度大于卖方负担的税收，卖方不但全部转嫁税负，而且可获得额外利润。

（4）自己负担：税负全部由纳税人自己负担。

6. 税负转嫁与归宿的一般规律

（1）商品课税较易转嫁，所得课税一般不易转嫁。

（2）供给弹性较大、需求弹性较小的商品的税负较易转嫁，供给弹性较小、需求弹性较大的商品的税负不易转嫁。

（3）课税范围宽广的商品税负较易转嫁，课税范围狭窄的商品税负难以转嫁。

（4）对垄断性商品课征的税较易转嫁，对竞争性商品课征的税较难转嫁。

（5）从价课税的税负较易转嫁，从量课税的税负不易转嫁。

7. 税负转嫁与供求弹性

（1）供给弹性。

一般来说，供给曲线越平坦，供给弹性越大，税负越是趋向由买方负担，反之亦然。商品供给弹性的大小与时间和商品的性质有关。一般来说，商品的长期供给弹性大于短期供给弹性；技术含量较低的劳动密集型产品的供给弹性大于技术含量较高的资本密集型产品的供给弹性。

（2）需求弹性。

需求弹性与税负转嫁也是反向运动，即需求曲线斜率的绝对值越小，需求曲线越平坦，需求弹性越大，税负越是趋向由卖方负担，反之亦然。商品需求弹性的大小主要取决于两方面的因素：一是该商品的替代品数量和相近程度；二是商品在消费者预算中的重要程度，即该商品对消费者而言是必需品还是非必需品。

供求弹性与税负转嫁的关系见图 10－3。

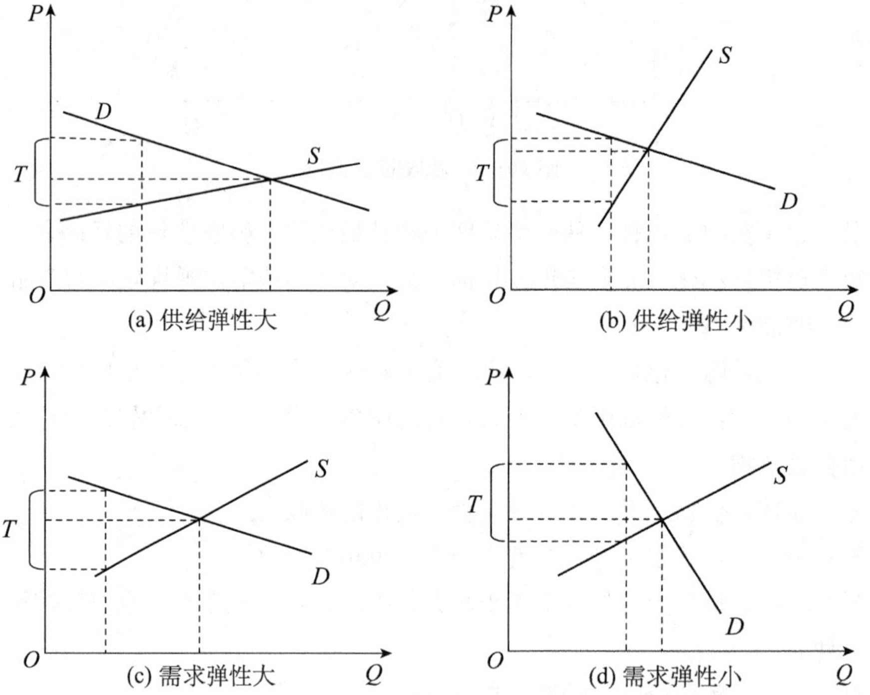

图 10－3

8. 税负转嫁与价格决定模式

（1）市场价格模式。

① 完全竞争市场——市场价格由需求曲线与边际成本曲线决定，征税引起的价格变动幅度由二者的斜率决定［见图 10－4（a）］。

② 垄断市场——垄断者以追求利润最大化为目标，在边际成本等于垄断者边际收益的条件下决定产量和价格［见图 10－4（b）］。

③ 两种定价模式所形成的均衡价格是不同的，从而征税对价格的影响也不一样，税负的转嫁程度也会有所不同。

（2）计划价格模式。

计划价格也反映商品的价值和供求关系，但计划价格更多的是体现国家的价格政策，并且价格一旦确定，一般不能随意变动。税收难以通过变动商品价格而发生税负转嫁。

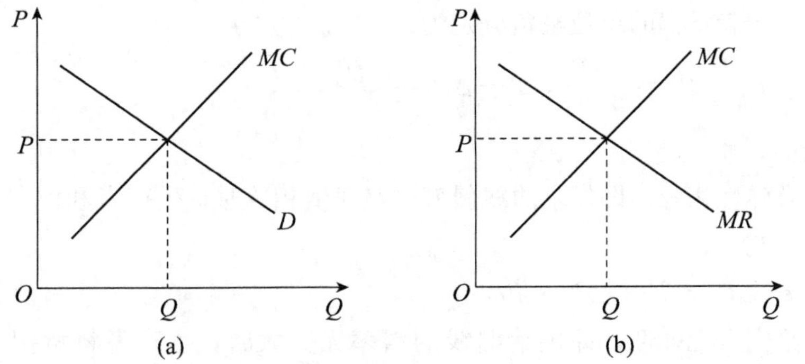

图 10－4

9. 供求弹性对税收归宿的影响

生产者与消费者所承担的税负的比例取决于供给曲线与需求曲线的弹性。

税前的产量和价格分别为（见图 10－5）：

$$Q_0 = \frac{b-d}{a+c},\ P_0 = \frac{ad+cb}{a+c}$$

税后的产量和价格分别为（见图 10－5）：

$$Q_1 = \frac{b-d-T}{a+c},\ P_1 = \frac{a(d+T)+cb}{a+c}$$

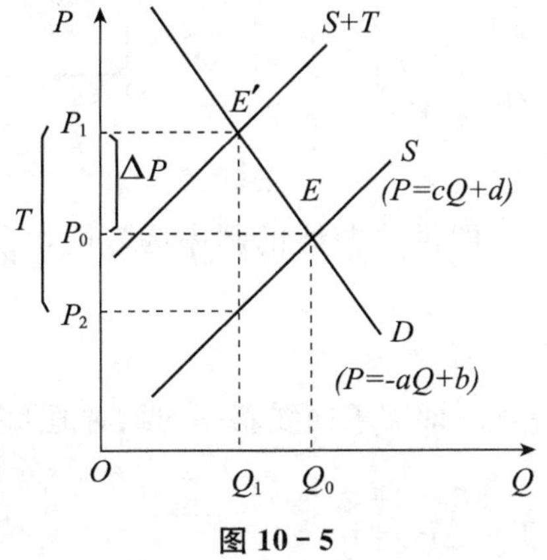

图 10－5

消费者与生产者或买方与卖方所承担的税负的比例为需求曲线斜率的绝对值与供给曲线的斜率之比。

税收使消费者支付的价格增量为：

$$\Delta P = P_1 - P_0 = \frac{aT}{a+c}$$

税收使生产者每单位产品减少的收入为：

$$T - \Delta P = \frac{cT}{a+c}$$

消费者与生产者各自承担的税负之比为：

$$\Delta P/(T-\Delta P) = a/c$$

消费者与生产者承担的单位税负分别为：

$$\Delta P = P_1 - P_0 = \frac{aT}{a+c},\ T - \Delta P = \frac{cT}{a+c}$$

据此推论：

（1）当供求弹性相等，即供求曲线斜率的绝对值相等时，生产者和消费者各负担一半税负（见图 10-6）。

$$a = c,\ \Delta P = T - \Delta P = T/2$$

（2）当供给完全无弹性，即供给曲线的斜率无穷大时，生产者将承担全部税负（见图 10-7）。

$$c = \infty,\ \Delta P = 0,\ T - \Delta P = T$$

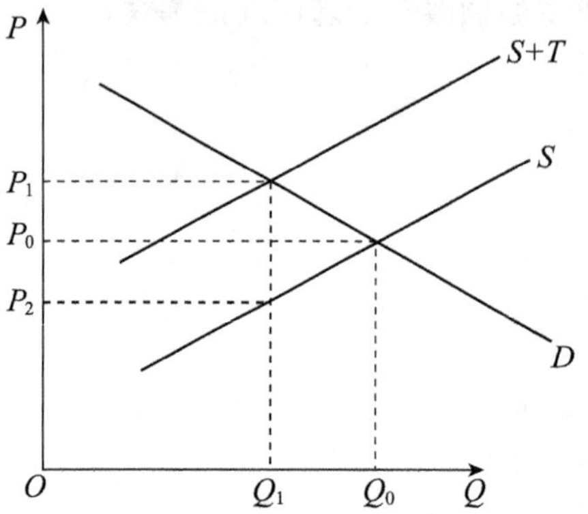

图 10-6

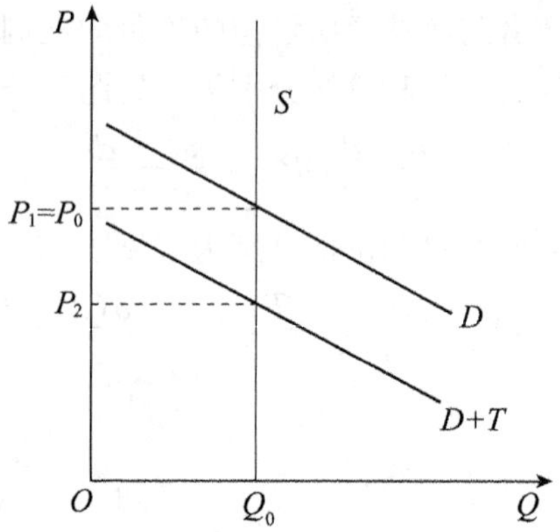

图 10-7

（3）当供给具有完全弹性，即供给曲线的斜率为零时，消费者将承担全部税负（见图 10-8）。

$$c = 0,\ \Delta P = T,\ T - \Delta P = 0$$

（4）当需求曲线完全无弹性，即需求曲线斜率的绝对值无穷大时，消费者将承担全部税负（见图 10-9）。

$$a = \infty,\ \Delta P = T,\ T - \Delta P = 0$$

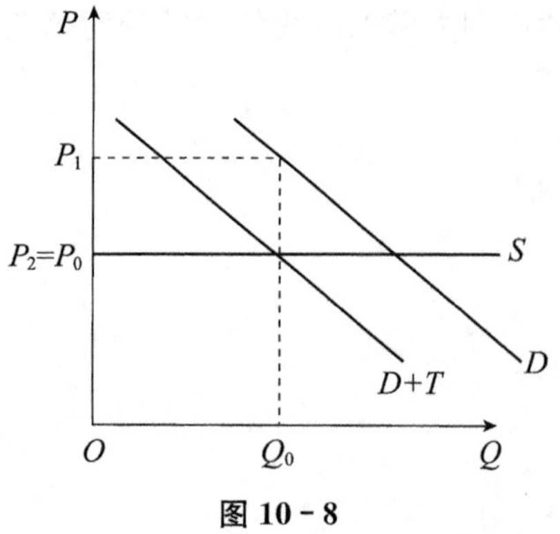

图 10-8

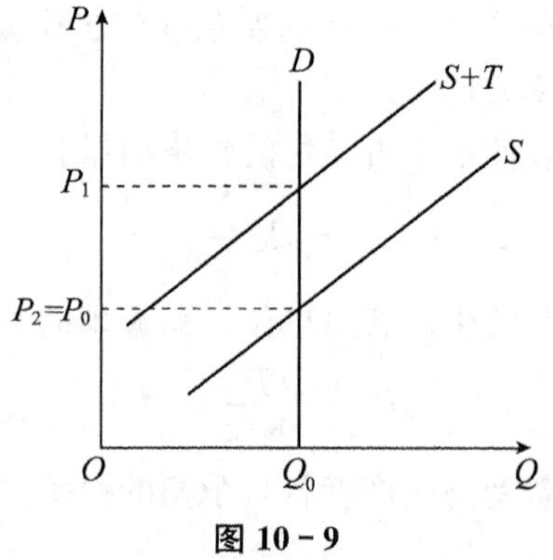

图 10-9

(5) 当需求曲线具有完全弹性，即需求曲线的斜率为零时，生产者将承担全部税负(见图 10-10)。

$a=0$，$\Delta P=0$，$T-\Delta P=T$

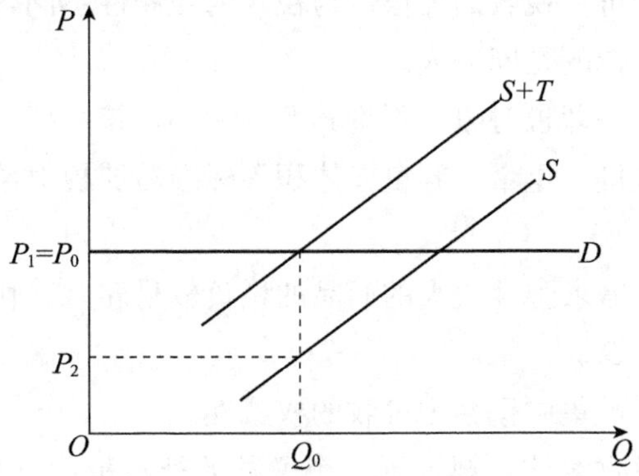

图 10-10

(6) 当需求弹性小于供给弹性时，消费者负担多，生产者负担少(见图 10-11)。

(7) 当需求弹性大于供给弹性时，生产者负担多，消费者负担少(见图 10-12)。

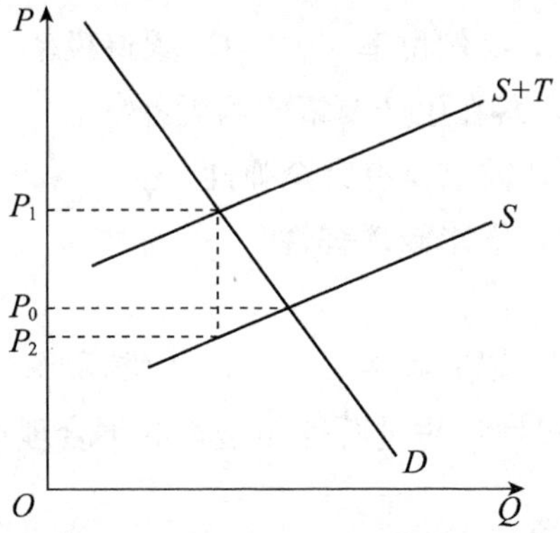

图 10-11

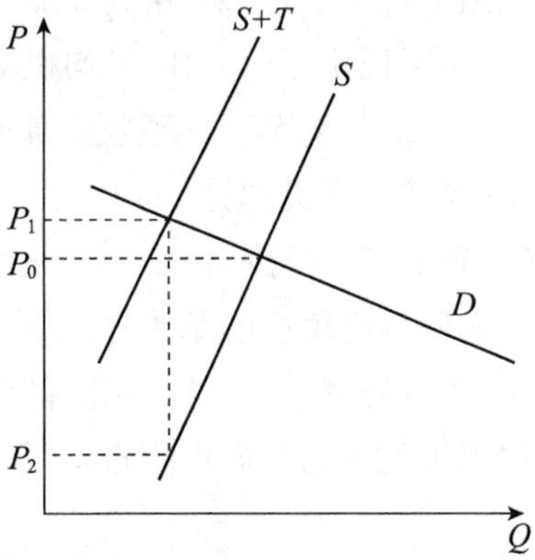

图 10-12

四、牛刀初试

1. 名词解释

(1) 税收的强制性　(2) 纳税人　(3) 税率
(4) 税收努力　(5) 起征点　(6) 免征额
(7) 税收超额负担　(8) 税负转嫁　(9) 税收的无偿性

2. 判断题

(1) 如果政府课税改变了消费者以获取最大效用为目的的消费行为，或改变了生产者以获取最大利润为目的的市场行为，就会改变私人部门原来（税前）的资源配置状况，这种改变就被视为税收的非中性。

（2）税收的无偿性，指的是国家征税以后，税款即为国家所有，既不需要偿还，也不需要对纳税人付出任何代价。税收的无偿性与税收的强制性不同，它是绝对的。

（3）纳税人与负税人指的是同一人。

（4）定额税率是对同一课税对象，不论其数额大小，统一按一个比例征税。

（5）按课税对象的数量、重量、容量或体积等标准对课税对象予以度量的税收称为从量税。

（6）供给弹性较小、需求弹性较大的商品的税负较易转嫁，供给弹性较大、需求弹性较小的商品的税负不易转嫁。

（7）税收的“三性”可集中概括为税收的权威性。

（8）课税对象又称税收客体，规定了一个税种的征税范围（也称征收范围），反映了征税的广度。

（9）目前，在我国的税制体系中，增值税是稳定的主体税种。

3. 单项选择题

（1）在累进税率下，每一级税率就是相应级距的课税对象数额的（　　）。

A. 边际税率　　B. 平均税率　　C. 比例税率　　D. 累退税率

（2）在（　　）情况下，税收全部向前转嫁，落在生产要素的购买者身上。

A. 需求完全无弹性　　B. 需求具有完全弹性

C. 需求富有弹性　　D. 需求缺乏弹性

（3）个人所得税税率的基本形式是（　　）。

A. 累进税率　　B. 比例税率　　C. 累退税率　　D. 定额税率

（4）在累进税率的临界点附近，可能出现税负增长超过所得额增长的不合理现象的是（　　）。

A. 超额累进税率　　B. 比例税率

C. 全额累进税率　　D. 超率累进税率

（5）在下列税种中税负不易转嫁的是（　　）。

A. 增值税　　B. 企业所得税　　C. 消费税　　D. 烟叶税

（6）（　　）规定了具体征税项目和范围，是征税对象的具体化。

A. 计税依据　　B. 税目　　C. 税源　　D. 税率

（7）税收的三性不包括（　　）。

A. 强制性　　B. 固定性　　C. 有偿性　　D. 无偿性

（8）一种税区别于另一种税的主要标志是（　　）。

A. 纳税人　　B. 课税对象　　C. 课税依据　　D. 税率结构

（9）在下列税中，属于中央税的是（　　）。

A. 增值税　　B. 资源税　　C. 消费税　　D. 证券交易印花税

(10) 税收的强制性依靠的是（　　）。

A. 国家对国有企业生产资料的所有权

B. 国家对生产资料的所有权

C. 国家的政治权力

D. 社会习惯势力

(11) 国家以社会管理者身份参与企业分配的形式是（　　）。

A. 税收　　B. 国债　　C. 利润上缴　　D. 股息或红利

(12) 在税收要素中，体现纳税人负担轻重的最主要因素是（　　）。

A. 税率　　B. 附加和加成　　C. 起征点　　D. 减免税

(13) 直接税和间接税的划分标准是（　　）。

A. 按课税对象的性质分类　　B. 按税负能否转嫁分类

C. 按税收的管理权限分类　　D. 按税收和价格的关系分类

(14) 土地增值税实行的是（　　）。

A. 比例税率　　B. 超额累进税率

C. 定额税率　　D. 超率累进税率

(15) 按照税负是否由纳税人承担，税负可分为（　　）。

A. 名义税负和实际税负　　B. 宏观税负和微观税负

C. 企业税负和个人税负　　D. 直接税负和间接税负

(16) 税法中规定的课税对象开始征税时应达到的一定数额称为（　　）。

A. 免征额　　B. 起征点　　C. 速算扣除款　　D. 计税金额

(17) 企业所得税的计税依据是（　　）。

A. 应纳税所得额　B. 销项税额　　C. 进项税额　　D. 总产值

(18) 按课税对象的性质划分，增值税属于（　　）。

A. 流转课税　　B. 收益课税　　C. 财产课税　　D. 行为课税

(19) 变动税率可分为（　　）两种形式。

A. 累进税率和累退税率　　B. 全额累进税率和超额累进税率

C. 全累税率和超累税率　　D. 平均税率和边际税率

(20) 以税收收入形态为标准，税收可分为（　　）。

A. 对人税与对物税　　B. 实物税与货币税

C. 直接税与间接税　　D. 从价税与从量税

(21) 税负转嫁与需求弹性成（　　）比，与供给弹性成（　　）比。

A. 正，正　　B. 反，反　　C. 正，反　　D. 反，正

(22) 小明的每月收入为 5 100 元，交税时发现，他只需被征收他的收入中 100 元所对应的税，则他的（　　）是（　　）元。

A. 免征额，5 000　　B. 起征点，5 000
C. 免征额，5 100　　D. 起征点，5 100

(23) 我国目前的税制基本上是以（　　）的税制结构。

A. 直接税为主体　　B. 间接税为主体
C. 间接税和直接税为双主体　　D. 多种税种相结合

(24) 在税收三个特性中居于核心地位的是（　　）。

A. 无偿性　　B. 强制性　　C. 灵活性　　D. 固定性

(25)（　　）的税负转嫁方法是指对某些能够增值的商品的课税，将今后若干年应纳的税款，在所购商品价格中预先扣除，然后再从事经济交易。

A. 税收前转　　B. 税收资本化　　C. 税收后转　　D. 税收消转

4. 不定项选择题

(1) 下述有关从价税的表述不正确的是（　　）。

A. 从价税以课税对象的数量为计税依据
B. 比例税是从价税
C. 定额税是从价税
D. 从价税与商品流转额无关

(2) 一般来说，一国税率可划分为哪几类？（　　）

A. 比例税率　　B. 定量税率　　C. 定额税率　　D. 累进税率

(3) 下列各项属于国家征税时的课税依据的是（　　）。

A. 纯所得额　　B. 商品流转额
C. 个人全部所得　　D. 财产净值

(4) 下列说法不正确的是（　　）。

A. 需求弹性大、供给弹性小的课税对象，税负主要由生产者承担
B. 需求弹性小、供给弹性大的课税对象，税负主要由消费者承担
C. 向生产者征收与向消费者征收两种方式下税收归宿是不同的
D. 向生产者征收与向消费者征收两种方式下税收归宿是相同的

(5) 下列哪种情况下可能产生较大的超额负担？（　　）

A. 土地税
B. 对高新技术投资予以补贴
C. 对黑莓果酱征税
D. 对买一杯苏打水征税，而对买一瓶或一桶苏打水不征税

(6) 现对某产品征税，已知该产品有 m 单位，每单位税率为 t，售价为 p 元，每一元的税率为 T。若采用从量税进行征收，则总税额为（　　）。

A. mt　　B. pT　　C. mT　　D. pt

(7) 在垄断条件下，若边际成本为常数，即 $MC=0$，供给具有完全弹性，征收定额

税后的负担（　　）。

A. 由买方承担　　B. 由卖方承担

C. 买卖双方各承担 1/2　　D. 买方承担 1/3，卖方承担 2/3

（8）公平类税收原则不包括（　　）。

A. 受益原则　　B. 能力原则

C. 促进经济发展原则　　D. 征税费用最小化和确实简化原则

（9）对于一笔税款，厂家转嫁给批发商，批发商转嫁给零售商，零售商再转嫁给消费者的过程称为（　　）。

A. 后转　　B. 前转　　C. 混转　　D. 税收资本化

（10）消费税实行的征收办法为（　　）。

A. 价内税　　B. 价外税　　C. 价内价外税　　D. 超额累进税

（11）一般认为，价外税比价内税（　　）转嫁，价内税课征的侧重点为（　　），价外税课征的侧重点是（　　）。

A. 更容易，厂家或生产者，消费者

B. 更容易，消费者，厂家或生产者

C. 更难，厂家或生产者，消费者

D. 更难，消费者，厂家或生产者

（12）一般来说，税收努力取决于哪两类因素？（　　）

A. 一国的人均收入水平　　B. 税务管理效率

C. 税制的完善程度　　D. 税务部门的征收管理水平

5. 简答题

（1）纳税人与负税人有何区别？

（2）什么是税收中性和税收超额负担？

（3）简述税收的“三性”。

（4）分析税负转嫁概念的内涵。

（5）简述不同分类标准下的税收分类。

（6）简述你对税收效率的理解。

（7）比较全额累进税率与超额累进税率的优缺点。

（8）简述税负转嫁的制约因素。

（9）税负转嫁的方式有哪些？

6. 计算题

假定有两个部门，即公司部门和非公司部门。在公司部门，资本的边际产品价值由下式给定，$VMP_c=80-2K_c$，其中 K_c是公司部门的资本数量。在非公司部门，资本的边际产品价值由下式给定，$VMP_n=100-4K_n$，其中 K_n是非公司部门的资本数量。全社会的资本数量为 80 个单位。

(1) 在无税情况下，公司部门和非公司部门的资本数量各是多少？

(2) 假设对公司部门所用的每单位资本征收数额为 6 的定额税。征税后，每一部门所用的资本数量是多少？这种税的超额负担是多少？

7. 论述题

(1) 试述税负转嫁与归宿的一般规律。

(2) 试述税收中性和税收对经济的调节作用。

(3) 试述税收对投资和储蓄的影响。

(4) 试述税负转嫁的条件。

(5) 请利用税负转嫁理论，结合我国现实中的流转税，分析我国的税负转嫁情况。

(6) 试述税负转嫁与逃税的区别。

(7) 简述你对税收公平与效率的理解。

五、习题解答

1. 名词解释

(1) 略 (2) 略 (3) 略 (4) 略 (5) 略 (6) 略 (7) 略 (8) 略 (9) 略

2. 判断题

(1) 对。

(2) 错，税收的无偿性与税收的强制性一样，也不是绝对的。因为对具体的纳税人来说，纳税后并未获得任何报酬，从这个意义上说，税收是不具有偿还性或返还性的。但若从财政活动的整体来考察，税收的无偿性与财政支出的无偿性是并存的，这里又反映出有偿性的一面。

(3) 错，纳税人是法律上的主体，负税人是经济上的主体。他们有时是一致的，如在税负不能转嫁的条件下；有时是分离的，如在税负可以转嫁的条件下。

(4) 错，比例税率是对同一课税对象，不论其数额大小，统一按一个比例征税。

(5) 对。

(6) 错，供给弹性较大、需求弹性较小的商品的税负较易转嫁，供给弹性较小、需求弹性较大的商品的税负不易转嫁。

(7) 对。

(8) 错，课税对象又称税收客体，是指税法规定的征税的目的物，是征税的根据，税目是课税对象的具体项目或课税对象的具体划分税目，规定了一个税种的征税范围（也称征收范围），反映了征税的广度。

(9) 对。

3. 单项选择题

(1) A (2) A (3) A (4) C (5) B (6) B (7) C (8) B

(9) C (10) C (11) A (12) A (13) B (14) D (15) D

(16) B (17) A (18) A (19) A (20) B (21) D (22) A

(23) C (24) B (25) B

4. 不定项选择题

(1) ACD (2) ACD (3) ABD (4) C (5) BC (6) A

(7) C (8) CD (9) B (10) A (11) A (12) CD

5. 简答题

(1) 答：参照“难点精析”第 1 点“纳税人与负税人的区别”。

(2) 答：参照“术语小读”第 16 点“税收中性”和“术语小读”第 17 点“税收超额负担”。

(3) 答：税收的“三性”是指税收的强制性、无偿性和固定性。“三性”是税收区别于其他财政收入的形式特征，不同时具备“三性”的财政收入就不称其为税收。

税收的强制性是指征税凭借国家政治权力，通常采用颁布法令的方式实施。任何单位和个人都不得违抗。在对社会产品的分配过程中存在着两种权力：所有者权力和国家政治权力。前者依据对生产资料和劳动力的所有权取得收入，后者凭借政治权力占有收入。国家运用税收参与这种分配，就意味着政治权力凌驾于所有者权力之上。而这种分配之所以能够实现，正是因为它依据的是政治权力，而且国家依法征收，任何形式的抗税行为都构成违法行为。税收的强制性是税收作为一种财政范畴的前提条件，也是国家满足社会公共需要的必要保证。另外，征税中的强制性不是绝对的，在企业和个人明了征税的目的并增强纳税观念以后，强制性则可能转化为自愿性。

税收的无偿性是指国家征税以后，税款即为国家所有，既不需要偿还，也不需要对纳税人付出任何代价。税收的这种无偿性同国家债务所具有的偿还性是不同的。但必须指出，税收的无偿性与税收的强制性一样，也不是绝对的。因为针对具体的纳税人来说，纳税后并未获得任何报酬，从这个意义上说，税收是不具有偿还性或返还性的。但若从财政活动的整体来考察，税收的无偿性与财政支出的无偿性是并存的，这里又反映出有偿性的一面。

税收的固定性是指征税前就以法律的形式规定了征税对象以及统一的比例或数额，并只能按预定的标准征税。一般说来，纳税人只要取得了税法规定的应税收入，发生了应该纳税的行为，拥有了应税财产，就必须按规定标准纳税，不得违反。同样，政府也只能按规定标准征税，不得随意更改。当然，对税收的固定性也不能绝对化，以为标准一定，永不更改。随着社会经济条件的变化，课税标准的改动是必然的。因为只有如此，才能使税收制度更为合理和科学。因此，税收的固定性实质上是指征税有一定的标准，而这个标准又具有相对稳定性。

(4) 答：参照“术语小读”第 18 点“税负转嫁”。

(5) 答：现代国家的税制一般都由多个税种组成，各税种之间既互相区别又密切相关。依照一定的标准对各税种分别归类，是研究和建设税制的重要前提。一般来说，有下面五种分类方法：

1) 所得课税、商品课税和财产课税。按照课税对象的性质可将各税种分为所得课税、商品课税和财产课税三大类。所得课税是指以纳税人的净所得（纯收益或纯收入）为课税对象的税种，一般包括个人所得税、企业所得税等，在西方国家，社会保障税、资本利得税等一般也划入此类。商品课税包括所有以商品为课税对象的税种，有增值税、消费税、关税等。财产课税是指以各类动产和不动产为课税对象的税收，有财产税、遗产税、赠与税等。

2) 直接税与间接税。以税负能否转嫁为标准来分类，凡是税负能够转嫁的税种，归属于间接税，凡是税负不能转嫁的税种，归属于直接税。一般认为，所得课税和财产课税属于直接税，商品课税属于间接税。

3) 从量税与从价税。按照课税标准分类，可将税收划分为从量税和从价税。国家征税时必须按一定标准对课税对象予以度量，而度量的方法有两种：一是按课税对象的数量、重量、容量或体积计算；二是按课税对象的价格计算。采用前一种计税方法的税种称为从量税，采用后一种计税方法的税种称为从价税。

4) 价内税与价外税。以税收与价格的关系为标准，可将税收分为价内税和价外税。凡税金构成价格组成部分的，称为价内税；凡税金作为价格之外的附加部分的，称为价外税。与之相适应，价内税的计税依据称为含税价格，价外税的计税依据称为不含税价格。一般认为，价外税比价内税更容易转嫁，价内税课征的侧重点为厂家或生产者，价外税课征的侧重点为消费者。

5) 中央税与地方税。中央税和地方税是按税种的隶属关系划分的。从理论上讲，税收的存在依据是国家的政治权力，因而任何税种都隶属于国家，也就是隶属于中央政府。把税收划分为中央税和地方税，并不意味着中央与地方具有同等的征税权力，而是由国家在政治和经济上实行分级管理体制所决定的。中央税和地方税的划分方法因国家政体和管理体制的不同而有所不同。有些国家的地方政府（州、省、县等）拥有税收立法权，可以自行设立税种，这类税种显然就是地方税；而中央政府开征的税种就是中央税。

(6) 答：税收不仅应是公平的，而且应是有效率的。征税必须考虑效率的要求。这里的效率包括两层意义：

① 指征税过程本身的效率，即较少的征收费用、便利的征收方法等。征税过程本身必须有效率，必须以尽可能少的征收费用获得尽可能多的税收收入，征收费用与税收收入的比值越小越好。

② 指征税对经济运转效率的影响，宗旨是征税必须有利于促进经济效率的提高，也就是有效地发挥税收的经济调节功能。

a. 在资源配置方面，通过征税促进经济效率的提高是更高层次的税收效率。税收作为一种重要的再分配工具，可以在促进资源配置合理化、刺激经济增长等方面发挥作用，但也可能扭曲资源配置格局，阻碍经济发展。如果税收起的是前一种作用，就是有效率的；如果税收的作用属于后一种，就是无效率的。

b. 在经济运行效率方面，税收是否有效率必须结合经济运行本身的效率来考察。假如经济运转本身已是高效率的，税收活动就应以不干扰经济运转为有效率；假如经济运转是低效率的甚至无效率的，税收效率则体现在它对经济运转的影响和干预上。对长时期的、全面的经济运转过程的考察结果表明，经济运转本身具有高效率的情况极为少见，在市场经济国家，总是存在所谓市场失灵的问题，在计划经济国家，也会有计划失误和生产者积极性不高的情况，因而税收干预总是大有可为的。

就我国的情况而言，随着经济体制改革的深入，税收的经济杠杆作用越来越受到重视，它在调节生产、流通和消费等方面的功能日益强化，并在实践中促进了经济效率的提高。中央关于经济体制改革的决定已明确指出，充分运用税收等经济手段调节宏观和微观经济，是我国经济体制改革的重要内容，说明我国政府把提高税收效率置于十分重要的地位。

（7）答：1）全额累进税率是指以征税对象的全部数额为基础计征税款的累进税率，是累进税率的一种。即按课税对象的绝对额划分若干级距，每个级距规定的税率随着课税对象的增大而提高，就纳税人的全部课税对象按与之相适应的级距的税率计算纳税的税率制度。“全”字的含义就是全部课税对象按一个所达到级距的相应税率征税。目前，全额累进税率一般已不采用。

2）超额累进税率与全额累进税率相对应，是指分别以征税对象的超额部分为基础计征税款的累进税率，是累进税率的一种。税基每超过一个级距，即分别以其超额的部分适用相应级距的税率征税。超额累进税率是各国普遍采用的一种税率。

3）全额累进税率的优点是：①计算简便，在按照课税对象数额的大小确定税率后，实际上等于按比例税率计税。②全部课税对象都适用相应的最高税率，可以增加财政收入。③累进的名义税率与实际税率一致。其缺点是：在课税对象级距的分界点附近，税负不合理，会出现税收增加额超过课税对象增加额的不合理现象。

4）超额累进税率的优点是：①在征税过程中，对不同等级的课税数额分别适用不同的税率，课税数额越大，适用税率越高，以充分体现对纳税人收入多的多征税、收入少的少征税、无收入的不征税原则，更好地体现公平原则。②累进幅度比较缓和，税收负担较为合理。只就超过部分按高一级税率计算，一般不会发生税收增加额超过课税对象增加额的不合理现象，有利于鼓励纳税人增产增收。③更好地解决了边际税率和平均税率不一致的现象。其缺点是：计算方法比较复杂，征税对象越大，包括等级越多，计算就越复杂。

（8）答：1）税种属性：商品课税易转嫁；所得课税不易转嫁。2）商品的供给和需求弹性：需求弹性大，不易向前转嫁；供给弹性大，不易向后转嫁。3）课税对象范围及可替代程度：课税范围宽广的商品较易转嫁，课税范围狭窄的难以转嫁；可替代程度越高越难以转嫁，可替代程度越低越易转嫁。4）反应期间：需求方在短期内会接受转嫁，长期内接受的程度变小；供给方不能在短期内转嫁，但长期内情况会发生变化并导致税负转嫁。5）课税方法：从价税易转嫁；从量税不易转嫁。6）商品的垄断性：垄断性商品的税负易转嫁；竞争性商品的税负不易转嫁。

（9）答：前转、后转、混转。

6. 计算题

答：（1）公司部门和非公司部门资本的边际产品价值（VMP）应相等。因为资本总量为 80，因此可得 $K_n=30$，$K_c=50$。

（2）征税后，在每个水平上，公司部门的净 VMP 比之前都减少了 6。净 VMP_c 为 $74-2K_c$，且应与 VMP_n 相等。因为资本总量为 80，所以 $K_n=31$，$K_c=49$。$\Delta K_c=1$，税收楔子为 6，因此超额负担为 $0.5\times1\times6=3$。

7. 论述题

（1）答：税负转嫁与归宿的一般规律包括：

1）商品课税较易转嫁，所得课税一般不易转嫁。税负转嫁的最主要方式是变动商品的价格，因而以商品为课税对象，与商品价格关系密切的增值税、消费税、关税等比较容易转嫁；而与商品及商品价格关系不密切或距离较远的所得课税往往难以转嫁。如对个人财产和劳动所得课征的税收一般只能降低个人的消费水平，无法转嫁出去；对各类企业课征的法人所得税尽管存在转嫁的渠道，如提高本公司商品的售价，降低或延迟提高雇员的工资或增加劳动强度，以及降低股息和红利，等等，但这些渠道并不畅通，或者会受到企业雇员和股东的强烈反对，或者会受制于社会供求关系变化情况，所以都难以实现。

2）供给弹性较大、需求弹性较小的商品的课税较易转嫁；供给弹性较小、需求弹性较大的商品的课税不易转嫁。社会中大量的商品生产和销售都处于竞争状态，商品价格的确定最终取决于供求关系，而税负转嫁自然与供求弹性有关。一般来说，供给弹性较大的商品，生产者可灵活调整生产数量，最终得以在所期望的价格水平上销售出去，因而所纳税款完全可以作为价格的一个组成部分转嫁出去；而供给弹性较小的商品，生产者调整生产数量的可行性较小，从而难以控制价格水平，税负转嫁困难。同理，需求弹性较小的商品，其价格最终取决于卖方，可以顺利地实现税负转嫁；但需求弹性较大的商品，买方可以通过调整购买数量影响价格，税负转嫁比较困难。如果把供给和需求结合起来考虑，则供给弹性大于需求弹性时，税负容易转嫁；供给弹性小于需求弹性时，税负转嫁困难。在极特殊的情况下，供给弹性等于需求弹性，则往往由供给和需求两方共同负担税款，税负转嫁只能部分实现。

3）课税范围宽广的商品的税负较易转嫁，课税范围狭窄的商品的税负难以转嫁。税负转嫁必然引致商品价格的升高，若另外的商品可以替代加价的商品，消费者往往会转而代之，从而使税负转嫁失效。但若一种税收课税范围很广，甚至波及同类商品的全部，消费者无法找到价格不变的代用品，则只好承受税负转嫁的损失。

4）对垄断性商品课征的税容易转嫁，对竞争性商品课征的税较难转嫁。因为垄断性商品在较大的市场范围内有独占性，生产者和经营者基本上掌握了价格的控制权，提价转嫁税负的能力强。竞争性商品要根据市场供求状况调整价格，提价转嫁税负的能力较弱。

5）从价课税的税负容易转嫁，从量课税的税负不容易转嫁。从量课税是按课税对象的数量、重量、容积、面积、体积征税，税额不受价格变动的影响，消费者对提价转嫁比较敏感，纳税人担心转嫁税负得少失多。在从价课税条件下，价格随税负转嫁而上升，消费者不易察觉，税负相对说来比较容易转嫁。

（2）答：税收中性和税收对经济的调节作用并不是相互矛盾的，政府在确定税制时，必须兼顾好税收调节经济和保持中性的关系。

1）税收中性。

税收中性并不是指税收对经济完全不起调节作用，主要是针对税收超额负担来说的。

a. 税收超额负担。税收是一种分配方式，从而也是一种资源配置方式。国家征税是将社会资源从纳税人转向政府部门，在这个转移过程中，除了会给纳税人造成相当于纳税税款的负担以外，还可能给纳税人和社会带来超额负担。所谓超额负担，主要表现在两个方面：一是国家征税增加纳税人的支出，同时增加政府部门的支出，若因征税而导致的纳税人的经济利益损失大于因征税而增加的社会经济利益，则会发生在资源配置方面的超额负担；二是由于征税改变了商品的相对价格，对纳税人的消费和生产行为产生了不良影响，因而会发生在经济运行方面的超额负担。

b. 税收中性的含义。税收中性包括两种含义：一是国家征税使社会所付出的代价以税款为限，尽可能不给纳税人或社会带来其他的额外损失或负担；二是国家征税应避免对市场经济正常运行的干扰，特别是不能使税收超越市场机制成为资源配置的决定因素。尽可能保持税收中性原则可以减少税收的超额负担，从而提高税收的效率。从对税收效应的分析可以看出，只要国家征税，就必然对商品购买、劳动投入以及储蓄和投资等诸多方面产生不同程度的影响，在现实生活中保持完全税收中性是不可能的。实践中提出坚持税收中性的意义在于，尽量减少税收对市场经济正常运行的干扰，使市场机制在配置资源中发挥决定性作用，在这个前提下，掌握好税收超额负担的量和度，有效地发挥税收的调节作用，使税收机制与市场机制取得最优的结合。

2）税收对经济的调节作用。

税收作为政府的一种经济行为，作为国家参与和干预 GDP 分配与再分配的手段，涉及社会经济生活的方方面面，必然会对居民和企业的经济决策产生影响，这就是税收效应。税收效应是指纳税人因国家课税而在其经济选择或经济行为方面作出的反应，从另一个角度说，是指国家课税对消费者的选择以至生产者决策的影响，也就是税收对经济所起的调节作用。税收对经济的影响主要体现为收入效应和替代效应。所谓收入效应是指国家课税减少了个人或企业的收入，从而影响他们的经济决策。所谓替代效应是指国家对不同课税对象课征的税收不等，引起微观经济主体以低税负的课税对象替代高税负的课税对象。税收就是通过这两种效应影响纳税人在商品购买、劳动投入以及储蓄和投资等方面的决策的。

3）我国税制建设实践中对税收中性及税收调节经济的作用的处理。

我国 1994 年的工商税制改革，在商品课税税制的设计上就体现了税收中性原则，主要表现在引进了税率档次较少的增值税。但体现税收中性原则并不意味着取消或忽视税收对产业结构的调节作用。

a. 增值税本身就不是完全中性的。政府课税以后，作为直接纳税人的企业必定会想方设法把税负转嫁出去。由于不同商品的供求弹性不同，税收负担转嫁的条件也就不同，有的商品价格可以轻易地提高，而有的却很难，这就势必影响商品的相对价格，从而影响消费者的选择和生产者的决策。此时，增值税就失去了中性，对资源配置发挥着调节作用。

b. 增值税的中性化是以单一税率为前提的，不同的税率就体现了税收的调节作用。我国增值税的四档税率就体现了对居民基本生活用品和农业生产资料的鼓励。

c. 全面推行增值税实行普遍征收的同时，世界各国一般都选择若干商品，再征一道按不同产品设置不同税率的消费税，发挥税收调节产业结构的作用。

总的来看，税收效应和税收对产业结构的调节作用是毋庸置疑的。但是，在社会主义市场经济体制下，对资源配置起决定性作用的是市场和价格，税收必须是在使市场起决定性作用的前提下发挥调节作用，而不是代替价格来调节产业结构。因此，在市场机制自身运作正常的情况下，就应该坚持税收的中性，不扭曲市场机制的运作。在市场机制出现失灵时，就应该充分发挥税收对经济的调节作用，但调节经济的目的也只是使市场机制恢复正常，而不是取而代之。

(3) 答：1）税收对私人投资行为的效应是通过对纳税人的投资收益率和折旧因素的影响来实现的。

如果税收折旧率等于实际折旧率，对私人投资的影响就是中性的；如果税收折旧率高于实际折旧率，对私人投资的影响就是刺激性的，促使纳税人增加私人投资；如果税收折旧率低于实际折旧率，则对私人投资的影响就是抑制性的，促使纳税人减少私人投资。

2）税收对私人储蓄的效应是通过税收对个人可支配收入（税后实际收入）和税后利息率的影响来实现的，并分别表现为收入效应和替代效应。

a. 税收对私人储蓄的收入效应表现为政府征税会压低纳税人的可支配收入，从而促使纳税人减少现期消费，为维持既定的储蓄水平而增加储蓄。

b. 税收对私人储蓄的替代效应表现为政府课税会减少纳税人的实际利息收入，降低储蓄对纳税人的吸引力，从而引起纳税人以消费代替储蓄。

(4) 答：税负能否转嫁，是受各种相关因素制约的。单有转嫁动机而无转嫁条件，则无法转嫁税负。价格的自由变动是税负转嫁的基本条件，同时，转嫁的程度还要受市场供求弹性和税制设计等多种因素的影响。

1）价格变动与税负转嫁。

税负转嫁存在于经济交易中，关键在于价格的变动。一般规则是：课税而不导致课税商品价格提高的，则无转嫁的可能；课税之后，价格增高，税负由卖方转给买方；课税之后，价格不变，税负由卖方自己负担，即未转嫁；课税之后，价格的提高数少于税额，则税负由买方和卖方共同负担；课税之后，价格的提高数多于税额，则不仅税负全部转嫁，卖方还获取额外利益；如因课税加价而引起销量减少，则卖方为维持销路，也有在负担税收之外，损失一部分利润的可能。

2）供求弹性与税负转嫁。

① 需求弹性与税负转嫁。a. 需求完全无弹性下的税负转嫁。无论价格发生什么样的变化，需求量都是一定的，不发生变化。它反映征税的产品是必需品且没有替代品的情况。b. 需求具有完全弹性下的税负转嫁。需求具有完全弹性即弹性值趋于无限大，说明价格稍有上升，消费者就会完全采用代用品或停止购买该商品。该商品只能采用固定标价，不论需求量有多大，价格都不变。总之，税负转嫁与需求弹性成反比。

② 供给弹性与税负转嫁。供给弹性是指供给量对价格变动所作出的反应程度。a. 供给完全无弹性下的税负转嫁。不管需求增加还是减少，供给量都不变。但因为供给完全无弹性，供给量不变，厂商收入减少，其数额等于增税税额。说明厂商无法通过提高价格的办法向前转嫁税负，只能由自己负担。b. 供给具有完全弹性下的税负转嫁。价格一旦有变化，供给就会随之发生变化。在这种情况下，厂商所缴纳的税款可以全部向前转嫁给购买方。

③ 供给和需求都有弹性而不是具有完全弹性下的税负转嫁。供给和需求都有弹性但不是具有完全弹性，由于供给有弹性，因此，供给方可以通过提高价格的办法向前转嫁税负；但由于需求也有弹性，在价格上升的情况下，会出现需求的下降，从而使供给方并不能将所缴纳税款全部转嫁给购买方，其结果是只能由供给方与购买方共同负担税款。

3）税收制度与税负转嫁。

对于商品课税制度而言，一般表现为：

a. 在课税范围的选择上，课税范围越广，越不易发生替代效应，税负越容易转嫁；课税范围越窄，越易发生替代效应，税负越不易转嫁。

b. 在计征标准的选择上，从价课征，税额随价格的变动而变动，课税加价，税负转嫁容易；从量课征，课税加价，会使消费者减少购买，税负转嫁困难。

c. 在商品种类的选择上，对生活用品课税，税负辗转次数少，转嫁速度慢；对生产用品课税，税负辗转次数多，转嫁速度快。对生活必需品课税，消费基础广，税负容易转嫁；对奢侈品课税，消费基础窄，税负不易转嫁。

对于所得课税制度而言，一般来讲，所得税的归宿较易确定，税负不易转嫁。

a. 个人所得税，不易转嫁或无法转嫁。

b. 企业所得税，可能发生税负转嫁。除了通过价格变动转嫁税负外，主要是通过降低工资（实际工资）或提高劳动强度把税负转嫁给工人。

（5）答：要点如下：

1）税负转嫁的含义与基本类型。

2）供求弹性对税收归宿的影响。

3）结合增值税或消费税说明供求弹性是如何影响税收归宿的。

（6）答：税负转嫁与逃税的区别是：

A. 税负转嫁是经济现象，逃税是社会的、政治的现象。

B. 税负转嫁的结果只是税收负担结构及税收归宿不同，政府的税收并无减少或损失，逃税的结果是无人承担纳税义务，使政府的税收收入总量减少或损失，是一种不正常的违法行为，必然受到法律制裁。

（7）答：1）税收应以公平为本。在现代经济学看来，任何经济活动的目标都是追求公平与效率以及二者的最佳结合，税收也是如此。公平合理是税收的基本原则和税制建设的目标，从古到今，横贯东西方国家税收的实践表明，税收公平与否往往是检验税制和税收政策好坏的标准。一般地理解，税收公平包括普遍征税和平等征税两个方面。所谓普遍征税，通常是指征税遍及税收管辖权之内的所有法人和自然人，换言之，所有有纳税能力的人都应毫无例外地纳税。所谓平等征税，通常是指国家征税的比例或数额与纳税人的负担能力相称。

2）征税必须考虑效率的要求。征税不仅应是公平的，而且应是有效率的。这里的效率包括两层意义：一是指征税过程本身的效率，即较少的征收费用、便利的征收方法等；二是指征税对经济运行效率的影响，宗旨是征税必须有利于促进经济效率的提高，也就是有效地发挥税收的经济调节功能。征税过程本身必须有效率。必须以尽可能少的征收费用获得尽可能多的税收收入，征收费用与税收收入的比值越小越好。通过征税促进经济效率的提高是更高层次的税收效率。

3）税收公平与效率的辩证关系。税收的公平与效率是密切相关的，从总体上讲，税收的公平与效率是互相促进、互为条件的统一体。

① 效率是公平的前提。如果税收活动阻碍了经济发展，尽管是公平的，也是没有意义的。因为税收作为一种分配手段是以丰裕的社会产品为基础的，而没有效率的公平便成了无本之木。所以，真正的公平必须融合了效率的要求，必须是有效率的公平。

② 公平是效率的必要条件。尽管公平必须以效率为前提，但失去了公平的税收也不会是高效率的。因为税收不公平必然会挫伤企业和个人的积极性，甚至还会导致社会矛盾，从而使社会生产缺少动力和活力，自然也就无效率可言。因此，真正的税收效率必须体现公平的要求，至少必须是大体公平的。

六、延伸阅读

房地产税改革的意义

一、有利于抑制房价，调节贫富差距

对于房地产行业来说，房价与利润呈正相关关系。而房地产税的到来使税收从消费环节向持有环节转变。征收房地产税有利于提高持有成本，降低收益预期，从而遏制房地产的投资需求，引导投资者将资本投入到教育和基础设施方面，促进教育和基础设施以及其他产业的发展。当前中国的贫富差距比较大，房子分配比例不合理，不利于社会的发展，征收房地产税对于社会的发展具有良好的作用。房地产税是直接税，不是以前间接的税，直接税有利于调节收入分配差距，有利于政府直接进行二次分配，促进社会的公平正义，促进社会发展。

二、有利于改变地方税收过分依赖土地财政的状况

我国的税收法定化和2016年“营改增”以后地方财政主体税种的缺失，使地方政府面临巨大的财政压力。如果地方政府没有找到与营业税相匹配的税源，地方财政压力将非常大，地方政府债务会不断增加，房地产税有利于调动地方的积极性，增强税收的灵活性，并有可能逐渐发展成为地方政府的主体税种。

三、对楼市的意义

房地产具有使用和投资两个功能属性，但是现在房地产越来越走向投资的功能，对于许多刚性需求者来说非常不利。中国从古至今都是一个安土重迁的国家，对房子和土地有着不一样的情怀，但是随着房地产的投资属性增强，房子的价格不断上涨。房地产税可提高开发商和炒房者的成本，降低其收益预期，从而减少投资者的投资需求，发挥通过目前的市场供求关系降低房价的作用，在一定程度上打击那些炒房者，使得炒房的未来预期收益下降，现存风险增加。一些开发商和炒房者恶意囤积房子，减少房源，提高房价，如果征收房地产税，会增加他们持有房产的成本。

【知识链接】税收的公平与效率

【资料来源】江飞，黄发光，杨兵，朱忠良，何奕婷．房地产税收改革的意义和建议．财富时代，2020（04）：149.

第十一章

税收的经济效应

一、本章回顾

本章主要阐述了税收对经济的影响，核心问题是税收的收入效应和替代效应，并介绍了税收对投资、收入分配的影响以及西方供给学派的税收观点，最后介绍了“拉弗曲线”的经济含义。

本章要点：

（1）税收的收入效应、替代效应的含义。

（2）税收对投资的影响。

（3）税收对收入分配的影响。

（4）西方供给学派的税收观点以及“拉弗曲线”的经济含义。

二、术语小读

1. 税收的经济效应

税收的经济效应是指纳税人因国家课税而在其经济选择或经济行为方面作出的反应，或者从另一个角度说，是指国家课税对消费者的选择以至生产者决策的影响，也就是通常所说的税收的调节作用。

2. 税收的收入效应

税收的收入效应是指税收将纳税人的一部分收入转移到政府手中，使纳税人的收入下降，从而降低商品购买量和消费水平。

3. 税收的替代效应

税收的替代效应是指税收对纳税人在商品购买方面的影响，表现为当政府对不同的商品实行征税或不征税、重税或轻税的区别对待时，会影响商品的相对价格，使纳税人减少征税或重税商品的购买量，而增加无税或轻税商品的购买量，即以无税或轻税商品替代征税或重税商品。

4. 社会保险税

社会保险税是以纳税人的工薪所得为征税对象的一种税收，在为全体居民提供社会保障基金的同时，也发挥了在高收入群体和低收入群体之间的收入再分配作用。

5. 所得税指数化

所得税指数化即按照每年的消费物价指数，调整应税所得的适用税率和纳税扣除额，以便剔除通货膨胀所造成的名义所得上涨的影响。

6. 西方供给学派

供给学派是在反对凯恩斯主义学派的背景下应运而生的，供给学派认为，需求管理政策不能解决经济的“滞胀”，只有从资本和劳动力投入的数量与质量及其使用效率着手，才能恢复经济的活力，因而主张实行“供给管理政策”，主要载体则是减税政策。

7. 拉弗曲线

拉弗曲线是说明税率与税收收入和经济增长之间的函数关系的一条曲线。

三、难点精析

1. 税收的经济效应

税收的经济效应是指纳税人因国家课税而在其经济选择或经济行为方面作出的反应，从另一个角度说，是指国家课税对消费者的选择以至生产者决策的影响，也就是通常所说的税收的调节作用。

分类：

（1）正效应与负效应。

某税的开征必定使纳税人或经济活动作出某些反应。如果这些反应与政府课征该税时所希望达到的目的一致，税收的这种效应就被称为正效应。

负效应则是指课税实际产生的经济效果与政府的课税目的相违背。

（2）中性效应与非中性效应。

中性效应是指政府课税不打乱市场经济运行，即不改变人们对商品的选择，不改变人们在支出与储蓄之间的抉择，不改变人们在努力工作与休闲之间的抉择。

与中性效应相反，非中性效应是指政府课税影响了经济运行机制，改变了个人对消费品、劳动、储蓄和投资等的抉择，进而影响到资源配置、收入分配和公共抉择等。

（3）激励效应与阻碍效应。

税收的激励效应是指政府课税（包括增税或减税）使得人们更热衷于某项活动。

税收的阻碍效应则是指政府课税使得人们更不愿从事某项活动。

（4）收入效应与替代效应。

税收的收入效应是指课税减少了纳税人可自由支配的所得，改变了纳税人的相对所得状况。

税收的替代效应是指当某种税影响相对价格或相对效益时，人们就选择某种消费或活动来代替另一种消费或活动。

2. 无差异曲线

无差异曲线用来表示两种商品或两组商品的不同数量的组合为消费者提供的效用是相同的。无差异曲线符合这样一个要求：如果听任消费者对曲线上的点做选择，那么所有的点对他都是同样可取的，因为任一点所代表的组合给他带来的满足都是无差异的。

无差异曲线的特征：

（1）消费者对较高的无差异曲线的偏好大于对较低的无差异曲线的偏好，消费者通常对东西多的偏好大于对东西少的偏好。

（2）无差异曲线被假设为向右下方倾斜。无差异曲线的斜率反映了消费者愿意用一种商品代替另一种商品的比率，在大多数情况下，消费者两种商品都喜欢。因此，如果要减少一种商品的量，为了使消费者得到同样的享受，就必须增加另一种商品的量。

（3）除非消费者的喜好改变，否则无差异曲线不可能相交，这可以用反证的方法证明。

（4）无差异曲线凸向原点。无差异曲线斜率的绝对值是边际替代率——消费者愿意用一种商品替代另一种商品的比率。边际替代率通常取决于消费者目前消费的每一种商品量。特别是，人们更愿意放弃他们拥有的丰富的商品，并且更不愿意放弃他们拥有的不多的商品。

（5）假若无差异曲线凸向原点的假设不存在，除非无差异曲线与预算线的斜率完全一样，否则消费者只会购买一种物品。

3. 税收对投资的影响

影响投资决策的两个因素是：投资的净收益和投资的成本。

税收主要是通过企业所得税税率的改变、税前抵扣和税收优惠等影响纳税人的投资收益和投资成本。

假定投资量为 Q，毛收益为 R，企业所得税税率为 t，则毛收益率为 $r=R/Q$，净收益率为 $r(1-t)$；再假定市场利率为 i，则投资者进行投资的必要条件是 $r(1-t)\geqslant i$。

显然，能否满足此条件在很大程度上取决于 t。

4. 税收对收入分配的影响

（1）个人所得税是调节收入分配的最有力工具。

（2）税收支出也是影响收入分配的重要工具。

（3）社会保险税是实现收入再分配的重要手段。

（4）所得税指数化是减轻通货膨胀的收入分配扭曲效应的一种方法。

5. 拉弗曲线

供给学派的三个基本命题可以从供给学派的代表人物拉弗设计的“拉弗曲线”得到说明，拉弗曲线是说明税率与税收收入和经济增长之间的函数关系的一条曲线（见图 11－1）。

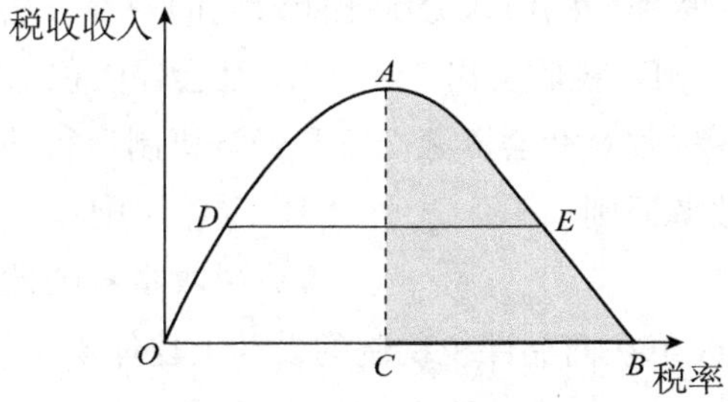

图 11－1　拉弗曲线

图 11－1 中横轴代表税率，纵轴代表税收收入。税率从原点开始为 0，然后逐级提高至 B 点时为 100%；税收收入从原点向上计算，随着税率的变化而变化。税收收入与税率的函数关系呈曲线 OAB 状（抛物线形），当税率逐级提高时，税收收入也随之增加，当税率提高至 OC 时，税收收入达到最大，即 AC；税率一旦超过 OC，税收收入反而会呈减少趋势。当税率上升到 OB（100%）时，税收收入将因无人愿意从事工作和投资而降为零。供给学派把 CAB 区域，即图中的阴影部分，称为税率“禁区”。在税率进入禁区后，税率越是提高，税收收入越是减少。

拉弗曲线至少阐明了以下三个方面的经济含义：

（1）高税率不一定带来高税收收入，而高收入也不一定要实行高税率。因为高税率会挫伤生产者和经营者的积极性，削弱经济行为主体的活力，导致生产停滞或下降。

（2）取得同样多的税收收入，可以采用两种不同的税率，如图 11－1 中的 D 点和 E 点，两点的税收收入是相等的，但 D 点的税收负担很轻。由于低税负刺激了工作意愿、储蓄意愿和投资意愿，因而会促进经济增长，随着经济的增长，税基扩大，税收收入自然增加。

（3）税率、税收收入和经济增长之间存在着相互依存、相互制约的关系，从理论上说应当存在一种兼顾税收收入与经济增长的最优税率。因此，保持适度的宏观税负水平是促进经济增长的一个重要条件。

四、牛刀初试

1. 名词解释

（1）税收的经济效应　　（2）税收的替代效应　　（3）所得税指数化

（4）社会保险税　　（5）拉弗曲线

2. 判断题

（1）税收的收入效应会对收入分配产生影响，但不一定会造成超额负担。

(2) 拉弗曲线图中税率与税收收入之间的关系集中体现了供给学派的观点。

(3) 减税政策是一种扩张性财政政策，在经济繁荣期使用，更有锦上添花的效果。

(4) 相较于税收的替代效应，税收的收入效应不一定会造成税收的无谓损失。

3. 单项选择题

(1) (　　) 是减轻通货膨胀的收入分配扭曲效应的一种方法。

A. 个人所得税　B. 税收支出　C. 社会保险税　D. 所得税指数化

(2) (　　) 旨在考察税收对社会资源配置和经济机制运行的影响状况。

A. 税收的经济效率原则　B. 受益原则

C. 支付能力原则　D. 税收本身的效率原则

(3) 我国的工商税制改革在商品课税税制的设计上也体现了 (　　) 原则。

A. 税收负担　B. 税收转嫁　C. 税收中性　D. 税收替代

(4) 下列关于税收对投资的影响的说法错误的是 (　　)。

A. 税收对投资的影响是通过影响纳税人的投资收益和投资成本来实现的

B. 企业所得税政策会影响投资

C. 税收优惠政策会影响投资

D. 税收对投资的替代效应是指储蓄替代投资

4. 不定项选择题

(1) 税收对投资的影响主要体现在通过 (　　) 等影响纳税人的投资收益和投资成本。

A. 个人所得税税率　B. 企业所得税税率

C. 税收优惠　D. 税前抵扣

(2) 供给学派认为 (　　) 边际税率会降低人们的工作积极性。

A. 高　B. 低　C. 中　D. 不变

(3) 供给学派关于税收的三个基本命题是 (　　)。

A. 高边际税率会降低人们的工作积极性，低边际税率会提高人们的工作积极性

B. 高边际税率会提高人们的工作积极性，低边际税率会降低人们的工作积极性

C. 高边际税率会阻碍投资，减少资本存量，而低边际税率会鼓励投资，增加资本存量

D. 边际税率的高低和税收收入的多少不一定按同一方向变化，甚至可能按反方向变化

(4) 以下关于税收对个人收入分配的影响说法正确的是 (　　)。

A. 个人所得税是调节收入分配的最有力工具

B. 税收支出是影响收入分配的重要工具

C. 社会保险税是实现收入再分配的重要手段

D. 所得税指数化是减轻通货膨胀的收入分配扭曲效应的一种方法

(5) 以下属于所得税指数化方法的是（　　）。

A. 特别扣除法　　B. 税率调整法

C. 实际所得调整法　　D. 边际税率法

5. 简答题

(1) 简述税收的替代效应。

(2) 简述税收对稳定经济的作用。

(3) 如何确定最佳税率?

(4) 画图解释税收的收入效应。

(5) 为什么税率的提高并不一定使税收增加?

6. 论述题

(1) 论述税收的经济影响。

(2) 论述“拉弗曲线”及其意义。

(3) 论述税收对个人收入分配的影响。

五、习题解答

1. 名词解释

(1) 略　(2) 略　(3) 略　(4) 略　(5) 略

2. 判断题

(1) 对。

(2) 对。

(3) 错，减税政策是一种扩张性财政政策，在经济繁荣期使用，可能导致经济过热，不利于经济的发展。

(4) 对。

3. 单项选择题

(1) D　(2) A　(3) C　(4) D

4. 不定项选择题

(1) BCD　(2) A　(3) ACD　(4) ABCD　(5) ABC

5. 简答题

(1) 答：税收的替代效应是指税收对纳税人在商品购买方面的影响，表现为当政府对不同的商品实行征税或不征税、重税或轻税的区别对待时，会影响商品的相对价格，使纳税人减少征税或重税商品的购买量，而增加无税或轻税商品的购买量，即以无税或轻税商品替代征税或重税商品。

在图 11-2 中，假定政府不征税或征税前纳税人购买两种商品的组合线为 AB，最佳选择点为 P_1。现假定只对食品征税，税款为 BE 乘以食品价格，对衣物不征税。在这种情况下，该纳税人会减少食品的购买量，购买两种商品的组合线便由 AB 移至 AE，与其相切的无差异曲线则为 I_2，切点为 P_2。在这一切点上，纳税人以税后收入购买商品所得的效用或满足程度最大，即用于衣物的支出为 P_2 点与轴线的垂直距离乘以衣物价格，用于食品的支出为 P_2 点与轴线的水平距离乘以食品价格。

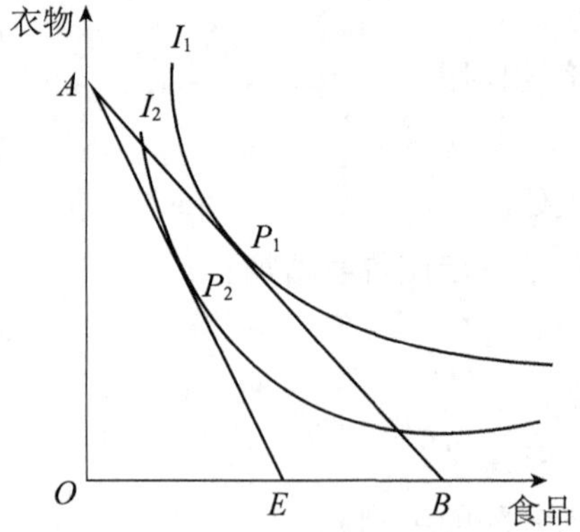

图 11-2　税收的替代效应

由此可见，由于政府对食品征税而对衣物不征税，改变了纳税人购买商品的选择，其最佳点由 P_1 移至 P_2，这意味着纳税人减少了食品的购买量，相对增加了衣物的购买量，从而改变了购买两种商品的数量组合，也使消费者的满足程度下降。

(2) 答：市场经济的运行有一定的盲目性，这种盲目性造成诸如经济结构扭曲、价格水平不稳定和难以保持充分就业等问题，从而引起经济的周期性波动。现代政府担负的重要职责之一，就是要促进资源的充分利用和经济结构的合理化，保持宏观经济的稳定和均衡发展，为此，需要运用各种财政手段进行结构性和反周期性的调节，税收即为主要的财政调节手段之一。以差别税率引导经济行为，以增税或减税影响总供需关系等，有助于政府实现一定的宏观经济调控目标。

此外，在发展中国家，由于民间资金积累不足和存在市场残缺问题，为了实现经济的快速发展，通常也以税收作为筹集国家经济建设资金的工具。

(3) 答：在社会主义市场经济条件下，最佳税率的确定应考虑以下几点：

第一，必须保证生产过程中的物质消耗得到补偿。劳动资料和劳动对象的消耗属于生产过程中的物质消耗，它们的及时足额补偿是生产在原有规模上继续进行的必备条件。否则，生产规模就要缩小，经济就会下降。人们常说的税收不能侵蚀资本，就是这个道理。

第二，必须保证劳动者的必要生活费用得到满足。劳动者是生产中起主导作用的要素，因此，要保证社会再生产的顺利进行，还必须保证劳动力的再生产，而要保证劳动力的再生产，就必须满足劳动者的必要生活费用。换句话说，税收不能侵蚀必要生活费用。不仅如此，劳动者的生活水平还应随着经济的发展不断提高。

第三，必须保证国家行使职能的最低物质需要。国家行使职能，满足社会公共需要，构成社会再生产的必不可少的外部条件，如果税收不能满足国家行使职能的最低物质需要，社会再生产也是不能顺利进行的。具体来说，国家行使职能的最低物质需要由三部分构成：1）不随生产发展和人口增加而相应增加的社会公共需要量，如行政经费、和平时期的国防费用。2）随着生产发展和人口增加而要相应增加的社会公共需要量，如文教卫生事业费。3）由人口增加引起的社会投资中必须由国家承担的部分，如基础设施投资。

（4）答：税收的收入效应是指税收将纳税人的一部分收入转移到政府手中，使纳税人的收入下降，从而降低商品购买量和消费水平。下面以图 11－3 来说明。

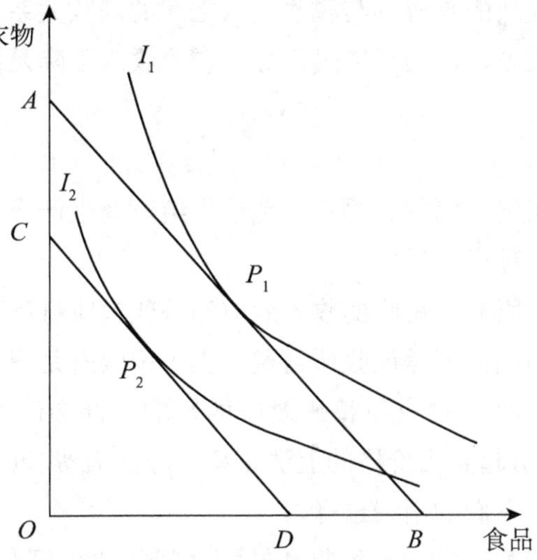

图 11－3　税收的收入效应

在图 11－3 中，横轴和纵轴分别表示食品和衣物两种商品的数量。假定纳税人的收入是固定的，而且全部收入用于购买食品和衣物，两种商品的价格也是不变的，则将纳税人购买两种商品的数量组合连成一条直线，即 AB 线，此时纳税人对衣物和食品的需求都可以得到满足。纳税人的消费偏好可以由一组无差异曲线来表示，每条曲线表示个人在得到同等满足程度下，在两种商品之间选择不同的组合的轨迹。由于边际效用随数量递减，无差异曲线凸向原点。AB 线与无数条无差异曲线相遇，但只与其中一条相切，即图中的 I_1，切点为 P_1。在切点 P_1 上，纳税人以限定的收入购买两种商品所得到的效用或满足程度最大，即用于衣物的支出为 P_1 点与轴线的垂直距离乘以衣物价格，用于食品的支出为 P_1 点与轴线的水平距离乘以食品价格。

若政府决定对纳税人课征一次性税收（如个人所得税），税款相当于 AC 乘以衣物价格或 BD 乘以食品价格，那么，该纳税人购买这两种商品的组合线由 AB 移至 CD。CD 与另一条无差异曲线 I_2 相切，切点为 P_2。在切点 P_2 上，纳税人以其税后收入购买两种商品所得到的效用或满足程度最大，即用于衣物的支出为 P_2 点与轴线的垂直距离乘以衣物价格，用于食品的支出为 P_2 点与轴线的水平距离乘以食品价格。

由以上分析可以看出，政府课征一次性税收致使纳税人购买商品的最佳选择点由 P_1 移至 P_2，这意味着政府课税对纳税人的影响表现为因收入水平下降而减少商品购买量或降低消费水平，但不改变购买两种商品的数量组合。

（5）答：税收负担影响纳税人的收入水平，进而影响经济主体生产、劳动的积极性以及投资和消费水平，因此，一般来说，税收负担水平过高是不利于经济增长或发展的。对此，从斯密、萨伊到现代供给学派的理论，都对轻税政策与促进经济发展的关系作了较为深入的分析。美国供给学派代表人物阿瑟·拉弗所提出的“拉弗曲线”则较为形象地说明了经济发展、税收收入和税率之间的内在联系。

拉弗曲线表面上看反映的是税率与税收收入之间的函数关系，实际上体现的是税收负担与经济增长或发展的关系，因为税率过高导致税收收入下降是源于税收负担过重抑制了经济活动，损害了税基。

6. 论述题

（1）答：税收会对消费、储蓄、投资、劳动供给以及生产产生影响，税收的经济影响是指政府课税所引起的各种经济反应。

第一，税收对消费的影响。税收的收入效应和替代效应打乱了消费者对各种不同商品的选择。无论是征收商品税，还是征收所得税，也不论政府是只对某一部分商品课税，还是对全部商品课税，由于收入效应与替代效应的影响，都会改变人们对消费品的自由选择。其具体表现为：1）引起商品价格的上涨，从而降低消费者的购买力；2）许多商品的税率不一致，这就影响了人们的消费选择。

第二，税收对居民储蓄的影响。税收和储蓄之间的关系可归纳为：1）收入效应的大小取决于所得税的平均税率水平，而替代效应的大小取决于所得税的边际税率的高低；2）所得税的累进程度越高，对个人储蓄的抑制就越大；3）高收入者边际储蓄倾向高，对其征税有碍储蓄增加；4）减征或免征所得税将提高储蓄的收益率，有利于储蓄。

第三，税收对投资的影响。政府课税会影响投资的供给，这有三个方面的原因：1）税收会在一定程度上妨碍储蓄的增长，而储蓄是投资供给的一个重要渠道，储蓄减少势必影响投资供给；2）税收还会减少投资者的税后利润收入，影响投资者的积极性；3）政府课税常有利于某种投资而不利于另一种投资，从而妨碍人们在投资上进行自由选择，因而人们往往举棋不定。

第四，税收对劳动供给的影响。税收对劳动供给的影响主要表现为：一方面，征税会减少个人可支配收入，要求人们增加工作时间，以弥补收入的不足，从而增加劳动供给；另一方面，政府通过税收资金的再分配，可以扩大投资，提供就业机会，同时，政府也可以采取税收优惠措施，鼓励投资，同样起到增加就业机会的作用。

第五，税收对生产的影响。税收有可能影响企业生产能力的发挥。一般来说，所得税在企业效应上表现为减少收益，使企业在生产上对资本风险失去信心。在完全竞争市场经济条件下，厂家把产品生产安排在价格等于边际成本的水平上，但税收增加使边际成本提高，减少了利润最大时的产出，使市场供应下降。结果是，生产者便在政府课税情况下缩减生产。

（2）答：参照“难点精析”第5点“拉弗曲线”。

（3）答：个人所得税是调整收入分配的最有力的工具。个人所得税直接对纳税人所得进行征税，体现了支付能力原则，高收入者多征，低收入者少征，实行累进税率，具有较强的再分配作用，对抑制收入差距的扩大具有特殊的功能。

税收支出也是影响收入分配的重要工具。政府通过税收政策的特殊规定，可以增加低收入阶层的实际收入。具体通过税收优惠政策对低收入阶层进行照顾，通过间接增加低收入阶层收入或减少消费支出给予税收优惠，通过免税鼓励高收入阶层办社会福利事业，或向慈善机构、公益事业机构等单位捐款。

社会保险税是实现收入再分配的重要手段。社会保险税以纳税人的工薪所得为征税对象，在为全体社会成员提供社会保障基金的同时，发挥了在高低收入群体之间的再分配作用。

所得税指数化是减轻通货膨胀的收入分配扭曲效应的一种方法。所得税指数化是按每年消费物价指数，调整应税所得的适用税率和纳税扣除额，以便剔除通货膨胀所造成的名义所得上涨的影响。具体方法有四种：特别扣除法、税率调整法、指数调整法、实际所得调整法。

六、延伸阅读

社会保障税的国际经验借鉴

经过几十年的发展，社会保障税目前已成为西方国家的主要税种之一。在征收社会保障税方面，有非常丰富的经验可以吸取。下面分别从德国、英国、美国三个国家来介绍其各自的社会保障税。

1. 项目型社会保障税——德国。其社会保障体系由养老、医疗、失业、工伤和老年人关怀保险五部分组成，各部分均采用比例税率。这种模式的优点是灵活性较高，可以适应不同保障项目支出情况的变化，如对养老保险和医疗保险等支出较多的保障项目设置较高的税率，对老年人关怀保险等支出较少的保障项目则设置较低的税率。但由于其分项目分别征收管理，各项目间财力调剂余地小，在一定程度上牺牲了一部分公平性；同时，其高福利增加了政府的财政负担。

2. 对象型社会保障税——英国。其社会保障税中最主要的税种是国民保险税，根据参保人员的不同类别分为“受雇领薪者”“自雇人员”“自愿缴款者”“所得超过一定标准的自雇人员”四大类。第一类采用全额累进，第二、第三类采用固定税额，第四类则采用超额累进的计算方式。这种模式的优点是根据不同参保人员设置不同等级的税率以及不同的计算方式，在便于征收的同时兼顾了税收公平；其缺点是社会保障税的征收没有很好地与承保项目挂钩，返还性较差。

3. 混合型社会保障税——美国。其社会保障税包含项目型和对象型两种模式，它是由一般社会保障税、失业保障税、铁路员工保障税和个体业主税四个税种组成的社会保障体系，四者均采用比例税率。混合型社会保障税结合了项目型和对象型社会保障税的优点，其既具有较高的灵活性，又具有较强的适应性，表现为它可以使特定项目拥有独立的社会保障支出体系；但其缺点是管理不够便利，四项分别征收，统一性差。而且美国社会保障税在工资最高限额以下征税，高收入者的大部分工资不在纳税范围内，导致其有很强的累退性，不利于再分配，使社会保障的促进社会公平功能减弱。

【知识链接】社会保险税

【资料来源】杨芳楠．关于我国开征社会保障税问题的思考．商业经济，2019（04）：129－130.

第十二章

我国现行税制

一、本章回顾

本章主要介绍了税收制度的演进和我国税收制度改革的实践问题，以及我国现行税收制度中的若干主要税种。着重阐述了商品课税、所得课税的特征与功能，介绍了商品课税和所得课税各税种的主要内容，以及资源课税与财产课税、环境保护税的基本内容。

本章要点：

(1) 税收制度发展的历史进程与特点。

(2) 我国农村税费改革的内容。

(3) 商品课税、所得课税、资源课税和财产课税以及环境保护税的定义、特征、功能和优缺点。

(4) 增值税的优点和现行增值税制度的基本内容，消费税的征收范围及应纳税额的计算方法。

(5) 企业所得税的主要内容，个人所得税的基本类型，《中华人民共和国个人所得税法》第七次修正的主要内容，以及现行个人所得税制的基本内容。

(6) 土地增值税的含义、开征意义及税率。

(7) 现行资源税的纳税人和征税范围。

(8) 我国当前财产税的基本特征以及资源税改革和财产税进一步改革的思路。

(9) 环境保护税的基本内容、征收范围及计算方法。

二、术语小读

1. 税收制度

一种理解认为，税收制度是国家各种税收法令和征收管理办法的总称；另一种理解认为，税收制度是国家按一定政策原则组成的税收体系，其核心是主体税种的选择和各税种的搭配问题。

2. 直接税

凡是税负不能转嫁的税种即为直接税。一般认为，所得课税和财产课税属于直接税。

3. 间接税

凡是税负能够转嫁的税种即为间接税。一般认为，商品课税属于间接税。

4. 农村税费改革

农村税费改革是我国继土地改革、家庭联产承包责任制之后的又一次农村经济体制的重大改革。该项改革坚持“减轻、规范、稳定”的原则，切实减轻农民负担，从制度上规范国家、集体与农民之间的分配关系和分配形式，使农民的税负水平在一个较长的时期内保持不变。

5. 黄宗羲定律

明末清初的思想家黄宗羲在研究历代赋税制度更迭演变的基础上发现：每次农村税费改革，农民负担在下降一段时间后，由于种种原因，反而会涨到一个比改革前更高的水平，走向了原先改革目的的反面。后人将这种现象称为“黄宗羲定律”。

6. 商品课税

商品课税泛指所有以商品为征税对象的税类。

7. 所得课税

所得课税是对所有以所得额为课税对象的税种的总称。

8. 资源税

对自然资源的课税为资源税。资源税有两种课征方式：一是以自然资源本身为计税依据，这种自然资源必须是私人拥有的（这种资源税实质上是财产税）；二是以自然资源的收益为计税依据，这种自然资源往往为国家所有。

9. 财产税

财产税是对纳税人拥有或支配的应税财产就其数量或价值额征收的一类税收的总称。

10. 环境保护税

广义的环境保护税是指税收体系中与环境、自然资源利用和保护有关的各个税种的总称；狭义的环境保护税是指同污染控制相关的税种和税收手段。

三、难点精析

1. 税制结构的类型

税制结构是指由若干个不同性质和作用的税种组成的具有一定功能的税收体系。主体税种是税制结构的灵魂，也是区别不同税制结构的重要标志。

根据主体税种的不同，税制结构的类型如图 12－1 所示。

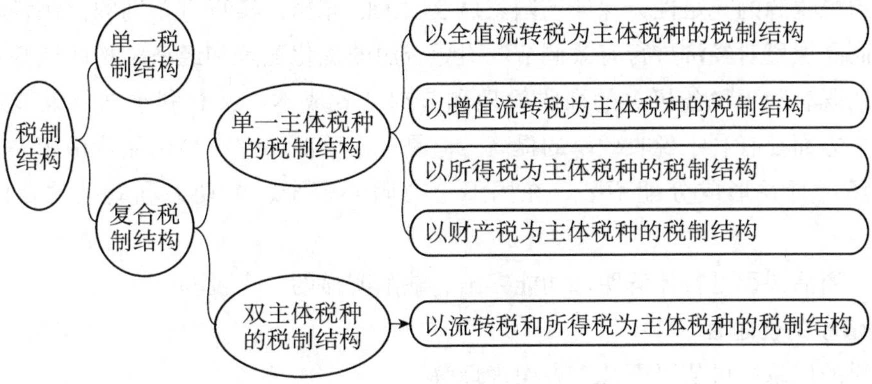

图 12－1　税制结构的类型

当今世界的税制结构呈现出以所得税为主体税种和以流转税为主体税种的两大模式：大部分发展中国家选择以流转税为主体税种，以所得税、财产税为辅助税种的税制结构模式，而大部分发达国家则选择以所得税为主体税种，以流转税等为辅助税种的税制结构模式。一般说来，倚重商品课税，有利于保证税收收入，征收简便，具有一定的经济调节力，但税负分配不够公平；倚重所得课税，可以较好地体现课税公平，但对于收入水平和税收征管水平不高的发展中国家来说，税源不够充裕，征管有失简便。因此，选择何种税制结构模式，取决于如何最大限度地实现税收制度的公平、效率及财政收入等目标。

2. 商品课税的一般特征及优缺点

商品课税又称流转课税，是指以商品（或流转额）为课税对象的税类。流转额包括商品流转额和非商品流转额。商品流转额是指在商品交换（买进和卖出）过程中发生的交易额。对卖方来说，具体表现为商品销售额；对买方来说，则是购进商品时支付的金额。非商品流转额是指交通运输、邮电通信以及各种服务性行业的营业收入额。此外，商品课税既可以全部流转额作为课税对象，又可以部分流转额作为课税对象。

（1）商品课税主要有以下几个特征：

① 课征普遍。商品课税以商品交换并形成销售收入为前提，在现代社会中，商品是社会生产、交换、分配和消费的对象，商品生产和商品交换是社会生产的主要形式，对商品的课税自然是最具普遍性的税类。

② 以流转额为计税依据。在税率既定的前提下，商品课税税额的大小直接依赖于商品、劳务价格的高低及流转额的多少，而与成本、费用水平无关。即不论课税的商品有无盈利，只要发生了商品销售或提供劳务的行为，所发生的流转额都要课税。

③ 普遍实行比例税率。除少数税种实行定额税率外，商品课税主要适用比例税率，这是商品课税的一个重要特征。

④ 计征简便。商品课税以流转额为计税依据，与商品成本和盈利水平无关，主要采

用比例税率形式，因此计税与征税相对简单。

（2）商品课税的优缺点：商品课税课征对象的普遍性及以流转额为计税依据的特征决定了商品课税税源的充足性，保证了国家财政收入的充裕；实行有差别的比例税率有利于国家通过商品课税对经济进行有效调节，引导资源的优化配置和经济结构的调整；计征便利性的特征既有利于税务机关的征收管理和节约征收成本，又有利于纳税人节约纳税成本，这两个方面都有利于税收效率的提高。但是，由于商品课税与商品价格相关，在国内会干扰市场运行并形成分配不公，在国际上会阻碍资金、劳动力和商品的自由竞争与流动。

总之，商品课税是特征鲜明、功能突出、缺陷明显的一个税种。

3. 增值税的优越性

增值税的优越性可从以下几个方面来理解：

（1）避免重复征税。增值税是以生产过程和流通过程创造的增值额为课税对象的一种税。增值额相当于企业新创造的价值（$V+M$）。增值税主要是对企业收入中尚未征过税的部分征税。在实践中，首先要从企业的销售收入中扣除其中的已税部分再进行计征。因此在就一种商品多次课征时，增值税避免了重复征税。

（2）适应生产经营的专业化和协作化发展，保证税负分配相对公平。增值税税率的设计体现的是整体税负率，即无论商品流转经历了多少环节，该商品整体税负不变，避免了“阶梯性”税负，有利于生产结构的合理化。由于前道环节的税收可以抵扣，所以不管流通环节有多少，纳税人都是仅承担自身所处环节增值部分的税收，因此增值税被认为是中性税种，能够较好地体现公平税负的原则，有利于企业在同等条件下进行公平竞争。

（3）形成纳税制约机制。在世界各国的实践中，增值税普遍实行购进扣税法，通过增值税专用发票上的销项税额和进项税额，对商品交易中的购销双方加以制约，有利于简化税务机关的征收管理。

（4）有利于出口退税。出口商品在出口环节由出口国退还该商品在国内已缴增值税税款，是国际上通行的做法。增值税税率是整体税负率，出口商品的不含税价与增值税税率之积就等于该商品应退税款，利益边界清晰，计算简便，因而出口退税的可操作性较强。

4. 所得课税的一般特征和功能

所得课税是以所得额为课税对象的税类。所得额是指单位和个人在一定时期内从全社会的国民收入总额中，通过各种方式分配到的那部分份额。目前我国已开征的所得税主要是对工商企业所得、个人所得这两种类型的所得征税。其中，工商企业所得是指生产经营所得和其他所得；个人所得是指工资、薪金、劳务报酬、利息、股息、红利、租金、特许权使用费等所得，其中占主体的是劳动报酬所得，也有一部分属于非劳动所得。

（1）所得课税具有的特征和优点。

① 税负相对公平。② 一般不存在重复征税问题，不影响商品的相对价格。③ 有利于

维护国家的经济权益。④ 课税有弹性。

（2）所得课税的缺陷。

①所得税的开征及其税源受企业利润水平和人均收入水平的制约。②所得税的累进课税方法会在一定程度上压抑纳税人的生产和工作积极性的充分发挥。③计征、管理比较复杂，需要较高的税务管理水平，在发展中国家广泛推行往往遇到困难。由于所得课税的对象是纳税人的所得额，而所得额的多少又直接取决于成本、费用的高低，这就使得费用扣除问题成为计征所得税的核心问题，从而带来了所得课税的计征方法复杂、稽征管理难度大等问题。另外，有一种观点认为，同商品课税相比，所得课税的经济调节功能较弱，不易有效地体现政府的经济政策。

（3）所得课税的功能。

① 所得课税是国家筹措资金的重要手段。② 所得课税有助于促进社会公平分配的实现。所得课税通过累进课征可以缩小社会贫富差距和企业之间实际收入水平的差距；通过减免税可以对有特殊困难的纳税人给予种种照顾，从而缓解社会矛盾，保持社会安定。③ 所得课税是稳定经济的杠杆。所得课税被称为“内在稳定器”，具有内在稳定功能。当一国建立起较规范的实行累进税率的所得税制度，并且其在税收总收入中占据主导地位时，所得课税能自动调节总需求，促使经济趋于稳定。

5. 环境保护税的理论依据与“双重红利”

（1）理论依据有：

① 负外部效应理论。这种理论是在英国经济学家庇古为解决环境负外部性而提出的环境污染税理论的基础上发展起来的。庇古早在 1932 年的《福利经济学》中就提出了“外部成本内在化”的负外部效应理论。他认为：工厂的私人成本并不包括生产时污染造成的外部成本，私人成本和外部成本之和则构成了社会成本。从社会的角度看，要实现社会净收益最大化，最优产出量必须对应边际私人收益等于边际社会成本（*MSC*）的点。而企业为了追求利润最大化，必然会按照边际收益（*MB*）和不包含边际外部成本（*MD*）的边际私人成本（*MPC*）的交点来决定产量。这样的产量必然大于考虑了外部成本时的产量，这样就导致了社会效率的损失，并产生了环境的负外部效应。

而以解决环境负外部性的理论为基础，庇古提出要开征环境税，通过征收庇古税（环境污染税），将企业造成的外部性成本加入生产成本中，迫使企业考虑到污染对社会的危害，使社会产出量维持在边际收益等于边际社会成本的有效产出量上，也使产品的价格等于边际社会成本，达到社会资源的最优配置。

庇古税即对污染者的每单位产量征税，其税额正好等于污染者在效率水平上造成的边际损害。如图 12-2 所示，在效率产量水平 Q^* 上的边际损害正是庇古税，为 cd。征税后，该厂商的新的边际成本曲线是在每一产量水平上 *MPC* 加上 cd 得到的，即按垂直距离 cd 上移*MPC*。利润最大化产量水平由 *MB* 与 $MPC+cd$ 的交点决定。税收收入总额是阴影部分 $cdij$。

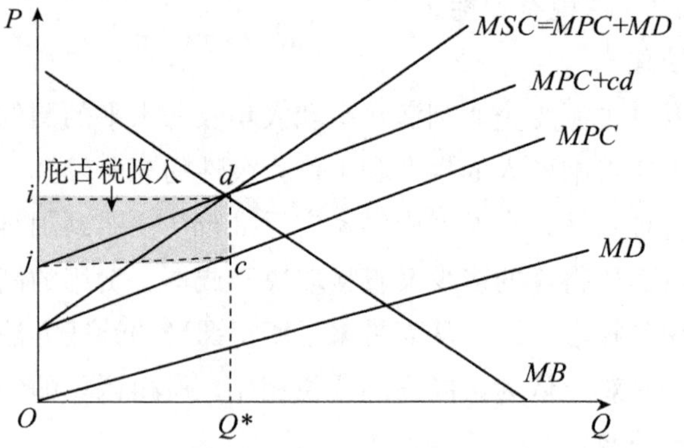

图 12－2　对庇古税的分析

② 自然资源和环境的公共资本品理论。这种观点把自然资源和环境看做是公共物品，且和其他生产要素一样，它也是一项资本品。其具有的不可分割性导致产权主体难以界定，每个人都可以自由地进入产权并对其加以利用，而追求私利的个人会无节制地争夺、利用有限的资源，必然导致人们滥用资源、环境恶化。而当出现环境污染问题时，又因无产权主体，无人承担责任。因此，应该由政府代表社会作为环境和自然生成的资源的产权主体，在向社会提供它独特的公共环境和资源时，将所提供的环境或服务作为一项自然资本，以征收环境税的形式获取相应的资本权益，从而从经济利益上建立起保护环境和资源的机制。此外，环境保护提供的产品和服务也具有公共物品的性质，很难排他地消费。这将导致环境保护中的“免费搭车”问题，征税则解决了公共物品的付费问题。

③ 可持续发展理论。绝大多数环境主义者认为，环境和自然资源是有限且有价值的，要求人们在经济发展过程中使自然资源和环境不发生存量下降和其他类型的损失。从可持续性原则出发，对环境和自然资源的利用必须考虑带给他人的损害成本和给后代带来的机会成本，即考虑代际资源配置和代际公平，并使之得到经济上的补偿。而政府作为当代人和后代人的利益的共同代表行使对环境资源的所有权来对环境和自然资源的利用进行征税，并将环境保护税收入的一部分作为代际补偿的基金来源。

（2）环境保护税与“双重红利”。

所谓双重红利，是指征收环境保护税所获得的收入可以用来降低现存税制对资本和劳动产生的扭曲，获得双重红利，即一方面通过环境保护税的征收，加强污染治理，提高环境质量；另一方面通过征税获得净经济效益，形成更多的社会就业、个人财富、GDP 以及持续的 GDP 增长等。

在建设环境税制的进程中，更重要的是要发挥环境保护税本身固有的双重红利作用。通过对原有税制扭曲效应的纠正，促进国民经济结构调整，保持有效的激励机制，发挥环境保护税刺激经济主体行为的外部正效应的作用。

四、牛刀初试

1. 名词解释

(1) 税收制度　(2) 农村税费改革　(3) 增值税
(4) 消费税　(5) 企业所得税　(6) 个人所得税
(7) 土地增值税　(8) 环境保护税　(9) 从价定率
(10) 从量定额

2. 判断题

(1) 中华人民共和国的税收制度是在 1950 年确立的。

(2) 发展中国家一般采取以所得税为主体的税制结构。

(3) 噪声税属于环境保护税的范畴。

(4) 计税依据中不准许抵扣任何购进固定资产的价款，就国民经济整体而言，计税依据相当于国民生产总值的增值税，称为生产型增值税。

(5) 只准许抵扣当期应计入产品成本的折旧部分，就国民经济整体而言，计税依据相当于国民收入的增值税，称为消费型增值税。

(6) 我国现行的增值税属于价内税。

(7) 消费税实行价外征收的办法。

(8) 增值税的最大特点是在就一种商品多次课征中避免重复征税。

(9) 目前我国的所得课税以企业所得税为主。

(10) 我国对中国公民从境外取得的应税所得采用限额抵免法以减除国际重复征税。

(11) 资源税的作用在于促进资源的合理开发和利用，调节资源级差收入。

3. 单项选择题

(1) 1994 年税制改革的核心是（　　）。

A. 调整营业税　B. 增加财政收入
C. 规范增值税　D. 增加消费税

(2) 准许一次全部抵扣当期购进的用于生产应税产品的固定资产的价款，就国民经济整体而言，计税依据只包括全部消费品价值的增值税，称为（　　）。

A. 生产型增值税　B. 收入型增值税
C. 发展型增值税　D. 消费型增值税

(3) 消费税属于（　　）。

A. 价内税　B. 价外税　C. 超额累进税　D. 以上都不是

(4) 我国个人所得税工资、薪金所得的免征额为每月（　　）。

A. 800 元　B. 1 600 元　C. 2 000 元　D. 5 000 元

(5) 新《个人所得税法》规定，在中国境内有住所，或者无住所而一个纳税年度内在中国境内居住累计满（　　）天的个人，为居民个人。

A. 60　　B. 183　　C. 365　　D. 180

（6）我国现行土地增值税的超率累进税率有（　　）。

A. 三级　　B. 四级　　C. 五级　　D. 六级

（7）土地增值税实行（　　）。

A. 比例税率　　B. 超额累进税率

C. 定额税率　　D. 超率累进税率

（8）以下几种类型的增值税税基最小的是（　　）。

A. 生产型增值税　　B. 收入型增值税

C. 消费型增值税　　D. 交换型增值税

（9）各国的增值税制度对购进固定资产价款的处理有所不同，据此增值税的类型不包括（　　）。

A. 生产型增值税　　B. 收入型增值税

C. 发展型增值税　　D. 消费型增值税

（10）（　　）是按全额累进税率计算的税额减去按超额累进税率计算的税额后的差额。

A. 税收附加　　B. 加成征税　　C. 速算扣除数　　D. 增值税

（11）按课税对象的性质划分，增值税属于（　　）。

A. 流转课税　　B. 收益课税　　C. 财产课税　　D. 行为课税

（12）“营改增”以前的营业税实行的是（　　）。

A. 比例税率　　B. 全额累进税率　　C. 超额累进税率　　D. 定额税率

（13）消费税实行一次课征制，它的纳税环节选择在（　　）。

A. 零售环节　　B. 批发环节　　C. 消费环节　　D. 生产环节

4. 不定项选择题

（1）我国增值税中包括以下哪几个档的税率？（　　）

A. 13%　　B. 9%　　C. 6%　　D. 15%

（2）一般纳税人与小规模纳税人的划分标准是（　　）。

A. 经营规模的大小　　B. 会计核算是否健全

C. 经营范围的宽窄　　D. 以上均是

（3）根据我国消费税制度的规定，下列商品中，属于消费税课税对象的是（　　）。

A. 酒　　B. 实木地板　　C. 高档手表　　D. 电视机

（4）所得课税的优点有（　　）。

A. 税负相对公平

B. 一般不存在重复征税问题，不影响商品的相对价格

C. 有利于维护国家的经济利益

D. 课税有弹性

（5）所得课税的缺陷主要是（　　）。

A. 一般会存在重复征税问题，影响商品的相对价格

B. 所得税的开征及其税源受企业利润水平和人均收入水平的制约

C. 所得税的累进课税方法会在一定程度上压抑纳税人的生产和工作积极性的充分发挥

D. 计征管理比较复杂，需要较高的税务管理水平，在发展中国家广泛推行往往会遇到困难

（6）企业所得税应纳税所得额为企业每一纳税年度的收入总额减除（　　）后的余额。

A. 不征税收入　　B. 免税收入

C. 各项扣除　　D. 准予弥补的以前年度亏损

（7）我国 1994 年税制改革时确定的个人所得税法采取（　　）。

A. 分项定率　　B. 分项扣除　　C. 分项征收　　D. 分项累进

（8）下列项目中可以免征个人所得税的是（　　）。

A. 省级人民政府、国务院部委和中国人民解放军军以上单位颁发的科学、教育、技术、文化、卫生、体育、环境保护等方面的奖金

B. 按照国家统一规定发给的补贴、津贴、福利费、抚恤金、救济金

C. 军人的转业费、复员费

D. 按照国家统一规定发放的离休工资、离休生活补助费

（9）财产课税和资源课税的特征是（　　）。

A. 课税比较公平　　B. 具有促进社会节约的效能

C. 课税不普遍　　D. 弹性较大

（10）以下税种中，属于对财产转移课税的是（　　）。

A. 一般财产税　　B. 遗产税　　C. 赠与税　　D. 继承税

（11）下列税种中属于环境保护税的有（　　）。

A. 二氧化硫税　　B. 噪声税　　C. 碳税　　D. 垃圾税

（12）在我国现行税制体系中，已经具有环境保护税性质的税种有（　　）。

A. 资源税　　B. 个人所得税

C. 耕地占用税　　D. 城市维护建设税

5. 简答题

（1）简述税收制度发展的历史进程。

（2）简述增值税的种类及功能。

（3）生产型增值税和消费型增值税有什么区别？我国增值税为什么要由生产型转为消费型？

（4）简述增值税的三种计征方法。

（5）简述我国现行增值税制度的基本要素。

（6）分析商品课税的特点，并说明我国为什么以商品课税为主体税种。

6. 计算题

（1）某生产企业为增值税一般纳税人，适用增值税税率为13%，2020年2月有关生产经营业务如下：

① 销售甲产品给某大型商场，开具增值税专用发票，取得不含税销售收入90万元。

② 销售乙产品给某企业，开具普通发票，取得不含税销售收入20万元。

③ 购进货物取得增值税专用发票，注明支付货款60万元、(允许抵扣）进项税7.8万元。

根据上述资料，请计算该企业当期应缴纳的增值税税额。

（2）2020年3月，甲有4 000元工资收入，乙有5 000元稿费，丙有6 000元工资。甲、乙、丙三人均为中国公民。根据上述资料，请计算三人当月各自应纳个人所得税税额。

7. 论述题

（1）试述农村税费改革的主要内容、意义及如何跳出“黄宗羲定律”的怪圈。

（2）试述税制结构模式的三种类型。

（3）试述所得课税的特点及其对社会、经济的影响。

（4）分析“营改增”的重大意义。

五、习题解答

1. 名词解释

（1）略　（2）略

（3）增值税是就商品价值中的增值额课征的一种商品税。

（4）消费税是就应税消费品的流转额或课税数量征收的一种商品税。

（5）企业所得税是就企业取得的生产经营所得和其他所得征收的一种所得税。

（6）个人所得税是就自然人取得的应税所得征收的一种所得税。

（7）土地增值税是以在中华人民共和国境内转让房地产的增值额为征税对象的一种税。

（8）略

（9）从价定率是根据商品销售价格和税法规定的税率计算征税。

（10）从量定额是根据商品销售数量和税法规定的单位税额计算征税。

2. 判断题

（1）对。

(2) 错，发展中国家一般采取以流转税为主体的税制结构。

(3) 对。

(4) 对。

(5) 错，应为收入型增值税。

(6) 错，应为价外税。

(7) 错，应为价内征收。

(8) 对。

(9) 对。

(10) 对。

(11) 对。

3. 单项选择题

(1) C (2) D (3) A (4) D (5) B (6) B (7) D

(8) C (9) C (10) C (11) A (12) A (13) D

4. 不定项选择题

(1) ABC (2) AB (3) ABC (4) ABCD (5) BCD (6) ABCD

(7) ABC (8) ABCD (9) ABC (10) BCD (11) ABCD (12) ACD

5. 简答题

(1) 答：税收制度的发展是指构成税制的各个税种的演变和主体税种的交替的历史过程。

最早的直接税是十分粗陋的。对人课征的税种有人头税、灶税、户税等。对物课征的税种有土地税、房屋税、车马税等。随着社会经济的发展和政治制度的变迁，特别是随着社会产品占有形式和分配形式的变化，古老的直接税逐渐失去了存在的依据，被现代直接税取代。如现代直接税中的对人课税主要是个人所得税和企业所得税，对物课税则是财产税、遗产税和赠与税。最早的间接税也很简单，课征范围很窄，一般只在有市场活动的地点或对参与交换的产品课征。后来在商品经济发展浪潮的推动下，间接税才逐渐演化为包括销售税（营业税）、产品税、消费税、增值税等的现代税收体系。

与直接税和间接税的发展相适应，主体税种也反复更新，并体现了税收制度的不同发展阶段。作为主体税种的只能是那些课征范围广泛、税源充裕的税种，所以在人类社会早期，主要税收必然是与人身和属于人的财物有密切关系的人头税、房屋税、田亩税等。随着自然经济的逐渐解体和商品生产与交换的日益发展，对商品的课税因其税源充裕、课征方便等优点而逐渐显露头角。在资本主义条件下，更是形成了以商品课税为主体的税收制度发展阶段。到了现代社会，由于大工业的发展、分工与协作的扩大和经济关系的国际化，商品课税与社会生产和消费又产生了矛盾，因而实行市场经济的发达国家转而发展现代直接税——所得税和财产税，它们逐步取代商品课税而成为主体税种。

(2) 答：一般而言，增值税的计税依据是商品和劳务价款中的增值额，但各国的增值税制度对购进固定资产价款的处理有所不同，据此增值税可分为三种类型：

① 生产型增值税。计税依据中不准许抵扣任何购进的固定资产的价款，就国民经济整体而言，计税依据相当于国民生产总值的增值税，称为生产型增值税。

② 收入型增值税。只准许抵扣当期应计入产品成本的折旧部分，就国民经济整体而言，计税依据相当于国民收入的增值税，称为收入型增值税。

③ 消费型增值税。准许一次全部抵扣当期购进的用于生产应税产品的固定资产的价款，就国民经济整体而言，计税依据只包括全部消费品价值的增值税，称为消费型增值税。

增值税的功能为：①有利于保证财政收入及时、稳定地增长。②有利于促进专业化协作生产的发展和生产经营结构的合理化。③有利于“奖出限入”，促进对外贸易的发展。

(3) 答：生产型增值税在计算增值税税额时，不允许将外购固定资产的价款（包括年度折旧）从商品和劳务的销售额中抵扣，由于作为增值税课税对象的增值额相当于国民生产总值，因此将这种类型的增值税称作生产型增值税。

消费型增值税是指允许纳税人在计算增值税税额时，从商品和劳务销售额中扣除当期购进的固定资产总额的一种增值税。也就是说，厂商的资本投入品不算入产品增加值，这样，从全社会的角度来看，增值税相当于只对消费品征收，其税基总值与全部消费品总值一致，故称消费型增值税。

将生产型增值税转为消费型增值税，在维持现行税率不变的前提下，是一项重大的减税政策。它允许企业抵扣其购进设备所含的增值税，有利于消除生产型增值税制产生的重复征税因素，客观上降低了企业投资的成本，有利于促进企业的技术改造、产业结构调整和经济增长方式的转变。但由于企业的投资还受到存量资金规模、市场前景和企业发展规划等多方面因素的影响，因此，转型的实际效果低于预期。

(4) 答：从理论上讲，增值税有三种计征方法：

① 加法。加法是将纳税单位纳税期内新创造的价值（如工资、利润、利息和其他增值项目）逐项相加作为增值额，然后按适用税率求出增值税税额。

② 减法（或扣额法）。减法是将企业单位纳税期内的销售收入额减去法定扣除额（如原材料、燃料、动力、零配件等）后的余额作为增值额，再按适用税率求出增值税税额。

③ 扣税法。扣税法不直接计算增值额，而是从按销售收入额计算的税额中，扣除法定外购商品的已纳税金，以其余额作为增值税应纳税额。

(5) 答：我国现行增值税制度的基本要素包括：

① 增值税征收范围包括在我国境内销售货物或者加工、修理修配劳务，销售服务、无形资产、不动产以及进口货物。

② 增值税的纳税人是在我国境内销售货物或者加工、修理修配劳务，销售服务、无形资产、不动产以及进口货物的单位和个人。

③ 增值税税率有13%、9%、6%三档税率以及5%、3%两档征收率。

④ 一般纳税人按购进扣税法计算应纳增值税税额，实行根据发票注明税金进行税款抵扣的制度。应纳税额＝当期销项税额－当期进项税额。

小规模纳税人实行简易征收办法。应纳税额＝销售额×征收率。

(6) 答：① 税收负担具有间接性。商品课税容易转嫁，纳税人和负税人经常不一致，商品课税的负税人对税负的增减感受程度常常比所得课税的负税人弱。

② 对市场活动的影响直接。商品课税是对商品和劳务的交易活动课税。纳税环节的征收、差别税率的运用、税收减免等，都直接影响市场供给和需求，影响产业政策目标和其他政策目标的实现。中国作为发展中国家，税收作为经济杠杆的主要工具之一，是财政政策有效发挥作用的工具，故采用商品课税有利于经济调节目标的实现。

③ 具有累退性。商品课税一般适用比例税率，纳税人的税负随个人收入提高而下降。从这个意义上讲，穷人税负较重，当前社会对社会公平目标有更高的诉求，所以中国降低此类税收在税制结构中的地位就有很大的必要。

④ 税收征管相对简易。商品课税主要是对企业征收，税源相对集中，征收管理较对个人征收的所得税方便，中国的税收征管能力还不算很高，这是选择以商品课税为主的税制结构的重要原因。

⑤ 收入较为稳定。商品课税的税收收入较为稳定。这是与所得课税相比较而言的。市场有交易，就有商品税收入，但只有赚钱了，所得税收入才有保证。商品课税能够保证财政收入的稳定，因此中国的主体税种选择商品课税。

总之，从上述分析得知，我国作为发展中国家，仍然选择商品课税为主体税种，但是随着社会经济的发展，降低商品课税的比重是大势所趋。

6. 计算题

(1) 答：该企业当期应缴纳的增值税税额＝当期销项税额－当期进项税额＝(90＋20)×13%－7.8＝6.5(万元)。

(2) 答：我国个人所得税采用分项课征制，三人当月各自应纳个人所得税税额计算如下：

① 甲当月工资未超过免征额，故不予征税。

② 乙当月应纳个人所得税税额＝5 000×(1－20%)×20%×(1－30%)＝560(元)。

③ 丙当月应纳个人所得税税额＝(6 000－5 000)×3%＝30(元)。

7. 论述题

(1) 答：农村税费改革的主要内容可以概括为“三个取消，两个调整，一项改革”。“三个取消”是指取消乡统筹费、农村教育集资等专门面向农民征收的行政事业性收费、政府性基金和集资，取消屠宰税，取消统一规定的劳动积累工和义务工。“两个调整”是指调整农(牧)业税政策和调整农业特产税政策。“一项改革”是指改革农村提留征收使用办法。为保证农村税费改革的顺利进行，各地区还实施了一系列配套改革措施，包括乡镇机构改革、教育体制改革、政府公共支出改革等。同时，为了弥补因农村税费改革给县乡财政造成的资金缺口，中央财政和省级财政还设法安排转移支付资金，给予适当补助。

农村税费改革的意义有：

1）这是国家分配领域的重大改革。表面看来，农村税费改革只是减轻农民负担，其实不然。农村税费改革的实质是按照市场经济与依法治国的要求，规范国家、集体与农民之间的分配关系，因而是整个国家层面分配领域的重大改革。

2）这项改革是保证国民经济持续、快速、健康发展的有效举措。农业是我国的第一产业，也是基础产业，农村经济是国民经济的重要组成部分。从国民经济发展的全局来看，要保证国民经济持续、快速和健康发展，关键的一点在于继续培育国内需求，扩大国内市场。而占全国人口绝大多数的农村市场是绝对不容忽视的。能否有效地开拓农村市场，主要取决于能否切实提高农民的收入水平和实际购买力。实行农村税费改革，有利于解决农民负担重的问题，提高农民的收入水平和实际购买力，从而有利于为国民经济的快速、健康、持续发展开辟广阔的农村市场，提供强有力的支撑。

3）这项改革是全面建设小康社会的重要内容。全面建设小康社会的工作难点在农村，重点也在农村。这就决定了要实现小康社会的目标，首先就应当把重点放在农村小康社会的建设上。而推行农村税费改革，对于建设农村小康社会具有极其重要的意义，表现为农村税费改革是切实巩固农业基础地位、全面繁荣农村经济、真正保护农民利益的重要措施，是促进农村稳定的重要力量，是缩小城乡差距的重要保障。

4）这项改革是国家长治久安的重要保障。农村税费改革不仅仅是关涉税与费的小改革，而且是关涉国计民生与长治久安的大改革。就现阶段而言，农村税费改革是减轻农民负担的治本之策，关涉广大农民群众的根本利益，有利于缓和干群矛盾并改善干群关系，事关改革、发展、稳定大局。这不仅是因为农村税费改革牵连着基层政权建设，而且是因为它本身就是整个国家政权建设的有机组成部分。

农村税费改革和取消农业税只不过是农村综合改革走出的第一步，要跳出“黄宗羲定律”的怪圈，防止农民税负的反弹，还必须坚持推进农村综合改革。

农村综合改革的具体举措有：

1）进一步落实乡镇机构的“精兵简政”。农村税费改革的实质就是要改革农村不适应生产力发展的上层建筑，首先是“精兵简政”，建立精干、高效、廉洁的县乡村治理机构，并逐步推进乡村自治，建立民主法制制度，改革用人制度，建立干部能上能下的机制，切实做到转变政府职能，使乡镇机构“消肿减支”，减轻农民负担。

2）改革农村义务教育的保障机制。将农村义务教育经费纳入国家财政的保障范围，同时，逐步提高农村义务教育经费的保障水平。

3）调整和改革现行财政体制。完善中央财政与地方财政以及地方财政各级之间的分配关系，建立农村公共物品的提供机制。

4）逐步化解农村隐性债务。

(2) 答：由于各国的经济条件、社会制度、历史传统和政策目标不同，各国在税种设置、税收分布格局上也不完全相同，甚至存在着较大的差异，形成了各具特点的税制结构模式。一般地，在组织财政收入和调节经济方面处于主要地位、发挥主要作用的主体税种成为区别不同税制结构类型的主要标志。由主体税种的特征决定的税制结构大体可归纳为以下三种类型：

1) 以流转税为主体的税制结构模式。在国家税制体系中，流转税构成主要税种，收入比重最大，并起主导作用。这一模式为多数发展中国家所采用，这是由于：

a. 发展中国家经济发展落后，难以靠所得税筹集到足够的收入，而流转税课税范围广，计税基础宽，税源充足，能保证满足国家的财政需要。

b. 流转税征收简便易行，不受企业盈亏状况的影响，更适合发展中国家目前的管理水平。

c. 流转税一般从价计征，不直接作用于企业所得和个人所得，对私人资本和个人储蓄的影响较小。

2) 以所得税为主体的税制结构模式。实行这一模式的国家基本上都是发达国家，它们生产力高度发达，人均国民生产总值高，为所得税提供了坚实的税源基础。另外，这些国家在经济管理、会计核算、税收征管等方面具备较为先进的手段，而且法制化程度较高，为所得税的征收提供了充分的条件。以所得税为主体税种，既是出于鼓励市场竞争的目的，又可以在一定程度上实现收入均等化目标。

3) 流转税和所得税双主体的税制结构模式。即在整个税制体系中，流转税和所得税占有相近的比重，在财政收入和调节经济方面共同起着主导作用。对于发展中国家，随着经济发展水平的提高和收入的增加，存在着流转税地位下降、所得税地位上升的转换趋势；对于发达国家，20世纪80年代以来，存在着由以单一所得税为主体，逐步发展到重视流转税特别是增值税的变化趋势。在各种变化组合的过程中，某些国家就会形成双主体的税制结构模式。

(3) 答：所得课税是对所有以所得额为课税对象的税种的总称。

1) 所得课税的特点。

a. 税负相对公平。所得课税以纯收入或净所得为计税依据，并且一般实行多所得多征、少所得少征的累进计税办法，合乎量能课税的原则。同时，所得课税往往有起征点、免征额及扣除项目的规定，可以在征税上照顾低收入者，不致影响纳税人的基本生活。

b. 一般不存在重复征税问题，不影响商品的相对价格。所得课税以纳税人的总收入减去准予扣除项目后的应税所得额为课征对象，征税环节单一，只要不存在两个以上课税主体，就不会出现重复征税，因而不致影响市场的运转。所得税的应税所得额不构成商品价格的追加，且不易转嫁，因而一般不会干扰各类商品的相对价格。

c. 有利于维护国家的经济权益。在国际经济交往与合作不断扩大的现代社会，跨国投资和经营的情况极为普遍，于是就必然存在跨国所得。对跨国所得征税是任何一个主权国家都应有的权益，这就需要利用所得税可以跨国征收的天然属性，参与纳税人跨国所得的分配，维护本国权益。

d. 课税有弹性。所得来源于经济资源的利用和剩余产品的增加，从长远来看，随着资源利用效率的提高，剩余产品也会不断增长，因而所得课税不仅税源可靠，而且可根据国家的需要灵活调整，以适应政府支出的增减。

2）所得课税的社会、经济影响。

所得课税的上述四个特征决定了所得课税必然在一国税制中发挥着重要作用，成为许多国家的主体税种。

所得课税的社会、经济影响主要有三个方面：

a. 所得课税税源可靠稳定，税收收入能随着经济的发展自动增加，是国家筹措资金的重要手段。

b. 所得课税是促进社会公平分配的有效手段。所得课税通过累进课征可以缩小社会贫富和企业之间实际收入水平的差距；通过减税免税对有特殊困难的纳税人予以种种照顾，可以起到缓解社会矛盾、保持社会安定的作用。政府在运用税收手段实现其社会政策时，主要也是通过所得课税。

c. 所得课税是政府稳定经济的重要工具。由于所得课税弹性较大，因而政府可以根据社会总供求的平衡关系灵活调整税负水平，抑制经济波动：经济过快增长时提高税负，以降低总需求；经济萧条时降低税负，以提高总需求。而且，由于所得课税一般实行累进税率，它还具有“内在稳定器”的功能。

3）所得课税存在的缺陷。

a. 所得税的开征及其税源受企业利润水平和人均收入水平的制约。

b. 所得税的累进课税方法会在一定程度上压抑纳税人的生产和工作积极性的充分发挥。

c. 计征管理也比较复杂，需要较高的税务管理水平，在发展中国家广泛推行往往会遇到困难。

我国的税收制度一向以商品课税为主，目前的所得课税也是以企业所得税而不是个人所得税为主。随着商品经济的发展和经济改革的深化，我国所得课税特别是个人所得税必将受到重视，其调节收入分配的功能也会得到运用和发挥。

（4）答：1）避免重复征税。增值税是以生产过程和流通过程创造的增值额为课税对象的一种税。增值额相当于企业新创造的价值（$V+M$）。增值税主要是对企业收入中尚未征过税的部分征税。在实践中，首先要从企业的销售收入中扣除其中的已税部分再进行计征。因此在就一种商品多次课征时，增值税避免了重复征税。

2）适应生产经营的专业化和协作化发展，保证税负分配相对公平。增值税税率的设计体现的是整体税负率，即无论商品流转经历了多少环节，该商品整体税负不变，避免了“阶梯性”税负，有利于生产结构的合理化。由于前道环节的税收可以抵扣，所以不管流通环节有多少，纳税人都是仅承担自身所处环节增值部分的税收，因此增值税被认为是中性税种，能够较好地体现公平税负的原则，有利于企业在同等条件下进行公平竞争。

3）形成纳税制约机制。在世界各国的实践中，增值税普遍实行购进扣税法，通过增值税专用发票上的销项税额和进项税额，对商品交易中的购销双方加以制约，有利于简化税务机关的征收管理。

4）有利于出口退税。出口商品在出口环节由出口国退还该商品在国内已缴增值税税款，是国际上通行的做法。增值税税率是整体税负率，出口商品的不含税价与增值税税率之积就等于该商品应退税款，利益边界清晰，计算简便，因而出口退税的可操作性较强。

六、延伸阅读

改革背景下以家庭为征收单位的个人所得税研究

党的十九大报告指出，要加快建立现代财政制度，深化税收制度改革。目前我国有诸多学者在个税改革方面进行了深入研究，而且指出了目前的个税改革应当以综合和分类相互结合的方式，逐渐由个人课税制转变成家庭课税制。由于目前涉税信息依然还不能形成共享，税务部门的征管能力依然有待提升，家庭课税制的配套制度还需要进一步完善。基于此，笔者希望通过查阅有关的研究成果，深入探究目前我国实行家庭课税制改革的可行性，并提出相应的解决方案。

一、个人所得税征收现状

1. 我国个人所得税的征收单位

所谓税收的征收单位，主要是指纳税人的有效性集合。对于征收单位的纳税人而言，无论是采用纳税申报还是个人缴纳的方式，纳税单位的确定直接关系到了纳税体系的设计。目前，在纳税体系的设计上需要考虑费用扣除项目、税率选择、税收优化等。个人所得税一般以自然人为征收单位，也有以家庭为征收单位的。但是，我国目前的个人所得税是以个人为征收单位，也就是说针对每一个人进行逐一的征收。我国目前并不以家庭为个人所得税的征收单位。

2. 我国以个人为征收单位的原因分析

我国目前个人所得税的缴纳一般以代扣代缴为主，同时辅之以自行申报的方式。我国长期以来均以个人为单位进行个人所得税的征收，主要在于其征收成本相对较低，计算相对方便，而且有利于税务机关对个人税收的监管。我国个税制的实行，在一定程度上保证了婚姻的中性，有利于保护纳税人的个人隐私。家庭课税制在一定程度上会产生婚姻惩罚和婚姻奖励，而且在实行过程当中并不利于个人隐私的保护。

二、家庭课税制的内涵

家庭是社会发展到一定程度之后，自发形成的社会性最小单元。在家庭当中不仅包含了夫妻关系，同时还包含了亲情关系，甚至有些家庭还包含了非血缘的亲情关系，如以收养等方式维持的家庭。家庭在整个社会中存在的意义不仅仅是人类的“搭伙过日子”，更是针对人类的传承和传统文化的延续。家庭课税制将会对每个家庭的必要性收入进行综合性考虑，主要包含子女抚养、老人赡养、住房支出费用、医疗支出费用和教育支出费用等。如果采用家庭课税制征收，需要对家庭的总收入进行必要的扣除，扣除后的收入才可以作为缴纳税款的所得额。由此可见，家庭课税制是目前税制模式当中最具有综合性的税制模式。

三、家庭课税制的优势

1. 家庭课税制更符合税收的公平原则

采用家庭课税制的税收征收方式，其纳税单位不再是个人，而是家庭。家庭课税制与个人课税制的不同之处在于以家庭的总收入作为纳税的应缴税额，再根据相应的费用减免额进行抵扣，最终根据整个家庭的应缴税额对应的税率等级，确定家庭课税的应纳税额。家庭课税制的收入导致税收调节收入分配的功能逐渐减弱，这在一定程度上会引起我国庞大的中低收入阶层的税负压力，不利于和谐社会的形成。

2. 家庭课税制更符合实质课税原则

所谓实质课税原则主要是指本着公平、公正、合理、有效的原则对纳税人进行征税。采用朴素的话说，就是有多少的能力，对应征收多少的税收。如果采用以个人为单位的个人所得税征收，就没有考虑到整个家庭的负担。如果以家庭为单位课税，将会弥补整个家庭的负担，对整个社会起到更好的调节作用。

3. 家庭课税制更能体现我国传统文化的价值

整个社会是由众多微小的家庭单位组成的。一个家庭单位的和谐程度，直接由这个家庭的主要角色，也就是夫妻所决定。如果一个家庭的夫妻能够保持良好的夫妻关系，夫妻任何一方均不能占有整个家庭的共同财产，那么采用家庭课税制的改革，可以更好地表达整个家庭的财产，形成整个家庭统一的文化理念，有利于我国传统文化的传播。

【知识链接】个人所得税

【资料来源】李书杰．改革背景下以家庭为征收单位的个人所得税研究．商讯，2020（15）：164-166.

第十三章

预算收支管理体制

——中央与地方财政关系

一、本章回顾

本章主要介绍了预算收支管理体制的相关内容，分析了政府间转移支付制度的功能，最后对我国分税制改革做了相应的系统介绍。

本章要点：

（1）预算管理体制的定义及其类型。

（2）分级分税预算管理体制。

（3）政府间转移支付制度。

（4）对我国分税制改革的初步认识。

（5）分税制改革的全面深化。

二、术语小读

1. 预算收支管理体制（简称预算管理体制）

预算收支管理体制是处理中央财政和地方财政以及地方财政各级之间的财政收支关系的基本制度，是财政管理体制的主导环节，是国家预算编制、执行、决算以及实施预算监督的制度依据和法律依据。

2. 财政管理体制

财政管理体制是财政管理的一项重要制度。它规定财政分级管理的根本原则，划定各级政权之间以及国家同企业、事业单位之间在财政管理方面的职责、权限以及财政收支范围。

3. 财政联邦主义

财政联邦主义不是专指联邦制国家的财政体制，而是有关多级财政体制的概念，即分级分税预算管理体制。其主要特征是中央和地方的事权与支出责任相适应，规范化，法制化，长期相对稳定，地方预算构成名副其实的一级预算主体。

4. 政府间转移支付

政府间转移支付是指政府间财力的无偿转移，一般是指上级政府（财政）对下级政府（财政）的无偿补助或拨款，而财力无偿转移的方法、规则和程序则构成政府间转移支付制度。

5. 无条件均衡拨款

无条件均衡拨款是指拨款数额一旦确定，就无附加条件地归受补助地区自主使用。

6. 专项拨款

专项拨款是一种与无条件均衡拨款相对应的有条件的指定用途的拨款，是转移支付的辅助形式。

7. 纵向财政缺口

纵向财政缺口是指由于中央收入占主导地位而地方又承担更多的支出责任所形成的地方财政的赤字，这种赤字要靠中央通过转移支付形式予以弥补。其中也包括地方财政上下级之间、上级财政（如省）对下级财政缺口的弥补。

8. 横向财政缺口

横向财政缺口是指由于规范统一的收支划分方法而形成的一些地方的收入能力不能满足支出需要的缺口，这种财政缺口也要靠中央财政（或上级财政）通过转移支付形式予以弥补。

9. 共享税

共享税亦称“中央地方共享税”，是由中央和地方政府按一定方式分享收入的一类税收。共享税的分享方式主要有附加式、分征式、比例分成式等。我国的共享税有增值税、资源税、个人所得税、企业所得税和证券交易税。

三、难点精析

1. 分级分税预算管理体制的要点

（1）一级政权，一级预算主体。

（2）事权与财权的划分：政府职能。

（3）收入划分：分税制。

（4）预算调节制度：转移支付制度。

（5）立足国情。

2. 转移支付制度的功能

（1）弥补纵向财政缺口。

（2）弥补横向财政缺口。

（3）弥补地方性公共物品辖区间的外部效应。

（4）支持落后地区的经济发展。

3. 分税制的内涵与特征

分税制是指在合理划分各级政府事权范围的基础上，主要按税收来划分各级政府的预算收入，各级预算相对独立，自求平衡，各级次间和地区间的差别通过转移支付制度进行调节。分税制体制的基本特征是：

（1）规范性。

① 各级政府收支范围的划分和调节制度的安排是规范的。

② 分税制的运作过程是规范的。

（2）层次性。

（3）法制性。

4. 现行分税制的运行情况和存在的问题

（1）现行分税制运行情况基本良好，基本达到预期的目标。

一是较好地调动了中央与地方的两个积极性，财政收入占 GDP 的比重逐步回升，中央财政收入占全国财政收入的比重大幅上升，财力调节能力增强。

二是各级政府的收支范围重新划分，政府间的财政关系趋向规范，预算约束趋于硬化。

三是建立了转移支付制度，结合我国当前的实际情况，灵活地处理了纵向平衡、横向平衡以及专项补助。

四是通过分税，如将消费税划为中央税，将营业税等划为地方税，将增值税作为中央与地方的共享税，有利于产业结构的合理调整和资源的优化配置，推动了由注重发展速度和规模向更加注重发展质量和经济效益的转变。

总之，分税制为我国现代化预算管理体制的建设奠定了良好的基础。

（2）分税制存在弊端。

① 削弱了中央的支出责任。

② 地方支出责任繁重，主要依赖中央对其的转移支付，而且中央进行转移支付后仍旧不足，于是酿成地方债务泛滥和“土地财政依赖症”。

③ 支出责任层层下沉，导致基层政府特别是中西部基层政府普遍陷入财政困难的境地。

四、牛刀初试

1. 名词解释

（1）预算管理体制　　（2）政府间转移支付　　（3）共享税

（4）专项拨款　　（5）纵向财政缺口

2. 判断题

（1）在我国分税制预算管理体制中，属于共享税的税种有增值税、资源税、证券交易税等。

（2）在正常情况下，一般均衡补助有利于实现公共资金分配的纵向和横向公平。

（3）分税制改革的内容中明确规定：根据事权与财权相结合的原则，按照行政隶属划分中央与地方收入。

（4）转移支付有三种模式：纵向转移、横向转移以及纵横向转移交错的混合模式，我国一般是以横向转移为主，辅之以纵向转移。

（5）调整国民经济结构、协调地区发展、实施宏观调控所必需的支出应由地方财政负担。

（6）财政联邦主义专指联邦制国家的财政体制。

（7）预算管理体制是一项完整的系统工程，目标是建立事权与财权相适应、相匹配的制度模式。

（8）专项转移支付主要解决基本公共服务均等化问题，一般性转移支付主要解决外部性、中央和地方共同支出责任以及实现中央特定目标等问题。

（9）预算管理体制的目标是建立事权与财权相适应、相匹配的制度模式。

3. 单项选择题

（1）财政管理体制的中心组成部分是（　　）。

A. 国家预算管理体制　　B. 国家税收管理体制

C. 国家信用管理体制　　D. 国家投资管理体制

（2）国家预算管理体制的基本原则是（　　）。

A. 统一领导　　B. 分级管理

C. 统收统支　　D. 统一领导，分级管理

（3）在预算执行中，组织新的预算收支平衡的一个重要方法是（　　）。

A. 动用预备费　　B. 编制预算草案

C. 动用周转金　　D. 预算调整

（4）进一步完善我国分税制的重点是（　　）。

A. 进一步明确各级政府的事权范围　　B. 进一步完善工商税制

C. 进一步调整集权与分权的关系　　D. 进一步完善转移支付制度

（5）下列说法不正确的是（　　）。

A. 我国地方政府预算不允许列赤字

B. 我国实行一级政府一级预算，分中央、省、市、县、乡五级预算

C. 最基层一级政府不存在下一级预算的，总预算即为本级预算

D. 本级政府预算的调整方案必须报上级政府批准

（6）各级预（决）算应由同级（　　）审查批准。

A. 人民政府　　B. 财政部门　　C. 税务部门　　D. 人民代表大会

（7）预算外资金属于（　　）。

A. 信贷资金　　B. 集中性资金　　C. 单位自有资金　　D. 财政性资金

4. 不定项选择题

（1）我国预算管理体制大体上经历了以下哪几个类型？（　　）

A. 高度集中的预算管理体制

B. 以中央集权为主，适当下放财权的预算管理体制

C. 中央对地方实行各种形式的包干的财政包干体制

D. 建立在分税制基础上的分级分税预算管理体制

（2）复式预算按经济性质划分可分为（　　）。

A. 总预算　　B. 资本预算　　C. 经常性预算　　D. 单位预算

（3）国家预算的原则主要有（　　）。

A. 公开性　　B. 统一性　　C. 可靠性　　D. 年度性

（4）在市场经济条件下，建立国家预算管理体制应遵循以下原则（　　）。

A. 公平　　B. 效率　　C. 均衡　　D. 受益

（5）预算管理权是指（　　）。

A. 预算方针政策的制定权、解释权和修订权

B. 预算法律法规的制定权、解释权和修订权

C. 预决算的编制权和审批权

D. 预算的执行、调整和监督权

（6）政府间转移支付的目标包括（　　）。

A. 解决纵向财政不平衡问题　　B. 解决横向财政不平衡问题

C. 解决外溢问题　　D. 解决其他问题

（7）分级预算管理体制的集权和分权关系的主要体现不包括（　　）。

A. 中央与地方收支的划分

B. 地方是否构成一级独立的预算主体

C. 地方政府是否有税收立法权、税率调整权和减免权

D. 各税种在中央和地方的划分

（8）政府间转移的基本方式一般包括（　　）。

A. 上级补助　　B. 体制补助　　C. 一般均衡补助　　D. 专项补助

（9）下列说法错误的是（　　）。

A. 地方各级政府的总预算由本级政府的预算和汇总的下一级预算组成

B. 地方政府本级决算草案必须由上级人民代表大会审批

C. 各级政府的本级预算草案由本级人民代表大会审查批准

D. 中央政府的决算草案必须由全国人民代表大会审批

(10) 关于我国现行分税制中收入划分正确的是（　　）。

A. 税收划分为中央税、地方税和共享税

B. 分设国税局、地税局征管

C. 国税局负责征收中央税和共享税

D. 地税局负责征收地方税和共享税

(11) 分税制预算管理体制中的中央和地方共享税包括（　　）。

A. 增值税　B. 证券交易税　C. 资源税　D. 关税

E. 消费税

(12) 下列预算类型中，重视成本-效益分析的是（　　）。

A. 单式预算　B. 复式预算　C. 绩效预算　D. 计划-规划预算

(13) 分税制改革的主要内容包括（　　）。

A. 支出责任与收入划分　B. “两税”返还办法及其进一步的完善

C. 所得税分享改革　D. 转移支付制度

(14) 分税制体制的基本特征包括（　　）。

A. 规范性　B. 层次性　C. 法制性　D. 多样性

5. 简答题

(1) 简述分级分税预算管理体制的要点。

(2) 简述政府间转移支付制度的功能。

(3) 简述完善我国转移支付制度的基本途径。

(4) 简述《基本公共服务领域中央与地方共同财政事权和支出责任划分改革方案》所明确的基本内容。

6. 论述题

试述分级分税预算管理体制的基本理论依据。

五、习题解答

1. 名词解释

(1) 略　(2) 略　(3) 略　(4) 略　(5) 略

2. 判断题

(1) 对。

(2) 对。

(3) 错，在我国分税制预算管理体制中，中央与地方政府收入的划分是根据事权与财权相结合的原则，按税种划分中央与地方收入。

(4) 错，转移支付有三种模式：纵向转移、横向转移以及纵横向转移交错的混合模式，但我国实行以纵向为主、横向为辅、纵横交错的财政转移支付模式。通过纵向转移支付可以强化中央政府的宏观调控能力。通过横向转移支付不仅可以减轻中央财政的压力，而且可以均衡地方的公共服务能力。

(5) 错，调整国民经济结构、协调地区发展、实施宏观调控所必需的支出应由中央财政来负担。中央财政主要承担国家安全、外交和中央国家机关运转所需经费，调整国民经济结构、协调地区发展、实施宏观调控所必需的支出，以及由中央直接管理的事业发展支出。地方财政主要承担本地区政权机关运转所需支出以及本地区经济、事业发展所需支出。

(6) 错，财政联邦主义不是专指联邦制国家的财政体制，而是有关多级财政体制的概念，也就是分级分税预算管理体制。

(7) 对。

(8) 错，目前政府间转移支付主要包括一般性转移支付和专项转移支付。前者主要解决基本公共服务均等化问题，后者主要解决外部性、中央和地方共同支出责任以及实现中央特定目标等问题

(9) 对。

3. 单项选择题

(1) A　(2) D　(3) D　(4) D　(5) D　(6) D　(7) D

4. 不定项选择题

(1) ABCD　(2) BC　(3) ABCD　(4) BC　(5) ABCD　(6) ABCD

(7) BCD　(8) CD　(9) BD　(10) ABC　(11) ABC　(12) CD

(13) ABCD　(14) ABC

5. 简答题

(1) 答：分级分税预算管理体制是实行市场经济的国家普遍采取的一种预算体制，在西方财政学中称为财政联邦主义。财政联邦主义不是专指联邦制国家的财政体制，而是有关多级财政体制的概念，也就是分级分税预算管理体制。它的主要特征是中央与地方的事权与支出责任相适应，规范化，法制化，长期相对稳定，地方预算构成名副其实的一级预算主体。我国在 1985 年调整后的分级包干体制已经吸收了分级分税预算管理体制中的分税制因素。1994 年实行的分税制改革则是从我国实际出发，借鉴市场经济国家的分级预算体制，初步形成的具有中国特色的多级预算体制。综观各国的实践，分级分税预算管理体制可归纳为以下几个要点：

1) 在明确市场经济下政府职能边界的前提下划分各级政府的职责（即事权）范围，在此基础上划分各级预算支出的责任（即财权）范围，各级政府的财政责任分工明确。

2) 一级政权，一级预算主体，各级预算相对独立，自求平衡。国家立法机关只审批中央预算，地方预算由本级立法机关审批。各级地方预算经常收入由本级税收、收费收入和中央补助组成，以上收入不能满足需要时，允许发行地方债券或向银行借款，自求

平衡。

3）收入划分实行分税制。在收入划分比例上中央预算居主导地位，保证中央的调控权和调控力度。在税收划分方法上，各级预算都有本级的主体税种，有的对同一税种按不同税率分享，有的实行分成或共享制。

4）实行转移支付的预算调节制度，有纵向调节（或纵向转移）和横向调节（或横向转移）两种形式。纵向调节的典型做法是补助金制度，补助金分为无条件补助、有条件补助和专项补助。横向调节是由"富裕地区"直接向"贫困地区"转移支付，实行地区间的互助式调节，不再通过中央预算。

5）各国的分级分税预算管理体制是适应本国的政治经济制度和历史传统经由长期而形成的，就体制整体而言是相对稳定的，只是调节方法可以经常进行调整。

（2）答：政府间转移支付制度具有以下主要功能：

1）弥补纵向财政缺口。纵向财政缺口是指由于中央收入占主导地位而地方又承担更多的支出责任所形成的地方财政的缺口，这种缺口要靠中央通过转移支付形式给予弥补。其中也包括地方财政上下级之间，上级（如省）财政对下级（如市）财政缺口的弥补。弥补纵向财政缺口，也称为纵向财政均衡。

2）弥补横向财政缺口。横向财政缺口是指由于规范统一的收支划分方法而形成的一些地方的收入能力不能满足支出需要的缺口，这种财政缺口也要靠中央财政（或上级财政）通过转移支付形式予以弥补。弥补横向财政缺口，也称为横向财政均衡。横向财政均衡基于一种公平的价值观念，即一个国家的所有公民尽管其贫富状况和居住地区不同，但都有平等的权利享受国家提供的最低标准的公共服务水平。因此弥补横向财政缺口的目标是均衡地区间的最低公共服务水平，保证各地区间具有大体均衡的最低公共服务水平，而不是解决地区间的经济发展水平不平衡问题。这种横向公平不只是公平问题，而且是效率问题。如果不同地区之间的公共服务水平差距过大，就会发生人口向公共服务水平高的富裕地区的非正常流动，从而产生资源配置的效率损失。我国西部地区的公共服务水平明显低于东部地区，显然是形成"孔雀东南飞"的一个重要诱因。这里需要说明，纵向缺口和横向缺口产生的原因是不同的，前者来源于政府间收支划分的不对称，后者来源于不同地区公共服务水平的差距。但在实际生活中，二者是交织在一起的，不可能截然分开。因此在设计转移支付制度时，不必采取两种不同的转移支付方式，而采取无条件的均衡补助或拨款方式可以同时弥补两种财政缺口。

3）弥补地方性公共物品辖区间的外部效应。在由地方政府提供地方性公共物品的情况下，当这种公共物品的受益范围超出本地区而扩散或延及邻近的其他地区，从而邻近地区不承担任何成本就可以同样享受这种公共物品带来的利益时，就产生了外部效应。诸如兴修水利、治理污染、防治病虫害以及兴办高等学校等，都可能发生效益的外溢问题。当地方性公共物品存在外部效应时，提供地方性公共物品的地区可能只考虑本地区的利益，按照本地区的边际收益和边际成本相等的条件来决定供应量，而将外溢的收益排除在外，从而使实际供应量小于最佳供应量，导致社会资源配置效率的损失。当发生这种情况时，只要上级政府给予地方政府一定的配套补助或拨款，弥补外溢收益的成本，就可以提高社会资源的配置效率。而配套补助或拨款的多少，要根据外溢收益和本地区收益的比例来确定，外溢收益越大，配套的比例就应当越大。

4）支持落后地区的经济发展。一个国家特别是一个疆土辽阔的大国，区域之间的经济发展是不均衡的，客观上存在着富裕地区和贫困地区的差别，而贫富地区的差别又是与行政区划以及少数民族聚居地区相联系的。对于经济发达国家来说，均衡区域间的发展可能已经不是一个大的问题，但对一个发展中国家特别是一个由多民族组成的大国来说，均衡地区间的发展则是一个发展战略问题。因此，转移支付的功能不仅在于通过一般均衡补助或拨款来弥补纵向财政缺口和横向财政缺口，而且还要通过规定用途的专项补助或拨款，支持落后地区的经济加快发展，均衡地区间的经济发展速度，并推动全国经济更快发展。

（3）答：当前我国的转移支付制度存在先天性制度缺陷，完善转移支付制度应当对症下药。

1）多种转移支付形式并存，还不够规范。目前的转移支付形式有自上而下的税收返还、体制补助、结算补助和专项拨款等，形式多样，不够规范，透明度差，人为操作因素较大，政策性调节较弱，因而可以考虑根据多年运行的实际情况加以归并，比如统一归并为“税收返还”，减少人为因素，增强政策调节的内涵。

2）当前自上而下的转移支付中的主要部分是税收返还，因而关键还在于完善税收返还制度。

（4）答：基本内容如下：

1）将基本公共服务事项列入中央与地方共同财政事权范围。

2）制定基本公共服务保障国家基础标准。

3）规范基本公共服务领域中央与地方共同财政事权的支出责任分担方式，主要实行中央与地方按比例分担。

4）在一般性转移支付下设立共同财政事权分类分档转移支付，对共同财政事权基本公共服务事项予以优先保障。

5）加快推进省以下支出责任划分改革，明确部门管理职责，加强基本公共服务项目预算管理，推进基本公共服务大数据平台建设，强化监督检查和绩效管理。

6. 论述题

答：（1）社会公共需要或公共物品的层次性（公共物品理论）。

在分级分税预算管理体制下，由各级预算主体分级执行财政职能，为满足社会公共需要提供财力。公共需要是分层次的，因而公共需要的层次性是划分收支的基本依据之一。公共需要的层次包含两个方面的内容：一方面是从支出角度分析，以受益范围为标准区分的层次；另一方面则是为满足公共需要提供收入来源的层次。

从中央到地方收支运行的结果看收支总是要对称的，只有收支对称，才能维持财政收支的平衡。从这个意义上说，收入划分受支出划分的制约，也就是受公共需要受益范围的制约。但是，由于各地方的支出需要和收入能力是不对称的，需要靠中央转移支付来调节这种不对称，所以划分收入需要遵循另外的标准。

（2）集权与分权关系。

将公共需要的层次性作为划分收支的标准，是市场经济国家分级预算管理体制通用的一般标准，但各国的收支划分是不同的，主要取决于各国的政治体制和由本国国情决定的集权与分权关系。所以，集权与分权关系也是划分收支的基本依据之一。预算管理体制是政治和经济结合的最明显的体现。如果说公共需要的层次性是经济标准，那么集权与分权关系就是政治标准。

六、延伸阅读

国有企业全面预算管理的难点

随着我国市场化机制的不断完善，市场竞争程度得到显著提高，同时我国政府正在不断推进国有企业分类管理改革，进一步在国有企业内部引进市场化模式。为了进一步应对市场竞争环境的变化，很多国有企业逐步引入全面预算管理机制，但由于实践历史不长等原因，国有企业的全面预算管理还存在一定不足。

全面预算管理对于加强国有企业的市场竞争能力具有重要作用，但全面预算管理作为一套严密的制度化模式，存在很多的复杂工作，这些构成了全面预算管理推行过程中的难点。对于国有企业而言，其推行全面预算管理可能存在以下几个方面的潜在难点：

一、如何发挥全面预算管理的战略实现功能

全面预算管理之所以被中外大型企业普遍推崇，就在于其已经在理论和实践上超越了传统的预算考核与评价的功能，具备了战略导向性意义，从而将预算管理从管理会计的附属工作地位提高到了关系企业战略实现的高度。对于国有企业而言，如何更好地发挥全面预算管理的战略实现功能是一个难点，原因在于国有企业与一般的民企和外资企业不同，其追求的战略目标具有多样性，不仅要实现经济价值，还要考虑社会责任问题，战略目标的多元化必然会要求全面预算管理目标的多样性，从而会进一步增加全面预算管理执行的复杂性。除此之外，很多国有企业的管理层并没有从实质上转变思想观念，虽然从形式上引入了全面预算管理模式，但并没有将其视为具有战略实现功能的工具，谈及推行全面预算管理，在思想上仅仅考虑到削减开支等方面，而没有意识到全面预算管理的最终目的是为实现企业战略创造条件，这也成为全面预算管理在国企中发挥功能的阻碍。

二、如何发挥全面预算管理的控制功能

相比于传统的预算管理模式，全面预算管理将重点方向由预算编制向预算控制过程转变，这一转变也会成为国有企业实际推行过程中的潜在难点。因为国有企业传统上的预算管理模式的重点都是放在预算的编制与预算方案的审核方面，而不是放在预算控制与评价方面。由于长期的预算执行惯性等潜在问题，国有企业在预算管理实务中很容易忽视预算控制环节，导致控制失灵的问题，比如预算监督工作流于形式等问题，进一步加重了全面预算管理执行过程中的控制问题。除此之外，全面预算管理的控制功能要求对预算执行偏差进行敏感性分析，找出导致预算偏差的主要驱动因素，并在下一周期的预算执行中进行重点控制，但很多国有企业对于预算偏差分析的关注程度不高，分析工作流于表面，这些问题都制约了全面预算管理在国有企业中的推行，从而成为国有企业中实施预算管理的难点所在。

三、如何增强全面预算管理的动态调整性

在全面预算管理推行的过程中，既定的预算方案并不一定是一成不变的、合理的。市场环境瞬息万变，加之国有企业的重大决策还要考虑到政府的要求，宏观政策的变化也要反映在国有企业的相关决策之中，因此，国有企业制度的预算方案需要考虑更加复杂的因素，此外，国有企业的预算方案还需要经过上级政府比较严格的审核，这些方面都使得增强全面预算管理在国有企业中的动态调整性成为一个潜在难点。全面预算管理具备一定的动态调整性是必要的，这有利于使预算管理方案充分反映国有企业具体生产经营情况的变化，从而发挥全面预算管理对预算监督与控制的职能。因此，国有企业的预算管理部门要根据具体情况的变化，甚至合理预测出具体经营生产情况的变化，制定出预算备用调整方案，使得在总体预算目标不发生实质性变化的前提下，保持预算方案的灵活性。此外，上级政府对于国有企业提价的预算方案也要科学审核，严格把关，同时，在条件允许的情况下，可以适度提高国有企业预算方案的审核效率，这样有利于对国有企业预算方案进行适度调整，保持国有企业预算方案在一定程度上的动态调整性，提高全面预算管理的效率。

【知识链接】预算管理

【资料来源】韦文华．国有企业全面预算管理的重点及难点．财经界，2020（05）：117－118.

第十四章
国债和国债市场

一、本章回顾

本章主要介绍了国债的基本原理，包括国债的含义、国债的产生和发展、国债种类和国债结构、国债负担与国债债务率、国债的发行、还本与付息以及国债管理制度，着重论述了国债的经济效应和政策功能，并对我国国债债务率与财政赤字进行了简单的动态关系分析，简述了我国地方政府的债务以及地方政府专项债券的发行与管理，最后叙述了国债市场及其功能以及国债收益率曲线的相关问题。

本章要点：

(1) 国债的产生和发展。

(2) 国债的种类、结构和负担。

(3) 国债的经济效应和政策功能。

(4) 地方政府专项债券的管理。

(5) 国债负担率。

(6) 国债市场的功能。

(7) 国债收益率曲线及其作用。

二、术语小读

1. 国债

国债是整个社会债务的重要组成部分，具体是指中央政府在国内外发行债券或向外国政府和银行借款所形成的国家债务。

2. 李嘉图等价定理

李嘉图所著《政治经济学及赋税原理》一书中表达了这样一种推测：在某些条件下，政府无论用债券还是税收筹资，其效果都是相同的或者等价的。从表面上看，以税收筹资和以债券筹资并不相同，但是，政府的任何债券发行都体现着将来的偿还义务，从而，在将来偿还的时候，会导致未来更高的税收。如果人们意识到这一点，就会把相当于未来额外税收的那部分财富积蓄起来，结果此时人们可支配的财富的数量与征税时的情况一样。

3. 国债负担率

国债负担率用当年国债发行额或国债余额占 GDP 的比重来表示，是衡量国债限度的一个指标。

4. 国债市场

国债市场是国债发行和流通市场的统称，是买卖国债的场所。中央银行通过在二级市场上买卖国债（直接买卖，国债回购、反回购交易）来进行公开市场操作，借此吞吐基础货币，调节货币供应量和利率，实现财政政策和货币政策的有机结合。

5. 直接债务

直接债务是指在任何情况下都要承担的债务，不依附于任何事件，是可以根据某些特定因素来预测和控制的负债，如政府的内外债及由法律规定的养老金负债等。

6. 或有债务

或有债务是指由某一或有事项引发的债务，是否会成为现实，要看或有事项是否发生以及由此引发的债务是否最终要由政府来承担。

7. 国债收益率曲线

国债收益率曲线是描述某一时点上一组上市交易的国债的收益率和它们的所余期限之间相互关系的曲线。如果以国债收益率为纵轴，以到期期限为横轴，将每种国债的收益率与它的到期期限所组成的点拟合成一条曲线，就会形成一条国债收益率曲线。

8. 国债的资产效应

国债发行量的变化不仅影响国民收入，而且影响居民所持有资产的变化，这就是所谓的资产效应。

9. 地方政府专项债券

地方政府专项债券是指省、自治区、直辖市政府（含经省级政府批准自办债券发行的计划单列市政府）为有一定收益的公益性项目发行的、约定一定期限内以对应的公益性项目政府性基金或专项收入还本付息的政府债券。我国地方政府专项债券是依据国务院的政令发行的，理应属于政府直接显性债务，不属于隐性债务，但又不作为弥补财政赤字的资金来源，从这个角度来看，它又带有政府隐性债务的性质。

三、难点精析

1. 国债的特点

（1）国债是一种非经常性的财政收入的特殊形式，意味着政府可支配资金的增加。

（2）国债具有有偿性和自愿性的特点。除特定时期的某些强制性公债外，公众在是否认购国债、认购多少国债等方面拥有完全自主的权利。

（3）国债与私债是有本质区别的，其区别在于发行的依据或担保物不同。民间借债一般需以财产或收益为担保，人们只有在确信举债者具有履行还本付息的能力后才会出借；国债的担保物并不是财产或收益，而是政府信用。因此，国债通常被称为“金边债券”。

（4）国债是政府可以运用的一种重要的宏观调控手段。

2. 国债结构的组成

国债结构是指一个国家各种不同性质债务的互相搭配，以及债务收入来源和发行期限的有机结合。它是通过下列几种组合方式来反映的：

（1）应债主体结构。指各类企业和各阶层居民各自占有社会资金的比例。

（2）国债持有者结构。指各应债主体实际认购和持有国债的比例，又可称为国债资金来源结构。

（3）国债期限结构。以偿还期为标准，国债可分为短期国债、中期国债、长期国债和永久国债。

3. 国债负担的分析

处理国债负担是财政理论与实践的重要内容。国债负担可从四个方面进行具体分析：

一是认购者负担。国债作为认购者收入使用权的让渡，这种让渡虽是暂时的，但对认购者的经济行为会产生一定的影响，所以国债发行必须考虑认购者的实际负担能力。

二是纳税人负担。不论国债资金的使用方向如何、效益高低，还债的收入来源最终还是税收。马克思所说的国债是一种延期的税收，就是指国债与税收的这种关系。

三是代际负担。国债不仅形成一种当前的社会负担，而且在一定条件下还会向后推移，形成代际负担。也就是说，由于有些国债的偿还期较长，连年以新债还旧债并不断扩大债务规模，就会形成这一代人借的债转化为下一代甚至几代人负担的问题。如果转移债务的同时为后代人创造了更多的财富或奠定了创造财富的基础，这种债务负担的转移在某种意义上被认为是正常的；如果国债收入被用于当前的消费，或者使用效率低下，留给后代人的只有净债务，那么，债务转移必将极大地影响后代人的生产和生活，这是一种愧对子孙的短期行为。

四是政府负担，即债务人负担。政府借债是有偿的，政府举债的负担首先是付息，其次是还本，尽管政府借债时获得了经济收益，但偿债体现为一种支出。借债的过程也就是国债负担的形成过程，所以，政府借债要考虑偿还能力，只能量力而行。当然，在现代普遍实行“以新债还旧债”且国债可以通过国债市场流通的国债制度下，虽然可以不必增加当前税收来偿还国债，但持续“以新债还旧债”会不断增大债务余额。所以研究国债负担首先要研究政府的债务负担问题。

4. 国债的经济效应

国债的经济效应就是指国债的运行对社会经济生活产生的影响和结果，它是通过国债功能的发挥来实现的。

可从以下三个角度考察国债的经济效应：

(1) 国债的资产效应。指国债发行量的变化不仅影响国民收入，而且影响居民所持有资产的变化。从短期效应看，主要分析国债的收入效应或流量效应；从长期效应看，还必须分析国债存量对资产的影响。

正因为国债具有资产效应，所以，国债在经济增长中具有稳定功能。

(2) 国债的需求效应。指国债融资将增加支出，通过支出的乘数效应增加总需求，或将储蓄转化为投资，通过投资的乘数效应，推动经济的增长。这是凯恩斯主义的主要观点。

国债对总需求的影响表现在两个方面：

一是中央银行购买国债，将导致银行准备金增加，从而增加基础货币，对总需求发挥扩张作用，构成通货膨胀因素。

二是商业银行或居民个人购买国债，只是购买力的转移或替代，不会产生增加货币供给从而扩张总需求的效应。

(3) 国债的供给效应。指发行国债具有供给效应，即增加供给总量和调整供给结构。国债收入用于投资，自然会增加投资需求；但用于投资，也必然会提供供给，由于投资领域的不同，因而同时会调整供给结构。

5. 衡量国债限度的指标

国债限度来源于国债负担，是指国家债务规模的最高额度或指国债适度规模问题。

(1) 表示国债绝对规模的指标。

① 历年累计的债务总规模。

② 当年发行的国债总规模。

③ 当年到期需还本付息的债务总额。

(2) 表示国债相对规模的指标。

① 国债负担率。它表明一定时期的国债累计余额与同期国民经济总规模的比例关系。它是从存量上反映国债规模的一个指标。其公式为：

$$国债负担率=当年国债发行额或国债余额\div当年\ GDP\times100\%$$

这是衡量国债规模最为重要的指标。因为它是从国民经济的总体和全局而不是从财政收支上来考察和把握国债的数量界限的。

国债负担率表示国民经济的国债化程度，该指标越高，表示国债对经济的干预越强，而财政收入越相对不足。

② 居民个人的国债负担率。它表明国债发行额或国债余额与居民储蓄存款余额的比例关系，即人均国债量除以人均存款额。其公式为：

居民个人的国债负担率＝当年国债发行额或国债余额÷居民储蓄存款余额×100％

这一指标是用来衡量居民资金供给情况的。该指标越高，表示居民年收入中用于购买国债的比例越高，而其潜在的购买力越不足。这是从居民的储蓄水平角度来考察国债发行规模的重要指标。

一般认为，国债余额低于居民储蓄存款余额即二者的比例小于100％即可。

③ 国债偿还率。它是指当年的国债还本付息额与中央财政收入额的比例关系，是反映中央财政债务清偿能力的指标。其公式为：

国债偿还率＝当年国债还本付息额÷当年中央财政收入额×100％

该指标越高，表示债务偿还越集中，国债期限结构越不够合理。这一指标的国际公认警戒线为10％左右。

④ 国债依存度。它是指当年的债务收入额与中央财政支出额的比例关系。它是从流量上反映国债规模的一个指标。其公式是：

国债依存度＝当年债务收入额或国债发行额÷当年中央财政支出额×100％

它表明当年中央财政支出中有多少是由债务收入支持的或是依靠发行国债来实现的。该指标越高，说明对债务的依赖性越大，财政处于脆弱的状态，并会对未来的社会经济发展构成潜在的威胁。这一指标的国际公认警戒线为25％～35％。

6. 国债的政策功能

（1）弥补财政赤字。通过发行国债弥补财政赤字，是国债产生的主要动因，也是当今各个国家的普遍做法。用国债弥补财政赤字，实质是将不属于国家支配的民间资金在一定时间内让渡给国家使用，是社会资金使用权的单方面转移。

（2）筹集建设资金。国债既有弥补财政赤字的功能，又有筹集建设资金的功能。比如，在我国财政支出中总是要安排一定规模的必需经济建设支出，如果不发行国债，势必要压缩这些必需的经济建设支出，或挤压民生支出，从这个角度讲，发行国债具有明显的筹集资金的功能。

（3）调节经济运行，促进经济发展。国债是对GDP的再分配，反映了社会资源的重新配置，是调节经济的一种重要手段。

7. 国债市场的功能

（1）国债作为财政政策工具时，国债市场具有顺利实现国债发行和偿还的功能。

（2）国债作为货币政策工具时，国债市场具有调节社会资金的运行和提高社会资金效率的功能。具体表现在五个方面：

① 国债市场是一国金融市场的重要组成部分。

② 国债市场拓宽了居民的投资渠道。

③ 国债市场的发展有利于商业银行资本结构的完善，有利于降低其不良资产率，增强其抗风险能力。

④ 国债市场是连接货币市场和资本市场的渠道。

⑤ 国债是央行在公开市场上最重要的操作工具。

8. 地方政府专项债务的管理

① 将地方政府债务分门别类地纳入全口径预算管理。

② 对地方政府专项债务实行规模控制，实行限额管理。

③ 严格限定地方政府专项债务资金用途和举债程序。

④ 地方政府专项债务必须公开透明，各地要按照有关规定及时披露专项债务的基本信息。

⑤ 建立地方政府性债务风险预警机制。

四、牛刀初试

1. 名词解释

（1）国债	（2）凭证式国债	（3）平价发行
（4）承购包销方式	（5）国债回购	（6）国债负担
（7）国债负担率	（8）国债市场	（9）或有债务

2. 判断题

（1）国家借款是最原始的举债形式，具有手续简便、成本费用较低等优点，因而现代国家在向民众和企业借款时仍主要采用这一方式。

（2）合理的国债期限结构应该是以短期国债为主的期限结构。

（3）从政府财政角度看，溢价发行可以说是最为有利的，因为政府在发行价格上可以得到价差收入。

（4）国债发行是为了弥补财政赤字，然而国债发行也可以导致财政赤字的出现。

（5）我国社会主义财政具有鲜明的生产建设性，国债发行得越多，生产建设资金就越多，也越有利于经济发展。

（6）国债产生的基本条件是商品经济和信用经济的发展。

（7）国债制度是在私债的基础上发展和演变而来的，产生于封建社会。

（8）国债的发行是国债运行的起点和基础环节，核心是确定国债发行的方式。

（9）国债债务率的变化取决于三个因素：实际国债利率、经济增长率、基本财政赤字率。

（10）直接债务是指由某一或有事项引发的债务，是否会成为现实，要看或有事项是否发生以及由此引发的债务是否最终要由政府来承担。

3. 单项选择题

（1）国债与私债的本质区别在于（　　）。

A. 发行的依据或担保物不同　　B. 发行的利率不同

C. 发行的方式不同　　D. 发行的机构不同

（2）我国目前国债规模的具体情况是（　　）。

A. 国债负担率高，国债依存度高

B. 国债负担率高，国债依存度低

C. 国债负担率低，国债依存度高

D. 国债负担率低，国债依存度低

（3）各国政府偿还国债的基本手段是（　　）。

A. 设立偿债基金　　B. 预算盈余

C. 经常性预算收支　　D. 发行新债

（4）国债的功能不包括（　　）。

A. 弥补财政赤字　　B. 筹集建设资金

C. 扩大内需　　D. 调节经济

（5）中期国债的偿还期限是（　　）。

A. 1年　　B. 2年　　C. 1～10年　　D. 10年

（6）国债与其他财政收入形式的明显区别是（　　）。

A. 强制性　　B. 灵活性　　C. 直接返还性　　D. 有偿性

（7）弥补财政赤字的最佳选择是（　　）。

A. 扩大内需　　B. 增加公共支出

C. 发行国债　　D. 减少公共支出

（8）商业银行购买国债的货币效应是（　　）。

A. 扩张性的　　B. 紧缩性的　　C. 中性的　　D. 不确定

（9）国债依存度是指（　　）。

A. 当年国债发行额占当年财政收入的比重

B. 当年国债累计余额占当年财政支出的比重

C. 当年国债发行额占当年中央财政支出的比重

D. 当年国债累计余额占当年 GDP 的比重

（10）国债偿还率是指（　　）。

A. 当年国债累计还本付息额占国民收入的比重

B. 当年国债还本付息额占当年国民收入的比重

C. 当年国债还本付息额占当年中央财政收入的比重

D. 当年国债还本付息额占偿债资金的比重

（11）中华人民共和国成立后，1950 年我国发行的国债是（　　）。

A. 国家经济建设公债　　B. 人民胜利折实公债

C. 国库券　　D. 金边债券

（12）下列指标中，反映政府偿债能力的是（　　）。

A. 当年国债发行额

B. 当年国债还本付息额占当年中央财政收入的比重

C. 历年累计债务总额

D. 当年国债还本付息额

(13) 以能否在交易市场上自由买卖为标准，国债可分为（　　）。

A. 政府借款和发行债券　　B. 内债和外债

C. 可转让国债和不可转让国债　　D. 凭证式国债和记账式国债

(14) 按照下列哪个标准，国债可分为国家借款和发行债券？（　　）

A. 以筹措和发行的地域为标准

B. 以债券的流动性为标准

C. 以发行的凭证为标准

D. 以国家举债的形式为标准

(15) 什么是国债运行的起点和基础环节？（　　）

A. 国债的发行　　B. 国债的转让

C. 国债的管理制度　　D. 国债的还本付息

4. 不定项选择题

(1) 国债以筹措和发行的性质为标准分为（　　）。

A. 内债　　B. 强制国债　　C. 外债　　D. 自由国债

(2) 国债的发行方式有（　　）。

A. 公募法　　B. 包销法　　C. 公卖法　　D. 摊派法

(3) 以下属于影响国债负担的因素的是（　　）。

A. 认购者即债权人的负担　　B. 政府即债务人的负担

C. 纳税人的负担　　D. 负税人的负担

(4) 国债产生的基本条件是（　　）。

A. 政府支出的需要　　B. 商品货币经济高度发达

C. 国债利息较高　　D. 社会上存在借贷资本

(5) 国债的作用包括（　　）。

A. 弥补财政赤字

B. 调节预算收支差额

C. 为加快经济建设、调节产业结构筹集资金

D. 调节宏观经济运行

(6) 下列指标中，反映国债规模的是（　　）。

A. 当年发行债务总额　　B. 当年到期需要还本付息的债务总额

C. 国债偿还率　　D. 国债负担率

(7) 国债通常是指国家公债的简称，按其举债的形式包括（　　）。

A. 政府借款　　B. 内债　　C. 外债　　D. 发行债券

(8) 国债与税收相比不同的是（　　）。

A. 国债遵循信用原则，具有偿还性

B. 国债认购一般具有自愿性的原则

C. 国债是以国家为主体的分配关系

D. 国债以国家信誉为基础

(9) 下列所述属于国债产生的必要条件的是（　　）。

A. 有国家财政上的需要　　B. 有平等对立的经济关系

C. 有大量闲置的货币资本　　D. 有货币信用制度的发展

(10) 中华人民共和国成立至 1979 年期间，我国发行的国债有（　　）。

A. 人民胜利折实公债　　B. 国家经济建设公债

C. 国库券　　D. 转换债券

(11) 国债结构包括（　　）。

A. 应债主体结构

B. 国债持有者结构或应债资金来源结构

C. 国债期限结构

D. 国债种类结构

(12) 国债债务率的变化取决于（　　）。

A. 实际国债利率　　B. 经济增长率

C. 基本财政赤字率　　D. 名义国债利率

5. 简答题

(1) 简述政府债务的分类。

(2) 简述国债的作用以及国债对经济的影响。

(3) 简述国债与私债的区别。

(4) 分析影响国债债务率升降的因素及其相互关系。

6. 论述题

(1) 试论我国国债市场的现状、问题和完善方式。

(2) 试述国债市场的组成和功能。

(3) 试述为何说国债余额管理制度对加强国债管理和提高国债效率发挥了重要作用。

7. 案例分析题

日本：对特别赤字国债过度依赖

日本国债分为建设国债、特别赤字国债（特例国债）、偿债国债和财政贷款资金特别账户国债。其中，建设国债类似于我国的普通国债，而特别赤字国债只在建设国债不足以弥补政府财政赤字和一些异常情况下发行，且需国会批准相应的《特例公债法案》。

日本特别赤字国债的发行始于1965年，日本在举办1964年东京奥运会后遭遇经济衰退，其“均衡财政政策”受到挑战，于是政府决定发行特别赤字国债以弥补财政赤字。日本特别赤字国债的泛滥则始于1975年。1965—1974年，日本未发行过特别赤字国债。20世纪70年代初，伴随外围环境的恶化，日本国内生产总值（GDP）增速由20世纪60年代的10%左右骤降至1975年的3%。于是，1975年日本再次发行近2万亿日元的特别赤字国债。随后在1977年的七大工业国（G7）财长会议上，美国向联邦德国、日本施压必须提高经济增速，日本为刺激经济增长实施积极的财政政策，由此特别赤字国债的发行一发而不可收。在2000年后，日本的特别赤字国债基本每年均有发行，其余额占日本一般财政支出的比例常年在30%左右。

请简答日本特别赤字国债发行的主要目的。

五、习题解答

1. 名词解释

（1）略

（2）凭证式国债是指国家采取不印刷实物券，而用填制“国库券收款凭证”的方式发行的国债，具有类似储蓄又优于储蓄的特点，通常被称为“储蓄式国债”，这种国债是以储蓄为目的的个人投资者理想的投资方式，具有安全性好以及保管、兑现方便的特点。

（3）平价发行是指国债的发行价格与票面金额相同，政府按票面金额取得收入，到期按票面金额还本。当市场利率与国债发行利率基本一致时，一般采用平价发行。

（4）承购包销方式是由发行主体与承销人（如辛迪加集团）共同协商发行条件，签订承销合同，明确双方的权利义务关系，由承销人向投资者分销。

（5）国债回购是指国债持有人在卖出一笔国债的同时，与买方签订协议，承诺在约定期限后以约定价格购回同笔国债的交易活动。

（6）略　（7）略　（8）略　（9）略

2. 判断题

（1）错，国家借款是最原始的举债形式，具有手续简便、成本费用较低等优点，因此现代国家在举借外债和向本国中央银行借债时仍主要采用这一方式。

（2）错，合理的国债期限结构应该是以中长期国债为主的期限结构。

（3）错，国债的溢价发行虽可在发行价格上为政府带来一些价差收入，但因溢价只有在国债利率高于市场利率的情况下才能办到，因此财政也要承受高利息支出，而且由于其收入不规则，也不利于财政收支的计划管理。实际上，平价发行是最好的。

（4）对。

（5）错，国债不是发行得越多越好。

（6）对。

（7）错，国债制度是在私债的基础上发展和演变而来的，产生于奴隶社会。

（8）对。

（9）对。

（10）错，直接债务是指在任何情况下都要承担的债务，不依附于任何事件，是可以根据某些特定的因素来预测和控制的负债，如政府的内外债及由法律规定的养老金负债等。或有债务是指由某一或有事项引发的债务，是否会成为现实，要看或有事项是否发生以及由此引发的债务是否最终要由政府来承担。

3. 单项选择题

（1）A　（2）C　（3）D　（4）C　（5）C　（6）D　（7）C　（8）D

（9）C　（10）C　（11）B　（12）B　（13）C　（14）D　（15）A

4. 不定项选择题

（1）BD　（2）ABCD　（3）ABC　（4）AD　（5）ABCD　（6）ABCD

（7）AD　（8）AB　（9）ABCD　（10）AB　（11）ABC　（12）ABC

5. 简答题

（1）答：政府承担的所有债务分为直接债务和或有债务。

直接债务是指在任何情况下都要承担的债务，不依附于任何事件，是可以根据某些特定的因素来预测和控制的负债，如政府的内外债及由法律规定的养老金负债等。

或有债务是指由某一或有事项引发的债务，是否会成为现实，要看或有事项是否发生以及由此引发的债务是否最终要由政府来承担。或有债务的特点说明，或有债务不是政府能够完全控制的，同时也不是最终完全转化为财政负担，而是取决于转化的面和转化的概率。

直接债务和或有债务又可以从债务风险的角度进一步划分为两种类别：显性债务（即被法律或者合同所认可的政府债务）和隐性债务（即反映公众和利益集团压力的政府道义上的债务），因而这里明确指出了四种类型的债务：直接显性债务、直接隐性债务、或有显性债务、或有隐性债务。这种划分实际上指明了两类债务风险：一是直接债务风险，即由财政直接承担的债务，相当于世界银行所讲的直接显性债务；二是间接财政风险，即由财政间接承担的国家预算体系以外的债务，包括直接隐性债务、或有显性债务和或有隐性债务。

（2）答：1）作用。

① 形成市场基准利率。

利率是整个金融市场的核心价格，对股票市场、期货市场、外汇市场等市场上金融工具的定价均会产生重要影响。国债是一种收入稳定、风险极低的投资工具，这一特性使得国债利率处于整个利率体系的核心环节，成为其他金融工具定价的基础。国债的发行与交易有助于形成市场基准利率。国债的发行将影响金融市场上的资金供求状况，从而引起利率的升降。在国债市场充分发展的条件下，某种期限国债发行时的票面利率就代表了当时市场利率的预期水平，而国债在二级市场上交易价格的变化又能够及时地反映出市场对未来利率预期的变化。

② 作为财政政策和货币政策配合的结合点。

首先，扩大国债的发行规模是国家实施积极财政政策的主要手段，我国 1998 年 8 月为保证经济增长率达到 8%而增发 2 700 亿元特种国债就是一个很好的例子。

其次，国债特别是短期国债是央行进行公开市场操作的唯一合适的工具。国债的总量、结构对公开市场操作的效果有重要的影响。如果国债规模过小，央行在公开市场上的操作对货币供应量的控制能力就非常有限，不足以使利率水平的变化达到央行的要求；如果国债品种单一，持有者结构不合理，中小投资者持有国债比例过大，公开市场操作就很难进行。

③ 作为机构投资者短期融资的工具。

国债的信用风险极低，机构投资者之间可以利用国债这种信誉度最高的标准化证券进行回购交易来达到调节短期资金的余缺、套期保值和加强资产管理的目的。

2）影响。

① 国债对财政收支的影响。

政府行使其职能，必须有一定的财政支出。一般来说，政府的主要收入来自税收，当政府税收刚好等于或者大于其财政支出时，政府无赤字或有盈余；当税收小于支出时，政府赤字就产生了。因此，为了追加收入，弥补财政缺口，政府便发行国债，筹集社会上的闲散资金，将其使用权转移到国家手中。根据乘数效应，在今后年度，这必将引起国民经济的大幅度增长。

② 国债对货币供给的影响。

政府发行国债，在中央银行承购国债后，会直接增加政府的存款。这部分存款用于政府的各项支出，拨给社会上的企业和个人时，其账户所在的商业银行的存款就会相应增加，其结果就是货币供给量大大增加。在这种情况下，非常容易扩张社会货币供给量。如果社会正好处于货币供给大于货币需求的状态，那么很容易造成严重的通货膨胀，所以我国在 20 世纪 80 年代中期就规定中国人民银行不得直接承购政府债券。在现代银行制度下，这是中央银行创造货币的机制。而商业银行又具备扩张信用和创造派生存款的机制，即商业银行虽然不能创造货币，却能够在中央银行放出货币的基础上，进一步扩张信用规模。于是中央银行在承购国债时，扩大的货币供给量不仅仅是国债本身，而可能是扩大许多倍。按照存款准备金制度，在财政向社会有关方面拨款后，商业银行的社会存款将会增加。于是，其中一部分作为准备金缴存中央银行，另一部分可用来发放贷款。发放贷款的结果又使得社会存款增加，此乃派生存款。如此循环进行，使得信用扩张。当商业银行动用超额准备金购买债券时，没有减少社会存款，没有减少货币供给，而银行购买债券，政府运用资金，会扩张货币供给。国债的流通对货币供给也有一定的影响，当企业或者个人等非银行部门把国债转让给商业银行时，非银行部门的存款就会增加，即商业银行的超额准备金被投放出来，货币供给量增加。当商业银行将手中的国债转让给中央银行时，商业银行在中央银行的超额准备金将增加，这笔资金随时可以投放出去，扩大货币供给量。因此，中央银行买卖债券可以控制货币供给。

③ 国债对投资行为和消费行为的影响。

一方面，政府发行国债以后，如果将筹集的资金用于投资性支出，就直接扩大了政府的投资规模。在实践中，很多国家的债务收入都是用于扩大政府投资的。另一方面，政府债券能影响资金市场的利率，而当利率升高时会引起投资支出的减少，因为人们的成本提高了。相反，当利率降低的时候，投资就会增加。国债同时对消费产生影响。政府举借国债增加了政府现实可用的资源，如果这些扩大的收入来源被用于各种消费开支，那么国债的直接效应就是增加政府消费。但从个人角度来看，国债使得个人的可支配收入减少，从而使家庭或个人的消费减少。

④ 国债对总供给和总需求的影响。

不管外债还是内债，如果能够有效运用，投入生产过程，就能促进生产的发展，扩大未来的社会支出，从而扩大社会供给量。政府举借外债也可以增加国内市场的供给。政府通过外债的发行，拥有了以外汇形式存在的货币购买力。政府可以进口紧缺的商品物资，从而增加社会供给量。国债还可以影响社会总需求。它是通过投资需求和消费需求来表现的。如果国债的发行扩大了某经济主体的投资或者消费，又没有减少其他主体的投资和消费，那么社会总需求就会增加。

（3）答：国债是整个社会债务的重要组成部分，具体是指中央政府在国内外发行债券或向外国政府和银行借款所形成的国家债务。国债是一个特殊的债务范畴，它与私债的本质区别在于发行的依据或担保物不同。民间借债一般须以财产或收益为担保，人们只有在确信发行者有还本付息能力的情况下才会出借。而国债的担保物并不是财产和收益，而是政府的信誉，在一般情况下，国债比私债要可靠得多，通常被称为“金边债券”。

（4）答：国债债务率的变化取决于三个因素：实际利率、经济增长率、基本赤字率，或者说取决于两个因素，即实际利率与经济增长率的对比和基本赤字率，而其中实际利率又是名义利率与通货膨胀率之差（$r=i-\pi$）。基本赤字的增减是决定国债债务率的基本因素，而实际利率和经济增长率往往也是影响国债债务率的重要因素，当年付息的实际利率与国债债务率正相关，经济增长率与国债债务率负相关。只要当年存在需要付息的国债余额，当实际利率大于经济增长率（$r>y$）时，即使当年预算是平衡的，国债债务率也会上升。

6. 论述题

（1）答：我国国债市场的现状和存在的问题：

1）国债市场之间不连通。

2）国债市场的流动性不足。

3）市场的基础建设落后于市场规模和交易规模发展的需求。

4）尚未形成合理的收益率曲线，存在利率风险。

5）市场产品过于简单，缺乏衍生产品。

我国国债市场的完善方式：主要是扩大银行间市场交易主体，完善国债管理制度，推进市场信息建设和法制建设，加强市场基础设施建设，改进托管清算制度，加快资信评级制度建设，进行国债品种和交易形式的创新，建立国债投资基金，培育专业投资队伍等。

（2）答：国债是社会债务的重要组成部分之一，具体是指中央政府在国内外发行债券或向外国政府和银行借款所形成的国家债务。国债是一个特殊的财政范畴，它既是一种财政收入，又遵循信用原则，必须有借有还。国债也是一个特殊的债务范畴，是一种有价证券，它以政府的信誉为担保，具有较强的可靠性，通常被称为“金边债券”。

政府通过证券市场发行和偿还国债这种有价证券，意味着国债进入了交易过程，这种在证券市场中进行的国债发行和流通即为国债交易。国债市场是证券市场的构成部分，同时又对证券市场具有一定的制约作用。

国债市场按照国债交易的层次和阶段可分为两部分：

一是国债发行市场。国债发行市场指的是国债发行场所，又称国债一级市场或初级市场，是国债交易的初始环节，一般是政府与证券承销机构如银行、金融机构和证券经纪人之间的交易，通常由证券承销机构一次全部买下发行的国债。我国的国债发行市场经过多年的发展已经基本形成，其基本结构是：以差额招标方式向国债一级承销商出售可上市国债；以承销方式向承销商，如商业银行和财政部门所属国债经营机构，销售不上市的储蓄国债（凭证式国债）；以定向私募方式向社会保障机构和保险公司出售定向国债。

二是国债流通市场。国债流通市场又称国债二级市场，是国债交易的第二阶段。一般是国债承销机构与认购者之间的交易，也包括国债持有者与政府或国债认购者之间的交易。

国债流通市场的交易又分证券交易所交易和场外交易两类，证券交易所交易是指在指定的交易所营业厅从事的交易，不在交易所营业厅从事的交易即为场外交易。

国债市场的功能主要有两个：

1）实现国债的发行和偿还。国家可以采用固定收益出售方式和公募拍卖方式在国债市场和交易中完成发行和偿还国债的任务。

2）调节社会资金的运行。在国债市场中，国债承销机构和国债认购者以及国债持有者与证券经纪人从事的直接交易，国债持有者与国债认购者从事的间接交易，都是社会资金的再分配过程，最终使资金需要者与国债需要者得到满足，使社会资金的配置趋向合理。

若政府直接参与国债交易活动，以一定的价格售出或收回国债，就可以发挥诱导资金流向和活跃证券交易市场的作用。

在现代社会，主要发达国家的国债大都通过国债市场发行，并有相当部分通过国债市场偿还。随着国债规模的扩大和对社会资金运行进行调节的必要性的增强，发展中国家也开始重视国债市场的作用，并逐步建立适应本国国情的证券市场和国债市场，以发挥国债市场的功能。

（3）答：国债余额管理制度对加强国债管理和提高国债效率发挥了重要作用主要表现

在以下几个方面：

第一，因为国债余额即为中央财政赤字的累计额，也就是中央财政当年收支的逆差或当年国债发行额与还本额的差额，所以余额管理可以更为全面地反映国债余额及其变化情况。

第二，因为发行年内到期的短期国债将不增加期末余额，因而这会增强财政部门发行短期国债的动力，有利于改善国债期限结构，也有利于防止长期国债的膨胀。

第三，增强了财政部门对国债发行的主动性和灵活性，有助于实现短期国债发行规模的突破，有助于开展国债的有序滚动发行，从而提高财政的资金运用能力，增强财政政策的灵活性。

第四，短期国债规模的增大提高了国债市场的流动性，为强化央行的公开市场操作创造了条件，而且可以发挥央行票据的替代作用，避免央行票据规模膨胀和成本过高的弊端。

第五，国债期限结构的优化还可以为建立具有市场代表性和参考价值的收益率曲线提供前提条件。

7. 案例分析题

答：日本特别赤字国债的发行，主要目的是刺激经济增长，弥补财政支出的不足。而日本对特别赤字国债这一作用的过度依赖，使得“财政不足，国债来补”基本形成了一种政策惯性，并由此滑入了赤字深渊。

六、延伸阅读

历史上我国特别国债及类似债券的应用情况

我国历史上不乏发行特别国债的先例，且应用多样。不同时期特别国债的具体名称、发行背景、发行形式及承载功能各有不同，既有支持经济建设的，也有解决银行系统风险、加强外汇储备管理的，且基本成功解决了经济发展在特定时期所遭遇的特定问题。

一、1989—1991 年发行特种国债以抑制通货膨胀

（1）背景：经济转冷，通货膨胀承压。

1988 年我国经济过热，社会需求过旺，供求总量矛盾和结构性矛盾加剧，出现明显的通货膨胀，一年内相继出现几次较大的抢购风。为应对 1988 年的经济过热和通货膨胀，中央确认了紧缩财政、紧缩信贷的“双紧”政策，具体包括压降集体消费、停建基建项目、紧缩财政开支等手段。然而从 1989 年开始，中国经济又迅速从过热转为过冷，经济增速大幅下滑，同时通货膨胀的问题仍未解决。

（2）发行形式：三次发行，计划分配。

（3）效果及影响：通货膨胀回落，经济反弹。

1989—1991 年特种国债的发行，结合中央的“双紧”政策，有效抑制了通货膨胀，同时经济增速在出现短暂低迷后迅速反弹。

二、1998 年发行特别国债以补充银行资本金

(1) 背景：亚洲金融危机爆发，银行系统风险凸显。

1997 年亚洲金融危机爆发，同时我国国有银行不良贷款率超过 25%，资本充足率仅在 5%左右，银行系统面临较大风险。为遵守《巴塞尔协议》的规定，1995 年颁布的《中华人民共和国商业银行法》规定我国商业银行资本充足率不得低于 8%。因此，处置不良资产、改善银行资本金不足等问题，成为当时政府的一项重要工作。

(2) 发行形式：中国人民银行降准提供认购资金。

(3) 效果及影响：降低了银行系统风险。

此次特别国债的发行，着力于降低银行系统风险，而非信贷创造，符合当时的政策目标。从发行结果来看，短期内狭义货币（M1）和广义货币（M2）同比增速上升，货币供给增加，但仅半年后，M1 和 M2 同比增速双双回落。从发行规模来看，2 700 亿元恰好满足了四大行达到 8%资本充足率所需的资本金，富余资金十分有限。因此在帮助银行系统解决资本金问题后，此次特别国债的发行并未提高四大行的信用创造能力。

三、1998—2007 年发行长期建设国债以支持经济建设

(1) 背景：亚洲金融危机爆发，国内面临洪涝灾害、产能过剩。

1997 年的亚洲金融危机及 1998 年国内的特大洪涝灾害，使我国经济遭受重创，出口和消费均出现下滑。同时，需求端的压力传导到供给端，前期企业大规模扩张造成产能过剩，国企改革迫在眉睫。为扩大内需刺激经济增长，我国重新采取积极的财政政策和稳健的货币政策，同时增强国债管理的主动性。

(2) 发行形式：定向发行，支持建设。

(3) 效果及影响：平稳度过危机，稳定就业。

长期建设国债的发行帮助我国经济平稳发展，并在供给侧改革的背景下为国家创造了就业，支持了灾后重建，稳定了社会秩序。利用长期建设国债所筹措的资金，国家集中建设了一大批重要基础设施项目，产生了巨大的经济效益，使我国成功抵御了 1997 年亚洲金融危机对国内宏观经济的冲击。

四、2007 年发行特别国债以加强外汇储备管理

(1) 背景：外汇储备增长，流动性过剩。

一方面，2000 年后我国外汇储备增长迅速，到 2007 年已经达到 1.5 万亿美元，同时国际金融环境复杂，次贷危机初现端倪，对外汇储备管理提出了更高要求。另一方面，流动性过剩成为当时我国经济的突出问题，并导致通货膨胀压力加大，亟待解决。

(2) 发行形式：借道中国农业银行，发债购汇。

(3) 效果及影响：成立中投公司，未能缓解通货膨胀。

基于此次特别国债的发行，中投公司成立。公开发行的 0.2 万亿元特别国债从市场上抽走了等额流动性，等同于提高存款准备金率近0.5个百分点。但从缓解通货膨胀压力的角度来看，特别国债的发行作用有限，直至2008年居民消费价格指数（CPI）仍在持续上行。

【知识链接】特别国债

【资料来源】张瑜，杨轶婷．特别国债国内外应用情况及发行展望．债券，2020（05）：19－23.

第十五章
财政平衡和财政赤字

一、本章回顾

本章主要对财政平衡与财政赤字进行了概述，并介绍了财政赤字的计量方式以及我国当前的财政赤字动态，在此基础上还介绍了财政赤字与社会总量平衡的关系以及财政赤字的弥补方式及其经济效应。

本章要点：

(1) 财政平衡概述。

(2) 财政赤字（或财政结余）的计量口径。

(3) 财政赤字与社会总量平衡的关系。

(4) 财政赤字的弥补方式及其经济效应。

(5) 不同融资机制的不同经济效应的分析。

二、术语小读

1. 财政平衡

如果一个国家在一定时期（通常为一年）财政收支大致相等，我们就说这个国家的财政是平衡的。在判定一个国家或一级政府的财政是否平衡的时候，通常不把债务收入统计在收入范围之内，与此对应，也不把债务的还本支出统计在支出范围之内。按照这种统计口径，财政实现平衡是相对的（正是从这个意义上，我们把财政收支大致相等视作财政实现了平衡),财政不平衡是绝对的。

2. 预算赤字

预算赤字是指在编制预算时,存在收不抵支的情况,但预算有赤字,不代表预算执行的结果也一定有赤字。

3. 决算赤字

决算赤字是指预算执行结果支大于收。它既可能在预算编制时就存在,也可能由预算执行所产生。

4. 赤字政策

赤字政策是指国家有意识地运用赤字来调节经济的一种政策,亦即通过财政赤字扩大政府支出,实行扩张性财政政策,刺激社会有效需求的增长。

5. 结构性赤字

结构性赤字是由政府财政政策的变量决定的,是一种外生变量,体现财政政策变量对经济的影响。

6. 周期性赤字

赤字变化(增或减)的一部分是经济周期波动的反映,是由于经济周期的波动而自动地产生和增减的,这部分赤字称为周期性赤字。它是由经济周期波动决定的,体现了经济运行对财政平衡的决定作用,是一种内生变量,随着经济周期的波动而增减。

7. 债务化融资

债务化融资是指通过银行或非银行金融机构贷款或发行债券等方式融入资金。债务化融资需支付本金和利息,能够带来杠杆收益,但是会提高企业的负债率。

8. 货币化融资

货币化融资是指通过中央银行直接借款或透支弥补财政赤字,也就是依靠直接增加货币投放来弥补财政赤字的方法,实质就是把财政赤字货币化。

9. 社会总供给与社会总需求

社会总供给是指全社会范围内各单个厂商的供给(也就是收入)的加总。

社会总需求是指全社会范围内各类需求(也就是支出)的加总。

10. 挤出效应

挤出效应是指在政府的财政赤字以发行国债的方式来弥补的情况下,政府支出的增加会减少非政府部门的资金供给并形成市场利率上升的压力,从而引起非政府部门投资减少的现象。

三、难点精析

1. 如何理解财政平衡

(1) 财政平衡是财政收支对比的一种理想状态。

财政收支对比的状态有三种情况:一是收大于支,有结余;二是支大于收,有逆差,即财政赤字；三是收与支相等。

在这三种情况中，收支相等显然是平衡，但在实际经济运行中几乎不存在，往往不是有结余，就是有逆差，而逆差更为常见。因此，在实践中只能追求一种基本平衡，即一定时期中的略有结余或略有赤字均应被视为财政平衡。

（2）财政平衡的全面理解应注意以下方面：

① 对财政平衡不可以做绝对的理解。在实际经济生活中，略有结余应属基本平衡，略有赤字也应被视为基本平衡。

② 对财政平衡要有动态平衡的观点，不能局限于静态平衡。静态平衡只考察一个财政年度内的收支对比状况。动态平衡则要引进时间因素，考虑年度之间的联系与衔接，研究未来财政收支的发展趋势，研究经济周期对财政的影响以及财政对经济周期的调节作用，以求得一个时期的内在平衡。

③ 研究财政平衡还要有全局观点，不能就财政平衡论财政平衡。

④财政收支平衡可以从中央预算平衡和地方预算平衡角度分别考察。

⑤ 研究财政平衡，要注意区分不同的赤字概念。

a. 预算赤字：是指在编制预算时，存在收不抵支的情况，但预算有赤字，不代表预算执行的结果也一定有赤字。

b. 决算赤字：是指预算执行结果支大于收。它既可能在预算编制时就存在，也可能由预算执行所产生。

c. 赤字政策：是指国家有意识地用赤字来调节经济的一种政策，亦即通过财政赤字扩大支出规模，刺激社会有效需求的增长。

⑥ 研究财政平衡必须密切注意财政平衡的真实性。

虚假平衡发生的原因：

a. 传统体制下——统购包销制度。

b. 当前体制下——财政性挂账。

2. 财政赤字的计量方式（或口径）

（1）国际货币基金组织编制的《政府财政统计年鉴》曾规范计量财政赤字的口径，公式如下：

财政赤字或结余＝(总收入＋无条件赠款)－(总支出＋净增贷款)

式中，总收入包括税收收入和非税收入（不含债务收入）；无条件赠款包括各国政府赠款、本国其他各级政府赠款和国际组织赠款；总支出不仅包括行政、国防、文教卫生、社会福利、经济服务、国债利息支出等经常性支出，还包括购置固定资产和购买存货、土地和无形资产以及资本转让等的支出。

（2）我国参照国际货币基金组织《政府财政统计年鉴》规范的计量财政赤字的口径，根据我国的实际情况，建立了具有中国特色的计量财政赤字的公式：

全国一般公共预算支出大于收入的差额

=支出总量(全国一般公共预算支出+补充预算稳定调节基金)

-收入总量(全国一般公共预算收入+全国财政使用结转结余及调入资金)

式中,全国财政使用结转结余及调入资金是中央和地方财政按照建立跨年度预算平衡机制、推进财政资金统筹使用以及盘活财政存量资金等要求,从预算稳定调节基金、政府性基金预算、国有资本经营预算调入的资金,以及地方财政使用的以前年度结转结余资金(按照现行规定,地方财政结转结余资金当年不列预算支出,在以后年度实际使用时再列预算支出)。

3. 财政赤字与总量平衡

在国民经济核算中,总量平衡有如下恒等式:

$$C+S+T+M\equiv C+I+G+X$$

恒等式左边代表总供给的收入流量,由消费 C、储蓄 S、税收 T 和进口额 M 组成;右边代表总需求的支出流量,由消费 C、投资 I、政府支出 G 和出口额 X 构成。

由上式可导出描述财政赤字的预算恒等式:

$$G-T\equiv(S-I)+(M-X)$$

当 $G>T$ 时,政府预算出现赤字;当 $G<T$ 时,则有财政结余。当 $S>I$ 时,非政府部门的储蓄大于投资,有结余资金。当 $S<I$ 时,非政府部门的储蓄小于投资,出现赤字。当 $M<X$ 时,对外贸易经常账户有盈余;当 $M>X$ 时,对外贸易经常账户有赤字。

(1)在封闭型经济中($M=X=0$)。

$$G-T\equiv S-I$$

即

财政赤字≡储蓄、投资账户结余

按照恒等式的逻辑,财政赤字的增加可以不影响需求总量,因为弥补赤字的资金可以来源于民间的储蓄结余。在这种情况下,政府多支出的那一部分正是非政府部门少支出的那一部分。因此,赤字可以在一定条件下以替代支出的方式嵌入总需求,而不改变需求总量。

(2)在开放型经济中(假定 $M-X>0$,即进口大于出口)。

① $S>I$。这表示非政府部门有结余,资源净流出。政府既动用了国外资源,也动用了国内结余资金。赤字同时以两种方式加入总需求:用国外资源弥补的赤字,会以增加需求的方式叠加在原有总需求之上,使总需求扩张;用国内结余资金弥补的赤字,会以替代支出的方式嵌入原有总需求中,总需求结构会改变,但总量不变。

② $S=I$。这表示非政府部门的储蓄等于投资,这个部门既不占用其他部门的资源,也不为其他部门提供结余资源。在这种情况下,政府动用了全部从国外流入的资源,且国外流入的资源数量与财政赤字相等。这是财政赤字由国外结余弥补的例子,全部赤字都会以新的需求叠加在原有总需求之上。在这种情况下,$S=I$、$M>X$ 与 $G>T$ 的组合,为持

政府赤字导致对外贸易经常账户赤字的观点提供了理论依据。

③ $S<I$。这表示非政府部门的储蓄、投资账户也出现了赤字，需要筹资弥补。由于政府也处于赤字状态，因此，两个部门都必须从国外筹集资金，所有的赤字都会使总需求扩张。假定国内的储蓄、投资账户的赤字等于对外贸易经常账户赤字，则政府便无资可筹，这也是一种挤出效应，是民间投资挤出政府支出的挤出效应。

(3) 从以上恒等式分析中，对财政平衡和社会总供求的关系可以得出以下三点认识：

① 财政平衡是社会总供求平衡的一个组成部分，必须从国民经济的整体平衡角度研究财政平衡，就财政本身研究财政平衡难以得出全面的、正确的结论。

② 国民经济整体平衡的目标是社会总供求的大体平衡，财政平衡不过是其中的一个局部平衡，因而对社会总供求平衡而言，财政平衡本身不是目的，而是一种手段。

③ 公式中消费、储蓄、投资以及进出口属于个人和企业的经济行为，是通过市场实现的，而财政收支属于政府行为，因而财政收支平衡是掌握在政府手中的进行宏观调控的手段。财政平衡可以直接调节社会总需求，间接调节社会总供给。

4. 财政赤字的弥补方式及其经济效应

债务化融资和货币化融资是弥补财政赤字的两种常规方法。与私人一样，当收入不足以弥补开支时，政府就必须向公众借钱，即发行国债，通过发行国债为赤字融资被称为债务化融资或赤字债务化。与私人不同的是，政府拥有货币发行垄断权，可以通过货币创造方式弥补财政赤字，这一融资方式被称为货币化融资。

(1) 债务化融资对经济的影响。

通过发行国债弥补财政赤字只是资金在部门间的转移，如居民、企业和商业银行购买国债，不过是这些部门暂时不用的资金的使用权被转移给政府部门，不会增加基础货币量，从而也不会扩大货币供给量。因为居民、企业和商业银行购买国债，购买当时表现为商业银行在中央银行的准备金减少，但财政支出后，准备金又会恢复，准备金不变，货币供给规模也不变，财政赤字只是以替代方式嵌入总需求，并不会增加总需求，因而赤字债务化一般不会导致通货膨胀。

但在下面两种情况下通过发行国债融资的财政赤字仍然可能导致通货膨胀。

1) 当政府通过出售国债为财政赤字融资时，在利率市场化的条件下，就可能推动利率上升。

2) 在国债市场和金融市场不完善的发展中国家，由于国债市场不发达，当政府出现财政赤字时，政府无法通过发行国债来为赤字融资，或者是国债的规模过于庞大，使得政府和国债丧失信誉，人们对政府的偿债能力失去信心，那么政府会不得不印刷钞票或向中央银行借款，结果也是赤字债务化转变为赤字货币化。

(2) 货币化融资对经济的影响。

一般认为，巨额财政赤字通过扩张总需求必将导致通货膨胀，但这一论点绝非在任何情况下都是适用的，甚至可以说在现代经济生活中基本是不适用的。财政赤字对经济的影响和赤字规模的大小有关，但更主要的还是取决于赤字的弥补方式。赤字与刺激需求和通货膨胀的关系十分复杂，简单化的结论往往是不可靠的。高预算赤字对总需求具有很大的扩张作用，有可能导致通货膨胀，但不是必然导致通货膨胀，必须具体情况具体分析。

通过货币创造为财政赤字融资会直接增加基础货币量，进而按照货币乘数的作用扩大货币供应量，因而通过货币创造为财政赤字融资，是将新的需求叠加在原有需求之上，从而对总需求具有较强的扩张作用，有极大的可能导致通货膨胀。但是否真的导致通货膨胀，还需要进行具体分析。通货膨胀被定义为物价总水平的全面的持续的上涨过程。因此，只有财政赤字在一段时间里持续地存在，而且通过赤字货币化持续地为财政赤字融资，才有可能导致通货膨胀。在初期，如果赤字是靠货币化来融资的，那么基础货币量增加，货币供应量也会按照货币乘数相应地增加，货币供应量的增加将导致物价水平上涨。如果财政赤字在下一个时期仍然存在，而且靠货币化来为赤字融资，那么，这一过程将会继续。这个持续过程的关键是赤字持续存在，而且持续采取货币化方式融资。如果下一个时期预算平衡，没有赤字，政府不需要再通过创造货币为赤字融资，物价水平也就不会继续上涨。因此，为弥补暂时性的财政赤字而一次性增加的货币供给，只能引起物价水平的一次性上升，而不会引发通货膨胀。

但是，上述情况仅仅是财政赤字导致通货膨胀的必要条件，并不是充分条件。这里可能有两种不同的情况：

1）一般而言，只有货币供应量超过货币需求量才可能导致通货膨胀。而货币供应量的变化不仅取决于基础货币的变化，还取决于通过商业银行发生的货币乘数的变化。货币供应量等于基础货币乘以货币乘数，即 $M=Bm$，其中 M 为货币供应量，B 为基础货币，m 为货币乘数。政府通过货币创造弥补财政赤字只能影响基础货币，对整个货币供应量的影响还要看货币乘数的变化。如果政府通过货币创造弥补财政赤字增加了基础货币，但同时由于种种原因，货币乘数在降低，而且货币乘数降低的幅度等于（或超过）基础货币增加的幅度，那么货币供应量不但不会增加，反而可能减少。如果这种情况发生，政府为弥补财政赤字而增加基础货币就不会导致通货膨胀。

2）尽管货币供应量增加，但货币需求量也在增加，而且货币需求增加的幅度等于或超过货币供应量增加的幅度，那么也不会导致通货膨胀。随着经济的增长，货币需求量必然相应增加。如果政府通过货币创造增加的货币供应量没有超过经济增长所要求的货币需求量的增量，那么也不会导致通货膨胀。

四、牛刀初试

1. 名词解释

（1）预算赤字　　（2）决算赤字　　（3）社会总供给

（4）周期性赤字　　（5）赤字政策　　（6）结构性赤字

（7）挤出效应　　（8）财政赤字　　（9）债务化融资

2. 判断题

（1）财政平衡可以间接调节社会总需求，直接调节社会总供给。

（2）赤字政策是指国家有意识地运用赤字来调节经济的一种政策，亦即通过财政赤字扩大政府支出，实行扩张性财政政策，刺激社会有效需求的增长。因此赤字政策不是个别年度或少数年度存在赤字，它的主要标志是连续多年安排预算赤字，甚至是巨额赤字。

（3）从长期的动态来看，增加结构性赤字虽然暂时扩大了现实赤字，但增加结构性赤字可以促进产出的恢复及进一步增长，从而税收也随着增长，最终不仅可能消除结构性赤字，而且有可能最终消除周期性赤字。

（4）财政平衡追求的目标是基本平衡或大体平衡。

（5）当政府通过出售国债为财政赤字融资时，利率一定会上升。如果中央银行要维持利率的稳定，就会通过公开市场操作买进国债，也就是将赤字债务化转变为赤字货币化，导致基础货币的增加，因此举债弥补财政赤字的净效应将是货币供应量增加。如果财政赤字持续不断，国债供应量不断增加，推动利率上升的压力在持续增强，于是中央银行不断地购买国债，货币供应也不断增加，则最终将导致通货膨胀。尽管发达国家具有发达的国债市场和金融市场，但巨额的财政赤字和国债也有可能导致通货膨胀。

（6）财政赤字和信用膨胀是造成通货膨胀的重要原因。

（7）在一个开放型经济中，财政赤字不仅可以用国内结余资源来弥补，还可以吸收国外资源。

（8）发行国债弥补财政赤字会增加基础货币量，扩大货币供给量。

3. 单项选择题

（1）在国民经济核算中，总量平衡的恒等式为（　　）。

A. $C+S\equiv G+X$　　B. $C+S+T\equiv I+G+X$

C. $C+S+T\equiv C+I+X$　　D. $C+S+T+M\equiv C+I+G+X$

（2）财政平衡是实现社会总需求和总供给平衡的（　　）。

A. 前提条件　　B. 内在因素　　C. 重要保证　　D. 关键措施

（3）在弥补财政赤字的方式中，最易引起通货膨胀的方式是（　　）。

A. 动用财政结余　　B. 发行政府债券　　C. 向银行透支　　D. 增税

（4）我们所说的财政平衡的概念是指（　　）。

A. 收支数量绝对相等　　B. 收大于支，略有结余

C. 收支大体平衡，略有赤字　　D. 支大于收，举债弥补

（5）判断财政收支是否平衡要全面理解，不包括（　　）。

A. 静态和动态平衡　　B. 中央财政和地方财政平衡

C. 真实与虚假平衡　　D. 财政信贷综合平衡

（6）在宏观调控目标中，最主要的是（　　）。

A. 财政、信贷、外汇与物资的综合平衡

B. 资源合理配置

C. 经济增长

D. 社会总供给与社会总需求的平衡

（7）财政的局部平衡与全局平衡是按什么划分的？（　　）

A. 时间因素　　B. 研究范围

C. 财政体制　　D. 中央与地方的关系

（8）债务融资法可以避免财政赤字货币化，这取决于许多因素，不包括（　　）。

A. 赤字的规模　　B. 社会总储蓄量

C. 对外筹资能力　　D. 国际收支状况

（9）在我国弥补财政赤字的最佳方式是（　　）。

A. 动用历年财政结余　　B. 向银行借款

C. 向银行透支　　D. 发行政府债券

（10）认为财政赤字是一种社会公害，是出现滞胀的罪魁的学派是（　　）。

A. 古典经济学派　　B. 凯恩斯学派

C. 新古典经济学派　　D. 供给学派

（11）财政之所以能够向银行借款或向银行透支，其原因主要是（　　）。

A. 财政分配属政府行为　　B. 中央银行代理国库

C. 财政、银行间的资金往来关系　　D. 银行追求利润的结果

（12）财政赤字的宏观经济效应如何，主要是指（　　）。

A. 赤字规模的大小　　B. 赤字弥补方式

C. 预算赤字　　D. 决算赤字

4. 不定项选择题

（1）下列哪些手段不能直接增加社会总需求？（　　）

A. 增加税收收入　　B. 减少财政支出

C. 增加债务收入　　D. 增加政府投资

（2）在财政平衡的两个计算口径中，主要的区别是（　　）。

A. 债务收入是否列入正常财政收入

B. 债务支出是否列入正常财政支出

C. 债务还本支出是否列入正常财政支出

D. 债务利息支出是否列入正常财政支出

（3）在财政调控供求的结构失衡中，存量调控的手段有（　　）。

A. 增加投资　　B. 发行国债

C. 增加财政补贴　　D. 增加税收

（4）研究财政平衡要注意的问题是（　　）。

A. 财政平衡不是绝对平衡　　B. 要用动态平衡的观点

C. 要有全局的观点　　D. 注意平等的真实性

(5) 社会总供求的平衡应该包括（　　）。

A. 总量平衡　B. 结构平衡　C. 品种平衡　D. 地区平衡

(6) 为了达到抑制社会总需求的目的，应该（　　）。

A. 增加税收　　B. 减少税收

C. 增加财政补贴　　D. 减少财政补贴

E. 增加财政支出

(7) 财政平衡和社会总供求的关系是（　　）。

A. 财政平衡是社会总供求平衡的一个组成部分

B. 就社会总供求平衡来说，财政平衡只是一种手段

C. 财政平衡可以直接调节社会总需求，间接调节社会总供给

D. 就社会总供求平衡来说，财政平衡是一种目标

E. 财政平衡可以间接调节社会总需求，直接调节社会总供给

(8) 赤字的弥补方式有（　　）。

A. 发行国债　　B. 向银行透支

C. 财政性货币发行　　D. 向银行借款

E. 动用上年财政结余

(9) 按财政赤字产生的原因和经济背景可将赤字划分为（　　）。

A. 预算赤字　B. 决算赤字　C. 结构性赤字　D. 周期性赤字

(10) 把财政赤字视为内生变量，主要是指造成赤字的主要因素为（　　）。

A. 多种经济变量　　B. 微观经济主体的经济活动

C. 政府决定财政赤字　　D. 政府和财政部门共同决定财政赤字

(11) 下列属于古典经济学派的基本观点的有（　　）。

A. 预算平衡　B. 预算赤字　C. 限制国债发行　D. 大量举债

(12) 下列哪些不是计划经济体制下我国财政赤字产生的主要原因？（　　）

A. 基建规模过大　　B. 消费水平太高

C. 经济发展水平低　　D. 劳动生产率低下

(13) 货币融资法是用增发货币的方式弥补财政赤字，其方式主要有（　　）。

A. 向银行借款和透支　　B. 中央银行直接购买政府债券

C. 中央银行进行公开市场操作　　D. 中央银行再贴现活动

(14) 造成财政不平衡的原因有哪些？（　　）

A. 外部冲击　　B. 无弹性税制

C. 国有企业的经营状况　　D. 突发事件

(15) 财政赤字平衡包括（　　）。

A. 静态平衡与动态平衡

B. 局部平衡与全局平衡

C. 中央预算平衡与地方预算平衡

D. 真实平衡与虚假平衡

5. 简答题

（1）简述造成财政不平衡的主要原因。

（2）财政赤字的不同弥补方式对经济会产生怎样的影响?

（3）简述财政赤字债务化的经济效应。

（4）简述通过对预算恒等式的分析，可以得到哪些体现财政平衡和社会总供求的关系的结论。

6. 论述题

（1）试述市场经济体制下财政平衡对经济运行的作用的特点。

（2）试述财政赤字的经济效应。

（3）在一个开放型经济中，财政赤字不仅可以用国内结余资源来弥补，还可以吸收国外资源。假定对外贸易经常账户处于赤字状态，在其他条件不变的情况下，谁动用了这部分资源则取决于 S 和 I 的关系。大致可以分为几种情况?

7. 画图分析题

运用 IS-LM 模型说明财政赤字的挤出效应。

五、习题解答

1. 名词解释

（1）略　（2）略　（3）略　（4）略　（5）略　（6）略　（7）略

（8）财政赤字是财政支出大于财政收入而形成的差额，由于会计核算中用红字处理，所以称为财政赤字。

（9）债务化融资是指通过银行或非银行金融机构贷款或者发行债券等方式融入资金。

2. 判断题

（1）错，财政平衡可以直接调节社会总需求，间接调节社会总供给。

（2）对。

（3）错，从长期的动态来看，增加结构性赤字虽然暂时扩大了现实赤字，但增加结构性赤字可以促进产出的恢复及进一步增长，从而税收也随着增长，最终不仅可能消除周期性赤字，而且有可能最终消除结构性赤字。

（4）对。

（5）错，当政府通过出售国债为财政赤字融资时，利率并非一定会上升，而是在利率市场化的条件下，利率可能会上升。

（6）对。

(7) 对。

(8) 错，发行国债弥补财政赤字不会增加基础货币量，从而也不会扩大货币供给量。

3. 单项选择题

(1) D (2) B (3) C (4) C (5) D (6) D

(7) B (8) D (9) D (10) C (11) B (12) B

4. 不定项选择题

(1) ABC (2) AB (3) AC (4) ABCD (5) ABCD (6) AD

(7) ABC (8) ABCDE (9) CD (10) AB (11) AC (12) BCD

(13) ABCD (14) ABCD (15) ABCD

5. 简答题

(1) 答：财政收支正好相等是偶然的，财政不平衡具有必然性。造成财政不平衡的原因有很多，如经济、制度、客观以及人为因素。

1) 外部冲击。外部冲击是指对一国国民收入有很大影响但本国不能左右的外部事件。它是来自国际的影响因素，是不可控变量。例如金融危机的传播会影响到一国的经济，进而影响到税收。

2) 无弹性税制。税收的收入弹性小于 1 的税制被称为无弹性税制。在无弹性税制情况下，随着生产的发展，国民收入增加，税收收入占 GDP 的比例无疑会下降，而财政支出一般不但不会减少反而还要增加。所以，相对减少的税收收入与绝对增加的财政支出不相匹配，最终导致财政不平衡，或继续扩大财政赤字的规模。

3) 国有企业的经营状况。财政收入的一个主要来源就是国有资产收益。在我国，国有企业的经营状况是影响财政平衡的重要因素。这不仅是因为国有企业的生产经营活动在整个国民经济中占据重要地位甚至是主导地位，而且是因为来自国有企业的财政收入在财政收入总额中占很高的比重。国有企业生产经营状况的好坏直接关系到国家财政的平衡状况。

4) 突发事件。一旦发生突发事件，增支减收之事是合情合理的，当年财政甚至以后年度的财政平衡与否都要受到影响。例如发生战争或自然灾害。

(2) 答：参照“难点精析”第 4 点“财政赤字的弥补方式及其经济效应”。

(3) 答：通过发行国债弥补财政赤字只是资金在部门间的转移，如居民、企业和商业银行购买国债，不过是这些部门将暂时不用资金的使用权转移给政府部门，不会增加基础货币量，从而也不会扩大货币供给量。因为居民、企业和商业银行购买国债，购买当时都表现为商业银行在中央银行的准备金减少，但财政支出后，准备金又会恢复，准备金不变，货币供给规模也不变，财政赤字只是以替代方式嵌入总需求，并不会增加总需求，因而赤字债务化一般不会导致通货膨胀。

那么赤字债务化是否就一定不会导致通货膨胀呢？答案不是绝对的，在下面两种情况下，通过发行国债融资的财政赤字仍然会导致通货膨胀：1) 当政府通过出售国债为财政赤字融资时，在利率市场化的条件下，就可能推动利率上升。如果中央银行要维持利率的稳定，就会通过公开市场操作买进国债，也就是将赤字债务化转变为赤字货币化，从而导致基础货币的增加，因此举债弥补财政赤字的净效应将是货币供应量的增加。如果财政赤字持续不断，国债供应量不断增加，推动利率上升的压力在持续增强，中央银行就会不断地购买国债，货币供应会不断增加，最终将导致通货膨胀。尽管发达国家具有发达的国债市场和金融市场，但巨额的财政赤字和国债也有可能导致通货膨胀。2）在国债市场和金融市场不完善的发展中国家，由于国债市场不发达，当政府出现财政赤字时，政府无法通过发行国债来为赤字融资，或者是国债的规模过于庞大，使得政府和国债的信誉丧失，人们对政府的偿债能力失去信心，那么政府会不得不印制钞票或向中央银行借款，结果也是赤字债务化转变为赤字货币化。

此外，发行国债是世界各国弥补财政赤字的普遍做法，而且被认为是一种最可靠的弥补途径。但是，债务作为弥补财政赤字的来源，会随着财政赤字的增长而增长。另外，债务是要还本付息的，债务的增加也会反过来加大财政赤字。当前有些国家，有发达国家也有发展中国家，面临着赤字与债务同时增长的困境。发达国家主要担心的是债务带来的挤出效应以及巨额债务终将导致债务货币化的前景。发展中国家也担心会产生不良后果，如国债信誉下降，债券不易发行，出现债务危机，被迫发行货币来偿还本息等。在已经存在赤字的情况下，一般是靠发新债还旧债，而且每年连续发行，每年都要还本付息。财政实际可支配的债务收入是当年发行数减去当年还本付息后的净收入，为了保持和加大净收入，就必须扩大发行额，导致未偿还债务规模随之逐年扩大，自然地利息支出也不断加大。国债利率是国债发行中的一个重要问题。利率低甚至出现负利率，会加大发行的难度，但高利率又会加大发行成本，并构成扩大财政赤字的因素。在发展中国家，迫于政府急需资金和市场利率的压力，国债利率一般呈上升趋势。国债利息支出应计入经常性支出，只有利率低于国民生产总值的增长速度，才有可能靠税收的自然增长支付利息，否则也要靠借新债来偿还旧债的利息。在这种情况下，必将出现扩大债务规模与控制利率的两难选择。因此，发行国债虽是弥补财政赤字的一种可靠来源，但对发展中国家来说，对国债的发行和管理绝不可掉以轻心。

（4）答：1）财政平衡是社会总供求平衡的一个组成部分，必须从国民经济的整体平衡角度研究财政平衡，就财政本身研究财政平衡难以得出全面的、正确的结论。

2）国民经济整体平衡的目标是社会总供求的大体平衡，财政平衡不过是其中的一个局部平衡，因而对社会总供求平衡而言，财政平衡本身不是目的，而不过是调节总供求使之平衡的一种手段。

3）公式中的消费、储蓄、投资以及进出口属于个人和企业的经济行为，或者说属于市场行为，也就是通过市场实现的，而财政收支属于政府行为，因而财政收支平衡是掌握在政府手中的进行宏观调控的手段。财政平衡既可以调节社会总需求，也可以间接调节社会总供给。

6. 论述题

（1）答：国民收入分配格局的变化和资源配置主体及其方式的变化，引起财政收支关系的变化，使财政平衡对经济运行的作用出现变化，并呈现出新的特点。

1）对宏观经济运行的作用能力减弱。财政收入占国民收入的比例大幅度下降，使得财政在经济运行中的作用有所减弱。表现为：① 减弱了财政对宏观经济的调控能力。财政收支即便不出现赤字，在达到收支平衡的状况下，它对社会总需求和总供给平衡的影响和制约作用也明显减弱。② 财政统收统支时期的财政在国民收入分配和再分配中的枢纽地位与主导作用明显减弱。③ 财政赤字对产生通货膨胀的导源作用有所减弱。

2）财政收支失衡压力增大。为解放和发展生产力，国家首先以财政减税让利为突破口进行体制改革，扩大企业和地方的财权，增加机动财力；落实农村政策，调动农民的生产积极性，提高农副产品的收购价格，增加财政补贴；减免农村税收；安排劳动就业，增加职工工资；财政对大型重点建设项目的投资，对改善经济环境的基础产业、基础设施的投资，对公共事业设施的投资继续增加，不能减少；内、外债务还本付息；增加国防科研经费；等等。所有这一切减收增支因素都助长了财政收支失衡的压力。

3）出现有利于缓解财政失衡的经济条件。在市场经济体制形成过程中，随着市场机制的建立和完备，出现了资金市场。资金市场的出现改变了计划经济体制时期单靠财政征税、企业上缴利润等筹集收入和拨付资金、发放财政性贷款等形式配置资源的格局，同时也创造了缓解财政失衡的新经济环境。财政可能通过资金市场筹集、融通资金，以国家信用形式缓解财政收支矛盾，减轻赤字压力。

（2）答：财政赤字对社会经济的影响主要表现在三个方面。

1）财政赤字与货币供给。财政赤字对经济的影响与赤字规模的大小有关，但更主要地还取决于赤字的弥补方式。

第一，向银行透支或借款来弥补财政赤字。在经济增长的情况下，货币需求必然增加，从而要求增加货币供给量，这个增量可视为财政借款的最大限额，在这个限度内的财政借款，不会引发通货膨胀的后果。

第二，用发行公债弥补财政赤字的货币效应则比较复杂，这要结合什么人（或单位）购买以及用什么钱购买进行具体分析。如果居民个人或企业包括商业银行购买公债，一般来说只是购买力的转移或替代，不产生增加货币供给的效应；如果由中央银行认购公债，就可能扩大贷款规模，增加货币供给。

2）财政赤字扩大总需求的效应。

第一，财政赤字可以作为新的需求叠加在原有总需求水平之上，使总需求扩张。

第二，通过不同的弥补方式，财政赤字只是替代其他部门需求而构成总需求的一部分。

后一种情况仅仅改变总需求结构，并不扩大总需求规模，即使在短缺性经济中也是如此。

3）财政赤字与发行国债。

第一，债务作为弥补财政赤字的来源，会随着财政赤字的增长而增长。

第二，债务是要还本付息的，债务的增加也会反过来加大财政赤字。

（3）答：1）$S>I$，这表示非政府部门有结余，资源净流出。政府既动用了国外资源，也动用了国内结余资金。赤字同时以两种方式加入总需求：用国外资源弥补的赤字，会以增加需求的方式叠加在原有总需求之上，使总需求扩张；用国内结余资金弥补的赤字，会以替代支出的方式嵌入原有总需求中，总需求结构会改变，但总量不变。

2）$S=I$，这表示非政府部门的储蓄等于投资，这个部门既不占用其他部门的资源，也不为其他部门提供结余资源。在这种情况下，政府动用了全部从国外流入的资源，且国外流入的资源数量与财政赤字相等。这是财政赤字由国外结余弥补的例子，全部赤字都会以新的需求叠加在原有总需求之上。在这种情况下，$S=I$、$M>X$ 与 $G>T$ 的组合，为主张政府赤字会导致对外贸易经常账户赤字的观点提供了理论依据。

3）$S<I$，这表示非政府部门的储蓄、投资账户也出现赤字，需要筹资弥补。由于政府部门也处于赤字状态，因此，两个部门都必须从国外筹集资金，所有的赤字都会使总需求扩张。假定国内的储蓄、投资账户的赤字等于对外贸易经常账户赤字，则财政便无资可筹，这也是一种挤出效应，是民间投资挤出政府支出的挤出效应。

7. 画图分析题

答：所谓财政赤字的挤出效应，是指赤字由于增加了政府支出而挤出了民间支出（投资或消费）的现象。为了分析财政赤字的挤出效应，观察图 15－1，应当关注几个均衡点并对这几个均衡点进行对比。① 当进行债务化融资而没有增加货币供给量时，均衡点由交点 1 上升为交点 2，将新的均衡点 2 与初始的均衡点 1 相比可以说明，由于财政赤字增加了政府支出，产出和利率同时提高。② 均衡点 4 是原始的利率 i_1 和产出 Y_4 的组合点，说明在利率没有提高的条件下，由于财政赤字增加了总需求从而扩大了货币供给量，促进产出达到了较高的 Y_4 水平。③ 对均衡点 1、2、4 进行对比，分析由点 1 移动到点 2 和移动到点 4 的差别，即只移动到点 2 而没有移动到点 4 的原因是什么，当然差别和原因在于利率。在均衡点 2 上，产出之所以只是上升到 Y_2 而没有达到 Y_4 的水平，是因为利率的提高排斥了私人或民间投资（或消费），减弱了政府支出增加的扩张效应，财政赤字产生了挤出效应。因此，Y_4 与 Y_2 表明了财政赤字的挤出效应。比如，当实行扩张性财政政策而引致利率上升，从而导致私人或民间投资（或消费）减少时，就产生了挤出效应。至于挤出效应的规模到底有多大，即财政赤字对总产出的扩张效应在多大程度上被挤出效应抵消，在不同的情况下则有所不同。

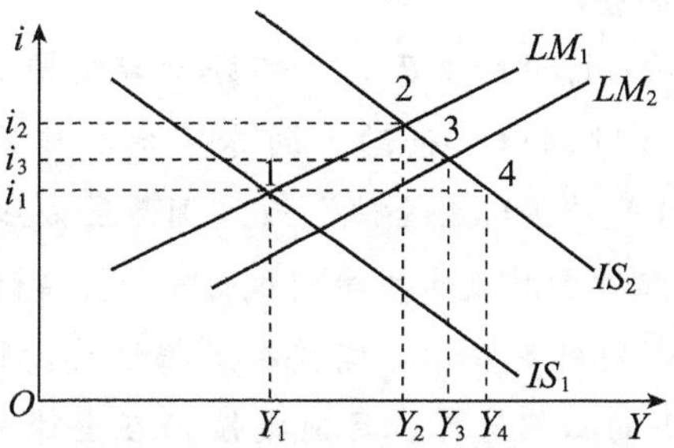

图 15-1 运用 *IS-LM* 模型分析财政赤字的经济效应

1）完全挤出效应。如果经济处于充分就业水平，当财政扩张增加需求时，由于经济中没有可利用的闲置资源，所以财政赤字不能增加总产出，只是提高了均衡利率。这样一来，利率上升挤出的私人投资（或消费）规模正好等于财政赤字或其增加额，这种扩张性财政政策并不引起产出增加的情况，通常称为完全挤出效应。

2）不完全挤出效应。只要经济处于没有达到充分就业的状态，一般就不会发生完全挤出。财政扩张将增加总产出，但是同时也会提高利率，因此挤出只是一个程度问题。总需求增加提高了收入，从而储蓄水平随收入上升而上升。储蓄增加反过来有可能为较高的财政赤字融资而不会完全挤出私人支出。我们可以通过公式 $S=I+(G-T)$ 来说明这一点。该式是从封闭经济中的国民收入恒等式推导出来的。其中，S 代表私人储蓄，I 代表私人投资，$G-T$ 则代表政府支出和政府收入的差额，即财政赤字。由该式可知，在储蓄既定的条件下，赤字增加必然降低私人投资。简言之，当财政赤字增加时，政府必须借款来支付其财政赤字。政府借款使用了部分私人储蓄，供私人借款来作为投资支出的储蓄剩余部分因此减少。但是，如果由于收入上升，储蓄随着政府支出的增加而增加，那么投资就没有必要一对一地下降。在存在失业的经济中，由于总需求增加提高了总产出，储蓄也相应地增加，所以挤出是不完全的；储蓄将增加，利率不会上升到完全挤出私人投资的程度。

3）无挤出效应。在没有达到充分就业从而产量有可能增加的情况下，当政府支出增加时，由于中央银行能够通过增加货币供应来配合财政扩张，因此，利率可以不升高，从而不会发生挤出现象。如果在财政扩张过程中，中央银行为了阻止利率上升增加了货币供应，那么由于收入增加而导致的超额货币需求就会由增加的货币供应来满足，利率就不会上升，也就不会发生挤出效应。

六、延伸阅读

赤字率破 3%是当下（2020 年）的必然选择

2020 年的《政府工作报告》对赤字率拟按 3.6%以上安排，财政赤字规模比上年增加 1 万亿元。这是改革开放以来财政赤字率首次突破 3%。为应对新冠肺炎疫情带来的冲击，财政政策作出了极不寻常的调整。

关于赤字率能否突破3%的讨论由来已久。部分学者坚持认为不能突破，因为包括中国在内的世界主要国家都以《欧洲联盟条约》的赤字标准作为参考，其将赤字率不超过3%、负债率不超过60%看做是“国际安全线”或“国际警戒线”。虽然我国政府债务负债率在国际上处于较低水平，但对于财政赤字率超过3%一直持谨慎态度。

然而，面对突如其来的新冠肺炎疫情，需要统筹推进疫情防控和经济恢复工作，财政赤字率突破3%是当前环境下的必然选择。目前疫情仍在全球蔓延，特别是无症状感染病例的出现，防范二次疫情暴发的任务重、压力大。保就业、保基本民生、保市场主体等成为政府工作的优先选项。在此背景下，提高赤字率应对疫情冲击成为财政政策更加积极有为的应有之义，对稳定民心、提振信心意义重大。

从风险控制角度来看，这一调整幅度也基本符合市场预期。截至2019年末，全国政府债务负债率为38.5%，既低于欧盟60%的警戒线，也低于主要市场经济国家和新兴市场国家的水平。提高财政赤字率不会使我国债务总水平超出风险可控范围。

在厘清了财政扩张的出发点、目标和风险情况后，算清对冲疫情影响的资金增量极有价值。2020年的财政扩张打出了一套“组合拳”。除了新增1万亿元财政赤字外，还安排发行1万亿元抗疫特别国债。这2万亿元资金主要用于“六保”，尤其是保就业、保基本民生、保市场主体。从机制方面看，政府工作报告要求，建立特殊转移支付机制，资金直达市县基层、直接惠企利民。同时，2020年还拟安排地方政府专项债券3.75万亿元，比上年增加1.6万亿元。根据预算报告，2020年全国一般公共预算收入为18.02万亿元，下降5.3%。中央本级支出安排负增长，其中非急需非刚性支出压减50%以上；各类结余、沉淀资金也要应收尽收、重新安排。这意味着政府在盘活存量资金方面也作出相应安排。应对疫情财政收支精打细算，赤字率3.6%以上的安排为对冲疫情影响提供了适宜空间。

【知识链接】财政赤字

【资料来源】江聃．赤字率破3%是当下必然选择．证券时报，2020-05-25 (A01).

第十六章 财政政策

一、本章回顾

本章主要对财政政策进行了概述，分析了财政政策的不同类型，并对我国的财政政策进行了介绍，最后就我国积极财政政策与稳健货币政策的配合作出了分析。

本章要点：

(1) 财政政策的概念与类型。

(2) 财政政策的目标与手段。

(3) 财政政策乘数和传导机制。

(4) 积极财政政策与稳健货币政策的配合。

二、术语小读

1. 财政政策

财政政策是指一国政府为实现一定的宏观经济目标而调整财政收支规模和收支平衡的指导原则及其相应的措施。

2. 财政政策手段

财政政策手段是财政政策主体所选择的用以达到政策目标的各种财政手段，就是在前面各章节中讲过的各个财政范畴，主要有税收、公共支出（包括财政补贴）、政府投资、公债等。

3. 供给侧结构性改革

供给侧即供给方面。国民经济的平稳发展取决于经济中需求和供给的相对平衡。供给侧是相对于需求侧而言的。供给侧结构性改革的内涵是增强供给结构对需求变化的适应性和灵活性，不断让新的需求催生新的供给，让新的供给创造新的需求，在互相推动中实现经济发展。

4. 自动稳定的财政政策

自动稳定的财政政策是指这种政策本身具有内在的调节功能，能够根据经济波动情况，无须借助外力而自动地发挥稳定作用。

5. 相机抉择的财政政策

相机抉择的财政政策意味着这种政策本身不具有内在的调节功能，需要借助外力才能对经济产生调节作用。

6. 汲水政策

汲水政策是一种诱导景气复苏的政策，是以经济本身所具有的自发恢复能力为前提的治理萧条的政策。

7. 补偿政策

补偿政策是政府有意识地从当时经济状态的反方向调节景气变动幅度的财政政策，以达到稳定经济波动为目的。

8. 扩张性财政政策

扩张性财政政策是指通过财政收支规模的变动来增加和刺激社会的总需求，在总需求不足时，通过扩张性财政政策使总需求与总供给的差额缩小以至平衡。

9. 紧缩性财政政策

紧缩性财政政策是指通过财政收支规模的变动来减少和抑制总需求，在国民经济已出现总需求过旺的情况下，通过紧缩性财政政策可以消除通货膨胀，达到供求平衡。

10. 中性财政政策

中性财政政策是指财政收支活动对社会总需求和总供给的影响保持中性，既不产生扩张效应，也不产生紧缩效应。

11. 财政政策传导机制

财政政策传导机制就是在财政政策发挥作用的过程中，各政策工具通过某种媒介的相互作用形成的一个有机联系的整体，财政政策发挥作用的过程实际上也是财政政策工具变量经由某种媒介的传导转变为政策目标变量（期望值）的复杂过程。

12. 货币政策

货币政策是指一国政府为实现一定的宏观经济目标所制定的关于调整货币供应的基本方针及其相应的措施。

13. 稳健中性货币政策

稳健中性货币政策就是不松不紧，着眼点在于“稳”，相应而言，也是可松可紧，不是“大水漫灌”，而是存在相机选择的微调空间。

14. 财政政策乘数

财政政策乘数是指不同的政策手段的变动引起国民收入或国民产出（即 GDP）变动的倍数。

15. 财政政策目标

财政政策目标是和财政职能相联系的，即执行财政职能来实现财政政策目标。西方经济发达国家财政政策的目标通常被定为充分就业、物价稳定和经济稳定。

三、难点精析

1. 财政政策的性质及其目标

（1）财政政策的性质。

① 财政政策是国家（或政府）有意识活动的产物，因而属于上层建筑的范畴，但又是客观经济规律的一种反映。

② 国家可以利用财政政策达到自己的预定目标。

③ 财政政策是政府干预经济活动的主要调控手段。

（2）财政政策目标。

① 财政政策目标的含义。

财政政策目标就是财政政策所要实现的期望值。

② 我国财政政策的具体目标包括：经济保持中高速增长、创新驱动发展成效显著、发展协调性明显增强、人民生活水平和质量普遍提高、国民素质和社会文明程度显著提高、生态环境质量总体改善及各方面制度更加成熟和更加定型。

2. 财政政策手段

（1）税收：税收的调节作用主要通过宏观税率的确定、税负分配以及税收优惠和税收惩罚体现出来。

① 宏观税率（即税收收入占 GDP 的比例）的确定是财政政策实现调节目标的基本政策度量选择之一。宏观税率高意味着政府集中掌握的财力或动员资源的能力高，反之亦然。

② 宏观税率确定后，税负分配就显得十分重要。税负分配一方面是由政府部门来进行，主要是通过税种选择和制定不同的税率来实现；另一方面是通过市场活动来进行，主要是通过税负转嫁的形式体现出来。

③ 税收优惠和税收惩罚主要是在征收正税的基础上，为了某些特殊需要而实行的鼓励性措施或惩罚性措施。

（2）国债：国债调节经济主要体现在下述三种效应上：

① 挤出效应。所谓挤出效应，即国债的发行使民间部门的投资或消费资金减少，从

而对民间部门的投资或消费起调节作用。

② 货币效应。所谓货币效应，即国债的发行引起货币供求变动。它一方面可能使部分“潜在的货币”变为现实流通的货币，另一方面则可能把存于民间部门的货币转到政府部门或由于中央银行购买国债而增加货币的投放。

③ 收入效应。假定国债是由未来年度增加税收来偿还，国债持有人在国债到期时，不仅收回本金，而且得到利息，而政府发行国债主要用于社会公共需要，这样，在一般纳税人与国债持有人之间就产生了收入的转移问题。此外，国债所带来的收入与负担问题不仅影响当代人，而且还存在着所谓“代际”的收入与负担的转移问题。对于这些问题的分析，即所谓收入效应的分析。

（3）公共支出。

公共支出主要是指政府满足纯公共需要的一般性支出，它包括购买性支出和转移性支出两部分。

（4）政府投资。

政府投资在基础“瓶颈”条件下产生乘数效应。

3. 财政政策的类型

（1）自动稳定的财政政策：某些能够根据经济波动情况自动产生稳定作用的政策，它无须借助外力就可直接产生调控效果。财政政策的自动稳定性主要表现在两个方面：一是税收的自动稳定性；二是政府支出的自动稳定性。

（2）相机抉择的财政政策：政府根据当时的经济形势，采用不同的财政措施，以消除通货膨胀缺口或通货紧缩缺口，是政府利用国家财力有意识地干预经济运行的行为。

（3）扩张性财政政策：通过财政分配活动来增加和刺激社会的总需求。

（4）紧缩性财政政策：通过财政分配活动来减少和抑制总需求。

（5）中性财政政策：财政的分配活动对社会总需求的影响保持中性。

财政政策传导机制即财政政策在发挥作用的过程中，各政策工具通过某种媒介的相互作用形成的一个有机联系的整体。

（6）需求侧财政政策：凯恩斯主义是需求侧调节财政政策的代表，它否定“供给创造自己的需求”，认为经济危机的根源是有效需求不足。

（7）供给侧财政政策：供给学派是供给侧调节财政政策的代表，它着重分析社会经济的供给方面，认为供给是实际需求得以维持的唯一源泉。

4. 财政政策乘数

（1）税收乘数。

税收乘数表明的是税收的变动对国民产出的影响程度。第一，税收乘数是负值，说明国民产出与税收的变动方向相反；第二，政府增税时，国民产出成倍减少。

（2）购买性支出乘数。

购买性支出乘数表明的是购买性支出的变动对国民产出的影响程度。第一，购买性支出乘数是正值，说明国民产出与购买性支出的变动方向相同；第二，政府增加购买性支出时，国民产出成倍增加；第三，购买性支出乘数大于税收乘数的绝对值。

（3）转移性支出乘数。

转移性支出乘数表明的是转移性支出的变动对国民产出的影响程度。第一，转移性支出乘数是正值，说明国民产出与转移性支出的变动方向相同；第二，政府增加转移性支出时，国民产出成倍增加；第三，转移性支出乘数小于购买性支出乘数。

（4）平衡预算乘数。

政府在增加税收的同时，等量增加购买性支出，以维持财政收支平衡，表明这种变化对国民产出的影响程度的比率，即所谓的平衡预算乘数。平衡预算乘数——购买性支出乘数加上税收乘数——等于1。这就是说，即使增加税收会减少国民产出，但若同时等额地增加支出，国民产出也会等额地增加。换言之，即使政府执行平衡预算，仍具有一定的扩张效应。

5. 财政政策和货币政策相互配合的必要性和可能性

（1）财政政策和货币政策相互配合的必要性。

① 首先由两者密切的内在联系决定：终极目标具有一致性，政策实现手段具有交叉性，调控对象具有同一性。

② 两者的作用方向和作用机制不同，其中两者的作用方向不同体现在处理公平和效率的矛盾方面各有侧重、各有优势。

③ 两者的政策时滞不同，需要协调配合。

（2）财政政策和货币政策相互配合的可能性。

① 中央银行作为国家的银行，经营管理国家金库，财政性存款是信贷资金的主要来源。

② 政策性银行在很大程度上执行着国家财政的职能，其资本金一般来自财政拨款，并且由财政为其举债提供担保。

③ 金融机构的运营状况影响着财政平衡。

④ 赤字融资方式揭示了财政资金与信贷资金两类资金的内在联系。

四、牛刀初试

1. 名词解释

（1）财政政策　（2）财政政策目标　（3）财政政策手段

（4）货币政策　（5）财政政策乘数　（6）扩张性财政政策

（7）紧缩性财政政策　（8）财政政策传导机制　（9）稳健中性货币政策

（10）供给侧

2. 判断题

（1）基于我国正处于经济较不发达的社会主义初级阶段的现状，我国财政政策的主要目标应设定为谋求尽可能快的经济增长。

（2）政策主体指的是政策制定者和执行者，财政政策的主体只能是各级政府，而且主要是中央政府。

（3）理论推导可证明：购买性支出乘数大于税收乘数的绝对值，即增加财政支出的政策对经济增长的作用大于减税政策。

（4）紧的财政政策和松的货币政策的配合目的是在保持经济适度增长的同时尽可能地避免通货膨胀。

（5）在市场经济条件下财政功能的正常发挥主要取决于财政政策的适当运用。

（6）财政政策传导机制的主要媒介是货币供给、收入分配与价格。

（7）预算收支平衡或均衡财政政策就等于中性财政政策。

（8）我国货币政策的基本目标是促进经济增长。

（9）货币政策的核心是通过变动货币供应量，使货币供应量与货币需要量之间形成一定的对比关系，进而调节社会的总需求与总供给。

3. 单项选择题

（1）扩张性财政政策的基本措施不包括（　　）。

A. 减税　　B. 扩大支出规模　　C. 减少国债发行　　D. 增加国债发行

（2）为了解决结构平衡问题，财政政策和货币政策的组合方式是（　　）。

A. “双松”政策　　B. “一松一紧”的财政政策与货币政策

C. “双紧”政策　　D. “一紧一松”的财政政策与货币政策

（3）财政政策的手段不包括（　　）。

A. 税收　　B. 国债　　C. 公共支出　　D. 存款准备金制度

（4）积极财政政策的特征不包括（　　）。

A. 稳定性　　B. 适应性　　C. 时效性　　D. 深刻性

（5）下列能刺激经济增长，扩大就业，但会带来通货膨胀的是（　　）。

A. 双紧政策　　B. 双松政策

C. 紧的财政政策与松的货币政策　　D. 松的财政政策与紧的货币政策

（6）西方现代财政政策主要产生于下列哪个学派？（　　）

A. 古典学派　　B. 凯恩斯学派　　C. 货币学派　　D. 供给学派

（7）根据（　　），财政政策可以分为扩张性财政政策、紧缩性财政政策和中性财政政策。

A. 财政政策在调节国民经济总量方面的不同功能

B. 财政政策的内容

C. 财政政策是否具有调节经济周期的作用

D. 财政政策是否反映财政政策收支平衡

(8) 下列不属于财政政策工具（手段）的是（　　）。

A. 税收　B. 公共支出　C. 国家预算　D. 利率

(9) 能够调节货币供求，协调财政与金融关系的重要的财政政策工具是（　　）。

A. 税收　B. 公共支出　C. 政府投资　D. 公债

(10) 在经济萧条、存在通货紧缩时，政府通过增加财政支出、减少税收等，扩大总需求，拉动经济增长，这体现了财政政策的（　　）。

A. 导向功能　B. 资源配置功能　C. 控制功能　D. 稳定功能

(11) 从减税对刺激总需求水平提高的效果看，应选择削减（　　）。

A. 流转税　B. 所得税　C. 财产税　D. 行为税

(12) 从减税对刺激总供给水平提高的效果看，应选择削减（　　）。

A. 流转税　B. 所得税　C. 财产税　D. 行为税

(13) 在保持经济适度增长的同时避免通货膨胀，财政政策和货币政策组合应是（　　）。

A. “双紧”　B. “双松”

C. 松财政政策，紧货币政策　D. 松货币政策，紧财政政策

(14) 为促进供给侧结构性改革，应当采取（　　）。

A. 中性财政政策　B. 积极财政政策

C. 稳健货币政策　D. 积极财政政策和稳健货币政策

4. 不定项选择题

(1) 下列属于财政政策特征的是（　　）。

A. 法制性　B. 稳定性　C. 概括性　D. 系统性

(2) 财政政策的政策体系主要包括（　　）。

A. 税收政策　B. 支出政策　C. 预算政策　D. 公债政策

(3) 财政政策与货币政策的主要区别有（　　）。

A. 在实现扩张目标上作用不同　B. 在实现紧缩目标上作用不同

C. 在对供给的作用上不同　D. 在对需求的作用上不同

(4) 财政政策工具主要包括以下几种方式？（　　）

A. 税收　B. 公债　C. 公共支出　D. 政府投资

(5) 稳健财政政策的要点有（　　）。

A. 基本维持现有规模的赤字水平，保持政策的连续性和稳定性

B. 积极增加财政收入，合理调整增长速度，增强市场对资源配置的决定性作用

C. 优化支出结构，加强管理，提高效率

D. 推动深化改革，促进经济增长方式的转变

(6) 我国财政政策的目标包括（　　）。

A. 物价水平相对稳定

B. 收入分配合理

C. 经济适度增长

D. 社会生活质量逐步提高

(7) 财政政策传导机制的主要媒介包括( )。

A. 货币供给 B. 收入分配 C. 货币需求 D. 价格

(8) 实行货币政策，调节货币供应量的政策工具为( )。

A. 公开市场操作 B. 贴现率政策 C. 法定准备金率 D. 汇率政策

(9) 财政政策的内容构成包括( )。

A. 政策原则 B. 政策目标 C. 政策主体 D. 政策工具

5. 简答题

(1) 简述财政政策工具必须符合的条件。

(2) 简述我国财政政策的目标。

(3) 为什么财政政策与货币政策必须相互配合?

(4) 简述我国积极财政政策的政策要点。

(5) 简述在供给侧结构性改革中如何运用财政政策和货币政策。

(6) 如何实现扩张性财政政策? 效应如何?

(7) 简述中央银行的活动特征。

(8) 简述货币政策工具。

6. 论述题

(1) 试述财政政策的类型。

(2) 试论财政政策工具体系及其运用。

(3) 试述我们应该如何继续实行积极的财政政策和稳健的货币政策。

7. 案例分析题

稳中求进，实现预期目标

2020 年是全面建成小康社会和“十三五”规划收官之年，要实现第一个百年奋斗目标，为“十四五”发展和实现第二个百年奋斗目标打好基础，做好经济工作十分重要。因此，中央经济工作会议确定，2021 年要继续实施积极的财政政策和稳健的货币政策。

继续实施积极的财政政策和稳健的货币政策，是坚持宏观政策要稳的必然结果，也是实现 2021 年预期目标的必然要求。财政政策和货币政策作为国家调节经济运行的主要政策工具，坚持稳字当头，即是为经济结构性改革营造稳定的宏观经济环境。

积极的财政政策要大力提质增效，更加注重结构调整，坚决压缩一般性支出，做好重点领域保障，支持基层保工资、保运转、保基本民生。稳健的货币政策要灵活适度，保持流动性合理充裕，货币信贷、社会融资规模增长同经济发展相适应，降低社会融资成本。要深化金融供给侧结构性改革，疏通货币政策传导机制，增加制造业中长期融资，更好缓解民营和中小微企业融资难、融资贵问题。做好这些工作，将确保经济运行在合理区间，坚持在推动高质量发展中防范化解风险，打好实体经济健康发展这个防范化解风险的基础，也能推动加快财税体制改革，落实各项减税降费政策，引导社会资金更多投向实体经济。

上述材料给了我们什么启示？

五、习题解答

1. 名词解释

（1）略　（2）略　（3）略　（4）略　（5）略　（6）略　（7）略　（8）略　（9）略　（10）略

2. 判断题

（1）错，财政政策的目标主要是物价水平相对稳定、收入分配合理、经济适度增长、社会生活质量逐步提高、提供更多的就业机会。不能单单看经济的增长，也不能不切合实际地追求经济的过快增长。

（2）对。

（3）对。

（4）错，该组合的目的是在控制通货膨胀的同时，保持适度的经济增长。

（5）对。

（6）对。

（7）错，预算收支平衡或均衡财政政策并不等于中性财政政策。因为支出结构的调整和税收政策的调整同样可以对经济发挥调节作用，而且平衡预算本身也具有乘数效应。

（8）错，我国货币政策的基本目标是稳定货币。

（9）对。

3. 单项选择题

（1）C　（2）B　（3）D　（4）D　（5）B　（6）B　（7）A　（8）D

（9）D　（10）D　（11）B　（12）A　（13）C　（14）D

4. 不定项选择题

（1）ABD　（2）ABCD　（3）ABCD　（4）ABCD　（5）ABCD

（6）ABCD　（7）ABD　（8）ABCD　（9）BCD

5. 简答题

（1）答：财政政策工具必须符合以下几个方面的要求：

第一，为实现财政政策目标服务，具有可操作性。

第二，必须由政府直接控制，政府能够在既定目标出现偏差时实施纠正。

第三，应具有启发市场机制的作用，能够通过市场机制，靠近财政政策目标。

（2）答：1）物价水平相对稳定。

2）收入分配合理。

3）经济适度增长。

4）社会生活质量逐步提高。

5）提供更多的就业机会。

（3）答：在我国财政与银行信贷是国家从宏观上集中分配资金的两条不同的渠道，二者都能对社会的总需求与总供给发挥调节作用，而且二者的作用是紧密联系的，但二者在消费需求与投资需求形成中的作用又是不同的，是不可相互替代的。可以从以下几个方面来看两者的不同作用。

一是两者的作用机制不同。财政是指国家集中一部分 GDP 用于满足社会公共需要，因而在国民收入的分配中，财政居于主导地位。财政直接参与国民收入的分配，并对集中起来的国民收入在全社会范围内进行再分配。因此，财政可以从收入和支出两个方向上影响社会需求的形成。在财政收支的规模大体确定的情况下，企业和个人的消费需求和投资需求也就大体确定了。比如，国家对个人征税，也相应减少了个人的消费需求与投资需求；国家对企业征税或对企业拨款，就减少或增加了企业的投资需求。银行是国家再分配货币资金的主要渠道，这种对货币资金的再分配，除了收取利息外，并不直接参加 GDP 的分配，只是在国民收入分配和财政再分配基础上的一种再分配。信贷资金是以有偿方式集中和使用的，主要是在资金盈余部门和资金短缺部门之间进行余缺的调剂。这就决定了信贷主要通过信贷规模的伸缩影响消费需求与投资需求的形成。至于信贷收入（资金来源），虽然不能说信贷收入对消费需求与投资需求的形成没有影响，但这种影响一定要通过信贷支出才能产生。比如，当社会消费需求与投资需求过旺时，银行采取各种措施多吸收企业、单位和个人的存款，这看起来是有利于紧缩需求的，但如果贷款的规模不作相应的压缩，就不可能起到紧缩需求的效果。

二是两者的作用方向不同。从消费需求的形成看，包括个人消费和社会消费两个方面。社会消费需求基本上是通过财政支出形成的，因而财政在社会消费需求的形成中起决定作用。只要在财政支出中对社会消费性支出作适当的压缩，减少公共部门的购买力，社会消费需求的紧缩就可以立即见效。而银行信贷在这方面则显得无能为力。个人消费需求的形成受到财政、信贷两方面的影响。在个人所得税制度日趋完善的情况下，财政对个人消费需求的形成是有直接影响的。而银行主要是通过工资基金的管理和监督以及对现金投放的控制，间接地影响个人的消费需求的。至于说银行对个人消费需求的形成有直接影响，也主要体现在城乡居民储蓄存款上。但居民储蓄存款毕竟可以随时提取，因而这种影响的力度就不像财政那样大。再从投资需求的形成角度看，虽然财政和银行都向再生产过程供应资金，但两者的侧重点不同。在我国现行体制下，根据财政、银行在运用资金上无偿与有偿的不同特点，固定资产投资理应由财政供应资金，而流动资产投资一般由银行供应资金。虽然随着银行信贷资金来源的不断扩大，银行也发放一部分固定资产投资贷款，但银行的资金运用的重点仍是保证流动资金的供应和短期的固定资产投资贷款。从这里也可看出，财政在形成投资需求方面的作用主要是调整产业结构，促进国民经济结构的合理化，而银行的作用则主要是调整总量和产品结构。

三是两者在扩张和紧缩需求方面的作用不同。在经济生活中，有时会出现需求不足、供给过剩，有时又会出现需求过旺、供给短缺。这种需求与供给失衡的原因很复杂，但从宏观经济方面看，主要是由财政与信贷分配引起的，而财政与信贷在扩张和紧缩需求方面的作用又是有别的。财政赤字可以扩张需求，财政盈余可以紧缩需求，但财政本身并不具有直接创造需求即“创造”货币的能力，唯一能创造需求、创造货币的是中央银行。因此，财政的扩张和紧缩效应一定要通过货币政策机制的传导才能发生。比如财政发生赤字或盈余时，如果银行相应压缩或扩大信贷规模，完全可以抵消财政的扩张或紧缩效应；只有财政产生赤字或盈余，银行相应地扩大或收缩货币供给量，财政的扩张或紧缩效应才能真正发生。问题不仅在此，银行自身还可以直接通过信贷规模的扩张和收缩起到扩张和紧缩需求的作用。从这个意义上说，中央银行的货币政策是扩张或紧缩需求的“总闸门”，是“稳定器”。

正是由于财政政策与货币政策在消费需求与投资需求的形成中有不同的作用，才要求财政政策与货币政策必须配合运用。只有紧密而恰当的配合，才可能形成合力从而有效地实现预期的调控目标；否则，二者各行其是，就必然会产生碰撞与摩擦，彼此抵消力量，或者减弱调控的效应和力度，甚至可能背离预期的调控目标。

（4）答：1）政策目标可以说是多元的，既包含反周期的短期政策目标，也包含结构性调整等可持续发展目标，但首要目标是化解外部冲击，扩大需求，确保经济稳定增长和社会安定。

2）政策手段主要是增加财政支出，增发国债是施政的主要措施，也是启动措施，增加的政府支出主要用于基础设施建设。

3）加强税收征管，适度提高税收占 GDP 的比重，而没有实行西方国家惯用的减税政策。

4）优化支出结构，增加的收入主要用于满足教育、科技、社会保障和提高公教人员的工资等一般公共需要。

5）实行“紧中有松”的稳健货币政策与松中有紧的积极财政政策，保证国民经济的稳定、健康和快速发展。

（5）答：在供给侧结构性改革中仍继续采取积极财政政策和稳健货币政策，而且积极财政政策要更加积极有效，预算安排要适应并推动供给侧结构性改革，降低税收负担，保障民生兜底的需要。

主要政策措施如下：一是进一步减税降费，加快步伐，加大收费基金清理和改革力度；二是适度扩大财政赤字规模，在适当增加必要的财政支出的同时，财政赤字主要用于弥补减税降费带来的财政减收，保障政府应该承担的支出责任；三是调整优化支出结构，按可持续、保基本的原则安排好民生支出；四是加大财政资金统筹使用力度，创新财政支出方式，提高财政支出效率。

(6) 答：扩张性财政政策的载体主要有减税（降低税率）和扩大财政支出规模。

1）一般来说，减税可以增加民间的可支配收入，在财政支出规模不变的情况下，也可以扩大社会总需求。同时，减税的种类和方式不同，其扩张效应也不同。流转税的减税在增加需求的同时，对供给的刺激作用更大，所以，它的扩张效应主要表现在供给方面。所得税尤其是个人所得税的减税主要在于增加人们的可支配收入，它的扩张效应体现在需求方面。

2）财政支出是社会总需求的直接构成因素，财政支出规模的扩大会直接增加总需求。在减税与增加支出并举的情况下，扩张性财政政策一般会导致财政赤字，从这个意义上说，扩张性财政政策等同于赤字财政政策。

(7) 答：中央银行的基本特征主要表现在以下几个方面：

1）中央银行的活动不以营利为目的。虽然中央银行向政府和银行提供资金融通和划拨清算等方面的业务时，也收取利息和费用，但中央银行收取利息不是为了营利，其确定利率水平高低的主要依据是国家宏观金融调控的需要。

2）中央银行与国家政府关系密切，享有国家法律上所授予的特权。各国建立中央银行的主要目的在于借助中央银行制定和实施宏观金融政策，管理和监督金融机构，要达到这一目的，必须使中央银行具有一般商业银行所不具备的超然地位和特权地位。这种地位借助法律来实现，即国家赋予中央银行以法定职责，明确其在制定和执行货币政策上具有相对独立性，享有垄断货币发行、代理国家金库、掌握发行基金、集中保管商业银行的存款准备金、制定基准利率、管理金融市场等一般银行所没有的特权。

3）中央银行具有特殊的业务对象。中央银行不对工商企业和个人办理业务，其业务对象是政府和各类金融机构。而且中央银行的业务活动涉及的是货币政策、利率政策、汇率政策等宏观金融活动，即以宏观金融领域作为活动范围。

(8) 答：货币政策工具主要有三类：1）常规性货币政策工具，或称一般性货币政策工具，指中央银行所采用的、对整个金融系统的货币信用扩张与紧缩产生全面性或一般性影响的手段，是最主要的货币政策工具，包括存款准备金制度、再贴现政策和公开市场操作，被称为中央银行的“三大法宝”。常规性货币政策工具主要是从总量上对货币供应和信贷规模进行调节。2）选择性货币政策工具，是指中央银行针对某些特殊的信贷或某些特殊的经济领域而采用的工具，以个别商业银行的资产运用与负债经营活动或整个商业银行的资产运用与负债经营活动为对象，侧重于对银行业务活动质的方面进行控制，是常规性货币政策工具的必要补充。常见的选择性货币政策工具主要包括证券市场信用控制、不动产信用控制、消费者信用控制。3）补充性货币政策工具，除以上常规性、选择性货币政策工具外，中央银行有时还运用一些补充性货币政策工具，对信用进行直接控制和间接控制。补充性货币政策工具包括：① 信用直接控制工具，指中央银行依法对商业银行创造信用的业务进行直接干预而采取的各种措施，主要有信用分配、直接干预、流动性比率、利率限制、特种贷款。② 信用间接控制工具，指中央银行凭借其在金融体制中的特殊地位，通过与金融机构之间的磋商、宣传等，指导其信用活动，以控制信用，其方式主要有窗口指导、道义劝告。

6. 论述题

（1）答：根据财政政策调节经济周期的作用划分，财政政策可分为自动稳定的财政政策和相机抉择的财政政策。

1）自动稳定的财政政策是指某些能根据经济波动情况自动产生稳定作用的政策，这种政策无须借助外力就可直接产生调控效果。财政政策的这种内在的、自动产生的稳定效果，可以随着社会经济的发展，自行发挥调节作用，不需要政府采取任何干预行动。

税收的自动稳定性：税收体系，特别是企业所得税和累进的个人所得税，对经济活动水平的变化相当敏感。

政府支出的自动稳定性：对个人的转移支付计划是普遍的自动稳定器。

2）相机抉择的财政政策意味着某些财政政策本身没有自动稳定的作用，需要借助外力才能对经济产生调节作用。这种政策需要政府根据当时的经济形势，采用不同的财政措施，以消除通货膨胀缺口和通货紧缩缺口，是政府利用国家财力有意识地干预经济运行的行为。

根据财政政策在调节国民经济总量方面的不同功能，财政政策可分为扩张性财政政策、紧缩性财政政策和中性财政政策。

扩张性财政政策是指通过财政分配活动来增加和刺激社会的总需求。比如，减税政策可以增加民间的可支配收入，在财政支出规模不变的情况下，也可以扩大社会总需求。在供给方面，流转税减少可以刺激供给，发挥扩张效应。在需求方面，所得税减少可以增加人们的可支配收入，发挥扩张效应。

紧缩性财政政策是指通过财政分配活动来减少和抑制总需求。比如，增加税收、减少财政支出可以抑制社会总需求。

中性财政政策是指财政分配活动对社会总需求的影响保持中性，财政的收支活动既不扩张，也不紧缩。在一般情况下，这种政策要求财政收支平衡，但使预算收支平衡的政策不等于中性财政政策。

（2）答：财政政策工具主要有税收、国债、公共支出、政府投资、财政补贴等。

税收作为一种政策工具，具有分配形式上的强制性、无偿性和固定性特征。这些特征使税收调节具有权威性。税收的调节作用主要通过宏观税率的确定、税负分配以及税收优惠和税收惩罚体现出来。

国债作为一种财政信用形式，最初是用来弥补财政赤字的，随着信用制度的发展，国债已成为调节货币供求、协调财政与金融关系的重要政策手段。国债的调节作用主要体现在三种效应上：挤出效应、货币效应和收入效应。

公共支出主要是指政府满足纯公共需要的一般性支出，包括购买性支出和转移性支出两大部分。

政府投资是指财政用于资本项目的建设支出，它最终将形成各种类型的固定资产。政府投资的主要项目是具有自然垄断特征、外部效应大、产业关联度高、具有示范和诱导作用的基础产业、公共设施以及新兴的高科技主导产业。

财政补贴是一种影响相对价格结构，从而可以改变资源配置结构、供给结构和需求结构的政府无偿支出。财政补贴在各国都被当做一种调节经济活动的手段来使用。

（3）答：多年来我们实行积极财政政策和稳健货币政策，在当前形势下仍继续坚持积极财政政策和稳健货币政策的配合。

在财政政策方面，在财政收支矛盾凸显的情况下，着眼于“放水养鱼”、增强后劲，结合税制改革大幅减税降费；采取小微企业税收优惠、清理各种收费；加强地方政府债务管理，实施地方政府存量债务置换，降低利息负担。同时适度扩大财政赤字，但仍维持在3%以下，维持财政支出力度，调整财政支出结构，盘活沉淀资金，保障基本民生和重点项目。

在货币政策方面，保持稳健中性，广义货币 M2 增速、信贷和社会融资规模适度增长。采取定向降准、专项再贷款等差别化政策，加强对重点领域和薄弱环节的支持，小微企业贷款增速高于各项贷款平均增速。改革完善汇率市场化形成机制，保持人民币汇率基本稳定，妥善应对“钱荒”等金融市场异常波动，规范金融市场秩序，防范化解重点领域风险，守住不发生系统性风险的底线，维护国家经济金融安全。

7. 案例分析题

答：只有充分发挥财政政策和货币政策的协同效应，才能积极应对宏观经济运行时出现的各种不确定问题。因此，财政政策、货币政策要同消费、投资、就业、产业、区域等政策形成合力，引导资金投向供需共同受益、具有乘数效应的先进制造、民生建设、基础设施短板等领域，促进产业和消费“双升级”。

六、延伸阅读

中国实施供给侧改革理论实践与西方供给学派的理论政策的区别

第一，社会经济制度不同。

这是两者的本质区别。我国是社会主义国家，正处在并将长期处在社会主义的初级阶段，实行的是以公有制为主体，多种所有制经济共同发展的社会主义基本经济制度。包括供给侧结构性改革等对现有的经济体制的改革，都是中国特色社会主义制度的自我完善与发展。

以美国等为代表的西方发达国家是资本主义国家，实行的是以私有制为主体的资本主义市场经济体制，这些资本主义国家在历经 300 年左右的发展之后已日渐成熟，具有较完善的经济制度与市场体系，实施的经济政策都是维护资产阶级利益与资产阶级政权的手段。

第二，政策实施背景不同。

我国经济在历经长期快速发展之后，经济发展处于新常态。旧经济形态与经济发展模式的重点是以国民生产总值的高速增长为政策导向，而当前新常态化的经济则强调，经济增长要从较高速的增长转变为中高速的增长，经济结构逐步优化升级，需要从数量驱动转为创新驱动的经济发展状态。

以美国为代表的西方发达资本主义国家在经历资本主义经济大萧条之后在20世纪70年代又陷入另一个经济发展危机之中，经济停滞与高通货膨胀并存的“滞胀”状态说明资本主义经济制度高度发展之后，该制度本身仍然存在痼疾，供给学派的政策措施虽然使经济的“滞胀”状态有所缓解，但是实践证明，它并未改变资本主义私有制所存在的内在矛盾。

第三，实施政策目标不同。

我国供给侧结构性改革着眼于经济发展中长期积累的结构性矛盾与转型阵痛，全面推动“三去一降一补”等重大任务，解决供给侧长期存在的结构性问题，以不断适应需求侧的发展变化，并通过在各领域不断深化改革，进一步完善中国特色社会主义市场经济体制机制，使得市场在资源配置中真正起到决定性作用，同时更好地发挥政府的规制作用。

以美国为代表的西方发达资本主义国家实施供给学派经济政策则是要改变长期以来所实施的政府过度干预经济所导致的问题，发挥市场的自动调节作用，以期解决短期内存在的经济停滞与通货膨胀并存的“滞胀”问题。

第四，政策手段不同。

我国供给侧结构性改革从根本上说是要进行供给侧的结构调整以适应不断变化的需求结构，具体地说就是要提升全要素生产率，促进生产要素合理有效配置，从而促进经济持续健康发展；同时，进一步通过社会主义市场经济体制机制改革，真正理顺政府与市场的关系，使得市场在资源配置中发挥应有的作用。

以美国为代表的西方发达资本主义国家实施供给学派经济政策就是要支持市场的自由竞争，减小国家对经济的过度干预，发挥市场机制的自动调节作用。通过大幅度减税促产，严格控制货币供给量，以图实现稳定的经济增长。

【知识链接】中国供给侧结构性改革理论实践

【资料来源】卢海龙．西方供给学派理论简析及启示．中国商论，2019（23）：104－106.

第十七章

开放经济下的财政问题

一、本章回顾

本章主要阐述了在开放经济下的财政问题，先是介绍了国际税收及关税的相关概念，然后阐述了出口退税及外债的相关内容。与以前章节的最大差异是，本章站在全球的视野，分析问题更具广度。

本章要点：

（1）国际税收的实质。

（2）税收管辖权及其交叉或冲突。

（3）国际重复征税及其减除的方法。

（4）税收饶让及国际税收协定。

（5）关税与保护关税。

（6）出口退税制度的含义，以及我国出口退税存在的问题和进一步完善。

（7）外债的功能与种类。

（8）外债的负担与限度。

二、术语小读

1. 国际税收

国际税收是指两个或两个以上国家的政府凭借其政治权力，对跨国纳税人的跨国所得或财产进行重叠交叉课税，以及由此所形成的国家之间的税收分配关系。

2. 税收饶让

税收饶让亦称“虚拟抵免”和“饶让抵免”，是指一国政府对本国纳税人在国外得到减免的那一部分所得税，同样给予抵免待遇，不再按本国规定的税率补征。

3. 关税

关税是指国家对进出本国国境（关境）的商品课征的一种商品课税，包括进口税、出口税、过境税或转口税。

4. 保护关税

保护关税是为保护本国产业而征收的关税，是实现一国保护贸易政策的有效工具。

5. 特惠贸易安排

特惠贸易安排是指缔约国间的贸易比与其他国家的贸易更自由的贸易安排。这种安排实际上就是集团内部的成员国，利用关税和非关税手段对世界其他国家进行贸易限制，而对成员国减少限制或实现零限制的国际贸易策略。

6. 自由贸易区

自由贸易区是指在成员国间取消关税和配额，但保留每个成员国各自对非成员国的贸易限制的地区国家间贸易集团。

7. 关税同盟

关税同盟类似于自由贸易区，但不同的是成员国必须对非成员国采用共同的对外关税和配额。

8. 贸易创造

贸易创造是指消费从高成本生产者转向低成本生产者。

9. 贸易转移

贸易转移是指消费从关税同盟外的低成本生产者转向同盟内的高成本生产者。

10. 共同市场

共同市场是指成员国形成一个单一市场，并且像关税同盟一样，成员国间没有关税和配额，同时还有共同的对外关税和配额。

11. 出口退税制度

出口退税制度是指一个国家或地区对已报关离境的出口货物，由税务机关根据本国税法规定，将其在出口前生产和流通各环节已经缴纳的国内增值税或消费税等间接税税款，退还给出口企业的一项税收制度。

12. 外债负债率

外债负债率即当年债务余额占 GNP 的百分比。

13. 外债偿债率

外债偿债率即当年债务还本付息额占商品和劳务出口总额的百分比。

14. 外债债务率

外债债务率即当年债务余额占商品和劳务出口总额的百分比。

15. 贸易条件

贸易条件是用来衡量在一定时期内一个国家出口相对于进口的盈利能力和贸易利益的指标，反映该国的对外贸易状况，一般以贸易条件指数表示，在双边贸易中尤其重要。

16. 有效保护率（有效关税率）

有效保护率（有效关税率）是指整个有效保护措施（关税制度）对某类产品在其生产过程中给予净重增值的影响，是指一个国家的一整套贸易壁垒使这一行业每单位产出的增加值提高的百分率。

三、难点精析

1. 国际税收的实质

国际税收的内涵：

国际税收是指涉及两个或两个以上国家权益的税收活动。税收的国际化主要是由所得税和财产税的跨国课征引起的，因而，国际税收的研究对象主要是在所得税和财产税课征上所发生的国家之间的权益关系。

税收管辖权的交叉主要表现为：

(1) 居民税收管辖权与地域税收管辖权的交叉。

(2) 公民税收管辖权与地域税收管辖权的交叉。

(3) 居民税收管辖权与公民税收管辖权的冲突。

减除国际重复征税的方法：

(1) 扣除法和低税法。前者是指一国政府为了减除国际重复征税，从本国纳税人来源于国外的所得中扣除该所得所负外国所得税款，就其余额征税的方法。后者是指一国政府对本国人来源于国外的所得，单独制定较低税率以减轻国际重复征税的方法。这两种方法不能彻底消除国际重复征税。

(2) 免税法。免税法是指一国政府单方面放弃对本国纳税人国外所得的征税权力，以消除国际重复征税的方法。这种方法虽然可以彻底消除国际重复征税，但是以本国征税权丧失为前提的。

(3) 抵免法。抵免法是指一国政府在优先承认其他国家的地域税收管辖权的前提下，在对本国纳税人来源于国外的所得征税时，以本国纳税人在国外缴纳的税款冲抵本国税收的方法。抵免法又分为直接抵免（直接对本国纳税人在国外已经缴纳的所得税的抵免，一般适用于统一核算的经济实体的抵免）和间接抵免（一般适用于对公司、企业的国外子公司所缴纳的所得税的抵免）两种。这种方法既可以减除国际重复征税，又可以保证本国的征税权，因此，是目前世界各国普遍采用的一种方法。

2. 对保护关税的理解

各国征收关税的理由有很多，但一般来说，主要有两个方面：一是增加财政收入，即财政关税；二是减少进口，避免国外的激烈竞争，保护本国产业的发展，即所谓保护关税。

对某种商品征收的关税税率越高，则关税对这个行业的本国企业提供的保护就越大。同时，关税也有助于保护向该行业提供原料的其他行业。所以，关税的实际保护程度不能仅用名义关税税率来衡量，而是要用有效保护率来衡量。所谓有效保护率，是指一个国家的一整套贸易壁垒使这一行业每单位产出的增加值提高的百分率。其理论依据可分为三种：(1) 传统的“幼稚产业理论”；(2)“萌芽经济理论”；(3)“未利用资源理论”。

当然，关税的保护率要适度，否则，不仅会提高被保护产品的本国市场价格，增加消费者的负担，而且会对整个经济产生长期的不良后果，诸如浪费经济资源、改变收入分配、增加国际收支困难、阻碍生产力的提高等。

3. 我国的出口退税制度

(1) 适当降低出口退税率。

(2) 加大中央财政对出口退税的支持力度。

(3) 建立中央和地方共同负担出口退税的新机制。

(4) 推进外贸体制改革，调整出口产品结构。

(5) 累计欠退税由中央财政负担。

4. 外债的功能

国债的功能一般可概括为弥补财政赤字、筹集建设资金和调节经济三方面，这个概括也适用于外债，但外债功能的发挥具有不同的特点：

(1) 外债弥补财政赤字的功能表现为平衡政府的国际收支。

(2) 筹集建设资金是外债的主要功能。

(3) 外债的经济调节功能属于“增量型”调节。外债首先表现为资金的流入，也就是国内资金的增加，同时反映社会可支配商品量的增长。

5. 外债的负担与限度

国际上通用的衡量指标主要有三个：

(1) 负债率（即当年债务余额占 GNP 的百分比）；

(2) 偿债率（即当年债务还本付息额占商品和劳务出口总额的百分比）；

(3) 债务率（即当年债务余额占商品和劳务出口总额的百分比）。

其中，负债率是一项综合指标，全面反映一国偿债能力与外债规模的对应关系；而债务率和偿债率则是衡量外债负担的专门指标，反映一国实际偿债的可能性。按照国际惯例，有关外债风险指标的国际公认安全线是：负债率为 25%、偿债率为 20%、债务率为 100%。目前我国上述三个指标均在安全线以下。

6. 关税对贸易条件的影响

在图 17-1 中，*OH* 代表本国的提供曲线，出口的商品为 A，进口的商品为 B。外国的提供曲线为 *OF*，出口的商品为 B，进口的商品为 A。在没有任何关税的自由贸易情况下，两国的提供曲线相交于R点，贸易条件以OT曲线的斜率表示。自由贸易均衡点R表示两国中的任何一国都不能获得更多的利益，均衡点向左移动表明本国的贸易条件得到改善，而向右移动表明外国的贸易条件得到改善。现假定本国征收进口关税。本国征收关税之后，使本国的提供曲线向左移动，表明本国为了换取一定数量的进口商品所提供的出口商品比征税前减少了。在图 17－1 中，本国的提供曲线由OH移至OH_1。在外国不采取报复行动的情况下，本国新的提供曲线与外国的提供曲线在新的均衡点S相交，新的贸易条件为OT_1。新的贸易条件对本国有利，因为本国出口一定数量的 A 商品可以换回更多的 B 商品，或者说，OT_1的斜率大于OT，即$SA''/OA''>RA'/OA'$。

当然，一国贸易条件改善的程度还取决于其他一些因素，诸如外国是否采取报复行动、外国提供曲线的形状等。当本国征收关税时，外国往往要采取报复行动，也相应征收关税，这使得贸易条件的变化复杂化了。我们仍然利用图 17－1 来简要分析报复对贸易条件的影响。本国课征关税后，改善后的贸易条件是OT_1。这时，外国开始报复，也对其进口商品征收关税，其提供曲线移至OF_1。两国都开征关税后的提供曲线相交于V点，这个新的均衡点决定的贸易条件（OT_2的斜率），对于本国来说，比当初仅本国征收关税情况下的贸易条件差一些，而对外国来说，其贸易条件有所改善。

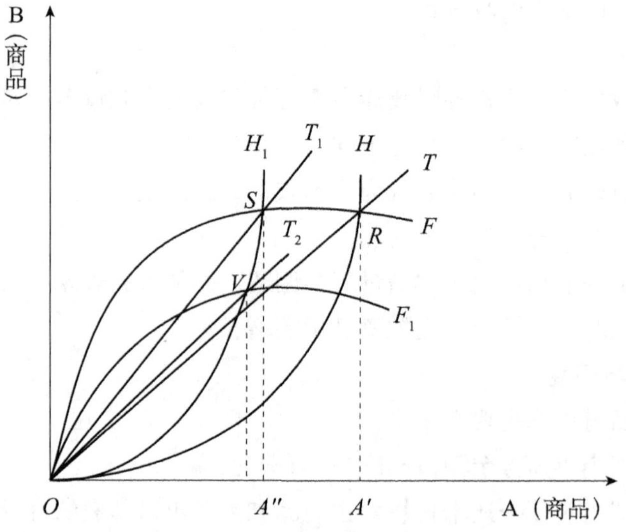

图 17－1　关税对贸易条件的影响

7. 课征关税对进口数量的影响

如图 17－2 所示，在没有国际贸易的情况下，本国某种商品的市场均衡点是R，产量为OX，价格为P；外国这种商品的市场均衡点是R'，产量为OX'，价格为P'。两国发生国际贸易后，两国的均衡价格为$P_1=P'_1$。外国在新的价格水平下出现生产过剩（$Z'Y'$），而本国出现生产不足（ZY）。$Z'Y'=ZY$，这正是两国的贸易数量。如果本国打算禁止一切进口，只要课征数额为P_1P的关税即可。这时，本国这种商品的市场恢复均衡，而外国因其出口产品的需求将减少，价格下降，从而产量下降而需求增加，市场也重新达到均衡。因此，在没有运输成本的情况下，如果关税数额等于国际贸易前后的价格差额，就会使两国之间的贸易减少。

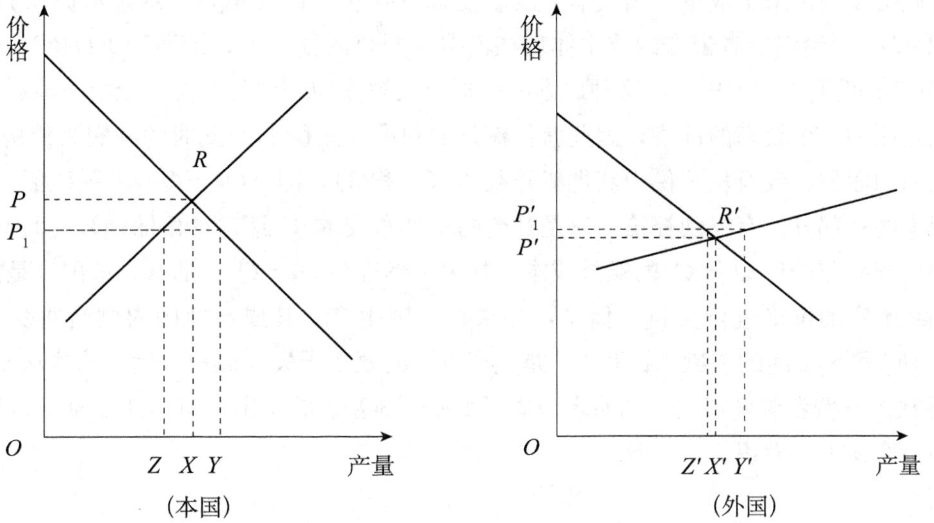

图 17-2　关税对进口数量的影响

8. 保护关税的成本

图 17-3 说明了一种商品部分由本国生产、其余进口的情况。本国的需求和供给分别为 D 和 $S_{本国}$。假设该国的企业在完全竞争条件下进行生产，则供给曲线是企业的边际成本曲线之和。假设该国很小，不能影响世界价格，即它是一个价格接受者，世界价格是既定的，为 P_w。当价格为 P_w时，需求量为 Q_2，国内供给的数量为 Q_1，故 Q_2-Q_1是进口数量。

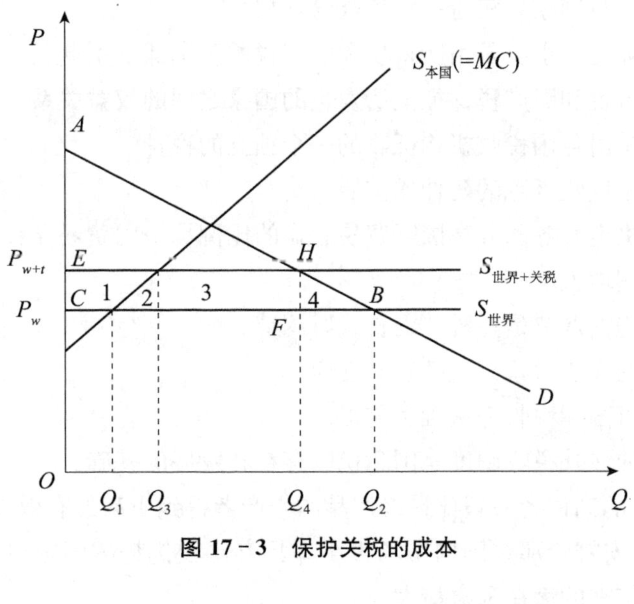

图 17-3　保护关税的成本

课征关税使该国的世界供给曲线向上位移，移动的幅度为关税额。价格上涨至 P_{w+t}，国内供给增加到 Q_3，需求量下降至 Q_4，从而进口量下降至 Q_4-Q_3。

这就给该国带来了成本。消费者须支付更高的价格，因而消费者剩余从面积 ABC 降到面积 AHE。给消费者带来的成本体现在消费者剩余的损失上，即面积 $EHBC$（＝面积 1＋面积 2＋面积 3＋面积 4)，这种成本的一部分又被作为一种收益再分配给该国的其他部门。企业面临一个较高的价格，因此获得额外的利润（面积 1)，此时的利润为价格与 MC 曲线之间的面积，政府从关税中获得额外收入（面积 3)，即（Q_4-Q_3）×关税额。但是，这种成本的一部分没有得到补偿，它是社会的一种净成本（面积 2 和面积 4)。面积 2 代表在本国生产而非进口 Q_3-Q_1 的额外成本。如果仍然进口 Q_3-Q_1，那么，该国只是按世界供给曲线确定的价格进行支付。但是，如果在本国生产，其成本由国内供给曲线（MC）给定，MC 和 $S_{世界}$ 间的差额（面积 2）是生产方面的效率损失。面积 4 代表消费从 Q_2 降为 Q_4 而导致的消费者剩余损失。消费者节省了面积 FBQ_2Q_4 的支出，但牺牲了面积 HBQ_2Q_4 的效用，净损失为面积 4。

四、牛刀初试

1. 名词解释

(1) 国际税收　(2) 税收饶让　(3) 保护关税
(4) 自由贸易区　(5) 贸易创造　(6) 出口退税制度
(7) 有效保护率　(8) 科斯定理

2. 判断题

(1) 当今，大多数国家只实行一种税收管辖权。

(2) 税收的国际化，主要是由所得税和财产税的跨国课征引起的，因而国际税收的研究对象主要是在所得税和财产税课征上所发生的国家之间的权益关系。

(3) 国际税收是由各国税收机构征收的一个独立的税种。

(4) 税收饶让是税收抵免的延伸或扩展。

(5) 贸易条件决定着各国分享国际贸易利益的比例，一国贸易条件改善，说明该国所获得的贸易利益比例增大。

(6) 外债的结构性调节是一种“消长式”调节。

(7) 我国关税的课税对象只包括贸易性商品。

(8) 一般税收以国际税收为基础和前提。

(9) 各个国家的涉外税收制度是国际税收存在和发展的基础。

(10) 中间产品的销售者一般比最终产品的生产者得到更高的有效保护率。

(11) 特惠贸易安排给那些国内市场很小却具有比较优势的国家以及出口商品面临大量关税壁垒的国家带来的潜在利益最大。

3. 单项选择题

(1) 按照国际惯例，外债偿债率应保持在（　　）以下。

A. 25%　　B. 20%　　C. 60%　　D. 100%

(2) 世界上大多数国家（地区）都同时行使两种税收管辖权，但是（　　）同时行使三种税收管辖权。

A. 美国　　B. 中国　　C. 英国　　D. 中国香港

(3)（　　）是一项综合指标，全面反映本国偿债能力和外债规模的对应关系。

A. 负债率　　B. 偿债率　　C. 债务率　　D. 债权率

(4) 我国的外债种类与结构具有的特征不包括：（　　）。

A. 形成多角度有选择的债务　　B. 短期债务比重逐步降低

C. 外债风险指数在安全线内　　D. 外债种类多样化

(5) 税收管辖权的交叉方式不包括（　　）。

A. 居民税收管辖权与地域税收管辖权

B. 公民税收管辖权与地域税收管辖权

C. 居民税收管辖权与公民税收管辖权

D. 公民税收管辖权与公民税收管辖权

(6) 衡量合理的外债负担和限度的指标不包括（　　）。

A. 负债率　　B. 偿债率　　C. 债务率　　D. 剩余产品率

4. 不定项选择题

(1) 行使税收管辖权的基本原则包括（　　）。

A. 属地原则　　B. 一致性原则

C. 属人原则　　D. 公平公正原则

(2) 我国关税可分为（　　）。

A. 进口税　　B. 出口税　　C. 过境税　　D. 转口税

(3) 国际重复征税的消极影响表现在（　　）。

A. 给跨国纳税人造成额外的税收负担

B. 阻碍国际资本、商品、劳务和技术的自由流动

C. 违背税收负担公平合理的原则

D. 政府税收压力增大

(4) 减除国际重复征税的措施有（　　）。

A. 扣除法　　B. 低税法　　C. 免税法　　D. 抵免法

E. 税收饶让

(5) 特惠贸易安排的类型包括（　　）。

A. 自由贸易区　　B. 关税同盟　　C. 共同市场　　D. 关税协定

(6) 关贸总协定的基本原则有（　　）。

A. 非歧视原则　　B. 关税为唯一保护手段原则

C. 关税递减原则　　D. 公平贸易原则

(7) 在关税保护方面，我国可以利用的例外条款主要有(　　)。

A. 保护幼稚工业的例外条款

B. 国际收支平衡例外条款

C. 保障例外条款

D. 对发展中国家政府补贴例外条款

5. 简答题

(1) 简述税收管辖权的内容。

(2) 简述国际重复征税及其减除方法。

(3) 实行税收饶让有何意义?

(4) 我国的外债种类与结构有何特点?

(5) 如何正确选择外债种类和结构?

(6) 简述如何完善出口退税政策。

6. 计算题

假定某国对进口彩色电视机征收10%的从价税，在自由贸易条件下，该品牌电视机的价格为3 500元，其中投入的原材料价格为2 100元。试计算：

(1) 原材料免税时的有效保护率；(2) 对原材料征收5%从价税时的有效保护率。

7. 论述题

(1) 试述我国经济结构调整存在的问题及其对策。

(2) 试述建立全面的外债管理体系应包含哪些内容。

五、习题解答

1. 名词解释

(1) 略　(2) 略　(3) 略　(4) 略　(5) 略　(6) 略　(7) 略

(8) 科斯定理是由罗纳德·科斯提出的一种观点，认为在某些条件下，经济的外部性或称非效率可以通过当事人的谈判而得到纠正，从而达到社会效益最大化。

2. 判断题

(1) 错，当今世界上大多数国家都同时行使两种税收管辖权。

(2) 对。

(3) 错，国际税收是指两个或两个以上国家的政府凭借其政治权力，对跨国纳税人的跨国所得或财产进行重叠交叉课税，以及由此所形成的国家之间的税收分配关系。

(4) 对。

(5) 对。

（6）对。

（7）错，关税是一个国家对于通过其国境的货物所课征的税收，不仅包括贸易性商品，还包括非贸易性商品。

（8）错，国际税收以一般税收为基础和前提，是一般税收的延伸和派生物。

（9）对。

（10）错，最终产品的生产者一般比中间产品的销售者得到更高的有效保护率。

（11）对。

3. 单项选择题

（1）B　（2）A　（3）A　（4）B　（5）D　（6）D

4. 不定项选择题

（1）AC　（2）ABCD　（3）ABC　（4）ABCD

（5）ABC　（6）ABCD　（7）ABCD

5. 简答题

（1）答：税收管辖权实际上指的是国家在征税方面所拥有的权力，具体来说，指的是一国政府有权决定对哪些人征税、征哪些税和征多少税。国家政治权力涉及的范围包括两个方面：一是本国疆域；二是本国公民或居民。据此，形成行使税收管辖权的两个基本原则：属地原则和属人原则。同时产生两类不同性质的税收管辖权：

1）按属地原则确立的税收管辖权，称为地域税收管辖权或收入来源地税收管辖权。其基本含义是国家有权对来源于本国的收入课税，不论这种收入为谁所有。

2）按照属人原则确立的税收管辖权，分为公民税收管辖权和居民税收管辖权。前者的基本含义为国家有权对本国公民课税，不论其收入来源于何处；后者的基本含义为国家有权对本国居民课税，不论其收入从何处取得。

（2）答：国际重复征税是以税收管辖权的冲突，即存在两个以上征税主体为前提的，是由各国税收法律的冲突引起的。国际重复征税作为一种特殊的经济现象，必然对国际经济合作与交往产生影响，而且这种影响往往是消极的。首先，国际重复征税给跨国纳税人造成额外的税收负担。其次，国际重复征税阻碍国际资本、商品、劳务和技术的自由流动。最后，国际重复征税违背税收负担公平合理的原则。正是由于存在上述问题，世界各国和各种国家联盟都把解决国际重复征税作为一个极其重要的国际问题，经过几十年的努力，已卓见成效，主要的表现是在世界范围内确立并贯彻了一系列减除国际重复征税的方法。

避免国际重复征税可以有三种协调的途径：一是限定各国唯一地行使居民（公民）税收管辖权；二是限定世界各国唯一地行使地域税收管辖权；三是允许各国同时行使两种以上的税收管辖权。在发生冲突时，承认一种税收管辖权的优先地位，而其他的税收管辖权从属行使。无疑第三种做法可以在相当程度上减轻重复征税现象，而且可以得到各个国家的认可和赞同。当前，世界各国普遍接受地域税收管辖权优先的原则，即在出现税收管辖权冲突时，由来源国优先课征，从而在相当程度上可以减轻乃至消除国际重复征税问题。因此，国际重复征税减除，实际是指行使居民（公民）税收管辖权的国家，通过优先承认纳税人向行使地域税收管辖权国家缴纳税收，借以减除国际重复征税的一种形式。

有了减除国际重复征税的正确途径，还需要一系列的具体方法。参照“难点精析”第1点“国际税收的实质”。

(3) 答：税收饶让是税收抵免的延伸或扩展，与税收抵免有着极为密切的联系，因而，在研究税收抵免时必须涉及税收饶让。

税收饶让是指一国政府对本国纳税人在国外得到减免的那一部分所得税，同样给予抵免待遇，不再按本国规定的税率补征。目前在世界经济中，发展中国家为了吸引外国资本到本国投资，往往在税制上特别是对所得税给予许多减免优惠待遇。如果资本输出国（主要是发达国家）不给予税收饶让，则发展中国家给予的减免会转化为发达国家的税收收入，而纳税人本身得不到任何好处，从而使税收抵免失去意义。实行税收饶让，就可以维护投资者的利益，鼓励外国投资。

(4) 答：我国的外债表现出如下特点：第一，近年来我国外债大体上是国际商业贷款占一半，另一半为外国政府贷款、国际金融组织贷款和贸易信贷，形成了多角度有选择的债务结构。第二，外债余额中过去长期债务所占比重较高，进入“十五”时期后短期债务的比重上升较快，目前已经达到70%以上，大大超出短期外债占全部外债25%上限的外债期限结构标准，这与贸易信贷上升有关。第三，外债来源结构和币种搭配日趋合理。第四，我国近年来的外债余额虽然增长较快，但短期债务的比重上升也较快。

(5) 答：从外债种类选择上看，国际金融组织和外国政府的贷款的优越性在于低息或无息，偿还限期较长，但贷款用途往往受到一定的限制。外国商业银行贷款的利息较高，但限制条件较少，资金来源比较充裕。在国外发行外币债务的限制条件最少，但要顺利发行，发行国政府必须具备较高的国际信誉，而且利息高、发行费用大。各国政府在举借外债时，必须根据资金用途和偿还条件，权衡利弊，对各类外债加以选择。

从外债偿还期限结构选择上看，外债期限结构合理才有利于外债的还款和使用，在可能的情况下应尽量扩大长期债务，减少短期债务。外债币种结构合理与否的主要标准是尽量不要单纯采用一种外币计价，而以“硬币”与“软币”相搭配为好。外债持有者结构或外债来源结构的合理化，是指外债应是资金来源分散，持有者广泛的。这种结构可以扩充外债渠道，使得币种容易搭配，不致受某一个国家的控制。

(6) 答：第一，加快出口退税的法制建设。

第二，出口退税政策要充分运用WTO规则，以国家利益最大化为原则，突出重点，注重实效，区分产品的不同情况，采取不同的退税政策。

第三，根据各行业的不同特点和实际，灵活、合理地制定政策，掌握退税率。

第四，进一步考虑扩大出口退税税种范围。

第五，出口退税的调整要与增值税的改革同步进行，保持政策的统一。

第六，运用税收手段保护稀有资源和紧缺物资，并逐步取消 WTO 规则所禁止的出口税收支持措施。

6. 计算题

答：计算有效保护率的公式如下：

$$e_j = (V_j' - V_j)/V_j$$

其中，V_j'是在关税保护的情况下产品的国内附加值，V_j 是在自由贸易情况下产品的国内附加值，e_j 是有效保护率。

（1）原材料免税时的有效保护率为：

[(3 500×110%－2 100)－(3 500－2 100)]/(3 500－2 100)＝25%

（2）对原材料征收 5%从价税时的有效保护率为：

[(3 500×110%－2 100×105%)－(3 500－2 100)]/(3 500－2 100)＝17.5%

点评：当对最终产品征收的关税税率大于对投入品征收的关税税率时，有效保护率会大于最终产品的关税税率。与普通关税的名义保护率不同，有效保护率不仅考虑关税对产成品的影响，还考虑其对中间产品的影响。

7. 论述题

（1）答：我国经济结构调整存在的主要问题有：

1）产业结构不合理。长期以来，我国经济政策取向偏重工业规模扩大和工业总量提高，忽视企业市场竞争力的提高，经济发展的高速度主要依靠高积累、高投资支撑，由此造成了一系列问题：生产结构不合理；产业组织结构不合理；产业技术结构不合理。

2）地区发展不协调，产业结构趋同化。

3）城镇化水平偏低。

我国经济结构调整所存在问题的对策为：

1）注重民生产业的发展，协调富民与强国的关系，实现国富民强双赢局面。

2）大力培育内需动力，平衡内外需关系，形成均衡持续的增长动力结构。

3）坚持“又好又稳”原则，协调速度与结构的关系，为推进结构调整创造良好的宏观环境。

4）以产业智能化为目标，协调工业化与信息化的关系，提升我国经济的内在竞争力。

5）坚持以发展生态经济为目标，协调传统产业与低碳经济的关系，探索具有中国特色的生态经济之路。

6）优化产业结构，全面提高农业、工业、服务业的水平和效益；合理调整生产力布局，促进地区之间经济的协调发展；积极推进城镇化，努力实现城乡经济良性互动。

7）继续完善工业化，大力推进信息化，以信息化带动工业化，发挥后发优势，实现社会生产力的跨越式发展。

8）进一步开放市场，创造立足于企业和市场的技术创新和新技术应用环境，促进公平竞争和全国统一市场的形成。

9）调整国有经济布局，改组国有企业，加速政企分开，推进企业制度和文化创新。

10）正确发挥政府的指导、协调和服务职能，进一步打破垄断和壁垒，规范产品和要素市场，促进产业和企业组织合理化；消除产业、企业和人员的退出障碍，解决产业升级、开放市场和顺利退出三个问题。

（2）答：建立全面的外债管理体系至少要包括以下五个方面的内容：

1）外债的总量管理。总量管理重点在于控制负债率，控制外债的增长速度，使之与经济增长速度相适应。同时，注意把握外债规模和外汇储备之间在总量与结构方面的一致与协调。

2）外债的期限结构管理。在对外债进行期限结构管理时，注意通过调整新借款的期限结构，一方面防止短期借款的比例过大，另一方面要保证未来偿债压力的相对均衡，避免在特定年份出现偿债压力过大的偿债高峰。

3）外债的债务种类结构管理。由于外债种类的不同，利率水平也不同，直接影响到外债的成本。因此，在举借新外债时，要尽量举借外国政府贷款和国际金融组织贷款。

4）汇率风险管理。随着我国对外经济交往日趋频繁，国际金融市场的汇率波动对外债的影响明显加强。在外债规模逐步增大、外债结构趋于复杂的情况下，必须加强跟踪国际金融市场的汇率走势，采取必要的风险管理措施，控制汇率变化对未来还本付息的不良影响。

5）外债成本与效益管理。借入外债的主要目的是促进经济增长和改善国际收支状况，但是否能够实现此目的，关键在于外债的举借成本和使用效益。在外债的效益管理中，特别要注意外债的使用方向和外债的增值性，即外债管理要从粗放型向集约型、效益型转变。

六、延伸阅读

英国“后脱欧”贸易谈判双线遇阻

最近，英国和欧盟、美国的“后脱欧时代”自由贸易协议谈判均遭遇棘手问题，要在2020年年底前最终达成协议难度不小。

美国和欧盟是英国的主要贸易伙伴，贸易协议谈判成功与否可以说直接决定了英国“脱欧”的质量。在三大经济体均遭受疫情重创的背景下，达成自贸协议、削减贸易壁垒是各方的最佳选择，但谈判涉及多项敏感复杂内容，最终能否谈成协议目前仍未可知。

一方面，在刚刚结束的英国与欧盟未来关系第三轮谈判中，双方仍然没能打破僵局，和前两轮一样，只取得有限进展，分歧巨大。

尽管英国“脱欧”谈判首席代表戴维·弗罗斯特在会谈结束后表示，目前双方仍有可能在2020年6月底前达成协议，最终在年底前实现“脱欧”后两个经济体之间的自由贸易。但他也坦承，目前英欧双方在“公平竞争”领域仍存在重大分歧，英国无法同意欧盟在这一领域提出的谈判条件，这些条件将让英国继续受欧盟法律和标准的制约。

欧盟方面对“公平竞争”领域的担心在于，英国企业有可能利用在过去40年中对欧洲市场规则，特别是对劳工、环境等方面法规的了解，在“脱欧过渡期”结束后，出台更有利于英国在欧洲竞争的法律规则，以获得对欧盟企业的竞争优势。因此，欧盟要求英国承诺，在“过渡期”结束后一段时间内保持与欧盟竞争法规的协同。这一要求在英国人看来难以接受，这一症结不解，英欧贸易谈判难以有所突破。

另一方面，英国与“特殊关系”伙伴美国的贸易谈判虽然在2020年5月启动，但进展并不顺利。虽然英美领导人均希望用一份“雄心勃勃”的贸易协议来提振因疫情而陷入停滞的双边贸易，并作为自己的政治遗产之一，但谈判要取得成果，还有诸多阻碍要跨越。

首先是现有税收方面的矛盾。从2018年起，美国在与包括英国在内的欧洲诸国产生了钢铝、飞机零件等领域的关税冲突，英国等欧洲大国又承诺将对大型数字企业征收数字税，而此举遭到美国反对。能否处理好税收方面的现有矛盾，将直接影响双方贸易谈判的进展。

其次是在农副产品的安全标准、英国国民保健制度等敏感领域，双方利益存在冲突。美国希望转基因粮食作物、氯洗鸡肉、激素牛肉等产品进入英国市场，还希望目前不允许外国资本参与运营的英国国民保健制度向美国投资者开放，这都将加大双方的博弈难度。

最后是不确定因素可能放缓谈判进度。对美国谈判者而言，他们在和英国谈判的同时还要密切关注英欧贸易谈判的动向，最终的英欧贸易协议可能决定英国与第三方签订贸易协议时在哪些领域要遵从欧盟规则。

舆论也认为，英美要真正敲定一份贸易协议，可能要等到2020年年底的美国大选之后。如果届时当选总统的是反对英国“脱欧”的拜登，他心目中的英美自贸协议很可能和英国目前想象的有很大不同。

【知识链接】特惠贸易安排

【资料来源】桂涛．英国“后脱欧”贸易谈判双线遇阻．经济参考报，2020-05-18（003）.

教学支持说明

1. 教辅资源获取方式

为秉承中国人民大学出版社对教材类产品一贯的教学支持，我们将向采纳本书作为教材的教师免费提供丰富的教辅资源。您可直接到中国人民大学出版社官网的教师服务中心注册下载——http://www.crup.com.cn/Teacher。

如遇到注册、搜索等技术问题，可咨询网页右下角在线 QQ 客服，周一到周五工作时间有专人负责处理。

注册成为我社教师会员后，您可长期根据您所属的课程类别申请纸质样书、电子样书和教辅资源，自行完成免费下载。您也可登录我社官网的“教师服务中心”，我们经常举办赠送纸质样书、赠送电子样书、线上直播、资源下载、全国各专业培训及会议信息共享等网上教材进校园活动，期待您的积极参与！

2. 高校教师可加入下述学科教师 QQ 交流群，获取更多教学服务

经济类教师交流群：781029042

财政金融教师交流群：766895628

国际贸易教师交流群：162921240

税收教师交流群：119667851

3. 购书联系方式

网上书店咨询电话：010－82501766

邮购咨询电话：010－62515351

团购咨询电话：010－62513136

中国人民大学出版社经济分社

地址：北京市海淀区中关村大街甲 59 号文化大厦 1506 室　100872

电话：010－62513572　010－62515803

传真：010－62514775

E-mail：jjfs@crup.com.cn